Hans Tietmeyer

Herausforderung EURO

Hans Tietmeyer

# Herausforderung EURO

Wie es zum Euro kam
und was er für Deutschlands
Zukunft bedeutet

HANSER

Bildquellen: Archiv Autor: 2, 4, 5, 6, 10; Archiv Autor/Deutsche Bundesbank: 1; Deutsche Bundesbank: 3, 7, 12; Deutsche Bundesbank, Fotograf René Zimmer: 11, 14; dpa: 13; European Central Bank/Frankfurt/Germany, Photographer: Claudio Hils: 15; Christoph Preker: 8; Ullsteinbild/Ingrid von Kruse: 9

Nicht in allen Fällen war es möglich, Rechtsinhaber der Abbildungen ausfindig zu machen. Berechtigte Ansprüche werden selbstverständlich im Rahmen der üblichen Vereinbarungen abgegolten.

Bibliografische Information Der Deutschen Bibliothek
Die Deutsche Bibliothek verzeichnet diese Publikation in der Deutschen Nationalbibliografie; detaillierte bibliografische Daten sind im Internet über http://dnb.ddb.de abrufbar.


Internet: http://www.hanser.de
Lektorat: Martin Janik
Herstellung: Ursula Barche
Umschlaggestaltung: Büro plan.it unter Verwendung eines Bildmotives von Christoph Knoch
Satz: Kösel, Krugzell
Druck und Bindung: Friedrich Pustet, Regensburg
Printed in Germany
ISBN 3-446-40030-3

# EIN WORT ZUVOR

Dem Eintritt in die Europäische Währungsunion im Jahr 1999 ging eine lange und vielfach kontroverse Diskussion voraus. Entgegen vielen früheren Befürchtungen ist der Euro heute eine allseits anerkannte und weltweit genutzte Währung. Er hat in Europa mehr Stabilität, weniger Kosten, größere Transparenz und auch das Bewusstsein einer neuen europäischen Gemeinsamkeit gebracht. Zugleich sind aber auch neue Herausforderungen deutlich geworden. Zusammen mit der Globalisierung und der Öffnung der Ostgrenzen hat der verschärfte Standortwettbewerb im Euro-Gebiet viele lange überdeckte Strukturprobleme offen gelegt. Überdies ist es bereits mehrfach zu Verstößen gegen die vereinbarte Fiskaldisziplin gekommen.

Die Wirtschaft und die Politik müssen sich diesen Herausforderungen stellen. Denn unzureichende Wirtschaftsdynamik und mangelnde Fiskaldisziplin gefährden auf Dauer nicht nur Wohlstand und Beschäftigung; sie schaffen auch das Potenzial für neue Konflikte in Europa und können das notwendige Zukunftsvertrauen in die gemeinsame Währung nachhaltig belasten.

Der hier – zusammen mit einer Zwischenbilanz und ersten Schlussfolgerungen – vorgelegte persönliche Rückblick auf den schwierigen Weg der Vorbereitung beschränkt sich bewusst auf einige – aus Sicht des Autors – wichtige Zwischenstationen und Weichenstellungen, insbesondere im Verhältnis zwischen Deutschland und Frankreich. Die vorrangige Befassung mit der Kooperation dieser beiden Länder sollte dabei nicht als Geringschätzung des Beitrags anderer Mitgliedsländer und der Kommission verstanden werden. Der Euro war und ist das Ergebnis gemeinsamer

Bemühungen aller Beteiligten. Und er bleibt auch eine Herausforderung für alle.

Hans Tietmeyer

# INHALT

# KAPITEL 1
# Historischer Prozess und politische Weichenstellungen

Der Eintritt in die Europäische Währungsunion und der Übergang zum Euro waren Schritte von historischer Bedeutung. Die teilnehmenden Länder haben zu Beginn des Jahres 1999 ihre traditionsreichen nationalen Währungen in die gemeinsame Währung Euro eingebracht. Zugleich haben sie mit dem Verzicht auf eine eigenständige Geldpolitik für einen Kernbereich der Politik die bisherige nationalstaatliche Souveränität zugunsten der supranationalen Kompetenz des neu gegründeten Europäischen Systems der Zentralbanken (ESZB) aufgegeben – und zwar dauerhaft. Mit dem Umtausch der Noten und Münzen zu Beginn des Jahres 2002 ist diese Veränderung nach einer dreijährigen Übergangsphase auch für alle Bargeldnutzer unmittelbar erfahrbar geworden. Wohl waren schon lange vor 1999 insbesondere durch die währungspolitische Kooperation im Rahmen des Europäischen Währungssystems (EWS) vielerlei Bindungen zwischen den Währungen in Europa entstanden. Einen vergleichbaren Souveränitätsverzicht der Mitgliedstaaten zugunsten der supranationalen Ebene gab es im monetären Bereich jedoch zuvor nicht.

Dieser auf der Grundlage des sogenannten Maastricht-Vertrages von 1992 vollzogene Souveränitätstransfer und die Einbringung der nationalen Währungen in eine gemeinsame Währung markieren einen neuen Höhepunkt des in den frühen 50er Jahren des 20. Jahrhunderts eingeleiteten Integrationsprozesses in Westeuropa. Der nach dem Zweiten Weltkrieg insbesondere auf Initiative des französischen Außenministers Robert Schuman von 1950 hin begonnene

Prozess hat – trotz mancher zeitweiliger Rückschläge und Verzögerungen – bisher zu insgesamt beeindruckenden und die ursprünglichen Erwartungen übersteigenden Fortschritten und Erfolgen geführt. An die wichtigsten Stationen sei hier nur kurz erinnert:

**1951** Gründung der Europäischen Gemeinschaft für Kohle und Stahl (EGKS) mit zunächst sechs Mitgliedstaaten (Belgien, Deutschland, Frankreich, Italien, Luxemburg, Niederlande).

**1954** Scheitern der Europäischen Verteidigungsgemeinschaft (EVG) durch Ablehnung in der französischen Nationalversammlung.

**1958** Gründung der Europäischen Wirtschaftsgemeinschaft (EWG) und der Europäischen Atomgemeinschaft (EURATOM) durch die sechs Mitgliedstaaten der EGKS auf der Grundlage der Römischen Verträge von 1957.

**1967** Einsetzung eines gemeinsamen Rates und einer gemeinsamen Kommission für die drei Gemeinschaften (EGKS, EWG und EURATOM) auf der Grundlage des Fusionsvertrages von 1965.

**1973** Beitritt Dänemarks, Irlands und des Vereinigten Königreichs zur Europäischen Gemeinschaft.

**1979** Erste Direktwahl des Europäischen Parlaments.

**1981** Beitritt Griechenlands zur Europäischen Gemeinschaft.

**1986** Beitritt Portugals und Spaniens zur Europäischen Gemeinschaft.

**1987** Inkrafttreten der Einheitlichen Europäischen Akte zur Reform der EG (mit dem Ziel, den Binnenmarkt bis Ende 1992 zu vollenden).

**1992** Vertrag über die Europäische Union (Maastricht-Vertrag), insbesondere zur Ausgestaltung und Verwirklichung einer Wirtschafts- und Währungsunion bis spätestens 1999.

**1995** Beitritt Österreichs, Schwedens und Finnlands zur Europäischen Union.

**1999** Eintritt von zunächst elf Mitgliedstaaten (Belgien, Deutschland, Frankreich, Finnland, Irland, Italien, Luxemburg, Niederlande, Österreich, Portugal, Spanien) und 2001 auch von Griechenland in die Endstufe der Wirtschafts- und Währungsunion.

Dieser inzwischen mehr als 50-jährige Integrationsprozess ist noch keineswegs zu Ende. Die bis dahin 15 Mitglieder umfassende Europäische Union wurde 2004 um acht neue Mitglieder aus Mittel- und Osteuropa sowie die beiden Mittelmeerinseln Malta und Zypern auf 25 erweitert. Überdies sind bereits Verhandlungen über den Beitritt weiterer Länder in Ost- und Südeuropa im Gange oder vorgesehen. Vieles deutet darauf hin, dass die räumliche Erweiterung der Union noch länger auf der Tagesordnung bleibt.

Dieser Erweiterungsprozess macht die ohnehin schon überfällige Klärung der längerfristigen Integrationsziele sowie die Entwicklung der institutionellen Strukturen noch dringlicher. Auf der Grundlage eines Entwurfes des Konvents unter Vorsitz des früheren französischen Staatspräsidenten Giscard d'Estaing haben die Regierungen der Mitgliedstaaten im Jahre 2004 einen Verfassungsvertrag unterzeichnet, der insbesondere die bisherigen Verträge zusammenfassen, einen Katalog von Grundrechten festlegen sowie einige institutionelle Neuerungen bringen soll. Er wird jedoch erst in Kraft treten, wenn der erforderliche Ratifizierungsprozess in allen 25 Mitgliedstaaten abgeschlossen ist.

Innerhalb des bisherigen Integrationsprozesses vollzog sich die *währungspolitische* Integration zunächst recht langsam. Der Grund hierfür lag vor allem in dem bis Anfang der 70er Jahre für die Wechselkurse zwischen den Währungen geltenden weltweiten Fixkurssystem von Bretton-Woods sowie in den damals in den europäischen Ländern noch angewandten Kontrollen für den internationalen Kapitalverkehr. Der internationale Zahlungsverkehr wurde seit 1950 in Europa zunächst im Rahmen der Organisation für europäische wirtschaftliche Zusammenarbeit (OEEC) über das multilaterale Zahlungssystem der Europäischen Zahlungsunion (EZU) abgewickelt. Gegen Ende der 50er Jahre erwies sich dieses System aber durch den Übergang mehrerer europäischer Länder zur freien Konvertierbarkeit ihrer Währungen zunehmend als hinfällig. Der Zahlungsverkehr bedurfte in Europa nunmehr keiner offiziellen multilateralen Regelung mehr. Gleichzeitig begannen einige Länder – insbesondere die Bundesrepublik –, auch den Kapitalverkehr zu liberalisieren. Mit den zunehmenden internationalen Kapitalbewegungen und der wachsenden Integration der Finanzmärkte kam es jedoch schon bald auch zu ersten Spannungen zwischen den Währungen innerhalb der damaligen Europäischen Wirtschaftsgemeinschaft (EWG). Sie fanden ihren ersten Höhepunkt in der Aufwertung der D-Mark im Jahre 1961. Als sich derartige Spannungen im Laufe der 60er Jahre noch verstärkten, setzten die damaligen sechs EWG-Länder zunächst vor allem auf einen verstärkten Informationsaustausch zwischen den nationalen Währungsbehörden sowie auf intensivere Kooperationsbemühungen zwischen den nationalen Regierungen. Zusätzlich zum bereits bestehenden Währungsausschuss und zum Ausschuss für Konjunkturpolitik (später: für Wirtschaftspolitik) wurde 1964 auf Gemeinschaftsebene ein Ausschuss der Notenbankpräsidenten sowie ein Ausschuss für mittelfristige Wirtschaftspolitik eingerichtet. Alle diese Ausschüsse hatten jedoch in der Regel keine Entscheidungskompetenz. Sie dienten lediglich dem gegenseitigen Informations- und Meinungsaustausch. Im Laufe der Jahrzehnte entstand so zwar ein intensiver wirtschafts- und währungspolitischer Konsultationsprozess zwischen den Regierungen und Notenbanken in der Gemeinschaft. Zu gemeinsamen oder abgestimmten Entscheidungen kam es jedoch selten. Trotz vielfach übereinstimmender Diagnosen gingen die Meinungen insbesondere der Regierungsvertreter und der sie beeinflussenden nationalen Parlamente über angemessene politische Aktionen vielfach auseinander. Neben divergierenden nationalen Interessen und Prioritäten spielten dabei auch unterschiedliche Erfahrungen der Länder und ihrer Politikgestalter eine Rolle. Nicht nur die jeweils aktuellen ökonomischen Verhältnisse waren vielfach verschieden; auch unterschiedliche Denktraditionen sowie verschiedene wirtschafts- und währungspolitische Nachkriegserfahrungen behinderten nicht selten die Bemühungen um gemeinsame Antworten und Lösungen.

Dennoch zeigt der Blick auf die letzten 50 Jahre deutlich: Insgesamt kam es auch im monetären Integrationsprozess – allen zeitweiligen Rückschlägen zum Trotz – allmählich zu wichtigen Fortschritten, und zwar zu Fortschritten in Richtung interner und externer Währungsstabilität. Die Ursache hierfür dürfte nicht zuletzt darin liegen, dass im Laufe der Zeit in diesem schwierigen Kooperations- und Integrationsprozess an vielen Stellen wichtige Weichenstellungen zustande kamen. Dabei wurden sowohl Weichen im Sinne von Verhinderungen bestimmter Entwicklungen als auch Weichen im Sinne einer Klärung von Zielorientierungen und der Festlegung von Eckpunkten für die weitere Entwicklung gestellt. Solche Weichenstellungen haben den Prozess teilweise kurzfristig, in vielen Fällen aber auch längerfristig erheblich beeinflusst und seine Richtung bestimmt. Gerade im Rückblick lässt sich das meist leichter und klarer feststellen als zum Zeitpunkt der konkreten Entscheidung selbst.

Das Stellen von Weichen ist natürlich vor allem Aufgabe der politischen Verantwortungsträger. Gerade im Bereich des Finanz- und Währungswesens gehört dazu aber meist auch detailliertes Expertenwissen. Denn nicht selten sind es konkrete Details, durch die wichtige Weichen gestellt und damit die weitere Orientierung festgelegt werden. Gewiss, insbesondere für ein so weitreichendes und ambitiöses Vorhaben wie die wirtschaftliche und politische Integration Europas darf die Bedeutung großer Visionen und auch des Mutes zur politischen Zukunftsgestaltung nicht unterschätzt werden. Vorwärtsdrängende Entscheidungen benötigen oft die Führungskraft und Glaubwürdigkeit großer Politikerpersönlichkeiten. Aber wohin diese Entscheidungen konkret führen, das hängt nicht selten auch von der Ausgestaltung technischer und organisatorischer Details sowie ihrer konkreten Umsetzung ab. Weichenstellungen für eine gute Zukunft erfordern deswegen beides: die Kenntnis der großen Zusammenhänge und den Mut zu historischen Entscheidungen, aber ebenso auch die Fähigkeit zur konkreten Durchsetzung von wichtigen Detailregelungen, selbst wenn diese auf den ersten Blick für den Nicht-Experten bisweilen als relativ unwichtig erscheinen. In den nahezu 40 Jahren meiner Mitarbeit am europäischen Integrationsprozess – insbesondere im monetären Bereich – habe ich viele einschlägige Erfahrungen sammeln können. Ich habe dabei den hohen Stellenwert der politischen Vision und des Mutes zur zukunftsorientierten Grundsatzentscheidung ebenso erfahren wie die Bedeutung tragfähiger Detailregelungen an den jeweiligen konkreten Schaltstellen. So wichtig der Grand Design und die längerfristige Zielorientierung gerade im Bereich der europäischen Integrationspolitik waren und sind; der nachhaltige Integrationsfortschritt kommt ohne dauerhaft tragfähige Grundlagen und funktionierende Detailregelungen nicht aus. Wie bei allem Handeln für die Zukunft dürfen dabei auch die Erfahrungen der Vergangenheit nicht unbeachtet bleiben.

Die Währungsunion und der Euro sind in Europa inzwischen schon über ein halbes Jahrzehnt Wirklichkeit. Dennoch dürfte es nützlich sein, gelegentlich auch jetzt noch auf den historischen Prozess der monetären Nachkriegsintegration in Europa zurückzublicken und dabei insbesondere die Weichenstellungen zu erkennen, die den historischen Schritt des Überganges von den nationalen Währungen zum Euro ermöglicht und damit auch eine wichtige Grundlage für die künftigen Entwicklungschancen geschaffen haben. Dabei geht es jedoch zugleich um mehr als nur um das Verständnis der Historie. Im Mittelpunkt steht jetzt vor allem die Gestaltung der Zukunft. Währungsunion und Euro sind und bleiben nämlich, wenn sie auch künftig zur Wohlfahrt der Völker in Europa und zu ihrem friedlichen Miteinander beitragen sollen, dauerhafte Aufgaben. Denn letztlich repräsentiert eine Währung immer auch die Gesamtheit des dahinterstehenden ökonomischen und politischen Potenzials der Gegenwart und der Zukunft. Und dieses hängt zu einem großen Teil davon ab, wie sich Wirtschaft und Politik im Euro-Gebiet dauerhaft sowohl auf der nationalen als auch auf der supranationalen Ebene im internationalen Wettbewerb und im friedlichen Miteinander der Völker bewähren.

# KAPITEL 2
# Unterschiedliche nationale Erfahrungen und Präferenzen

Die Zielvorstellungen sowie die Gestaltungskonzepte für die europäische Integration waren in den letzten 50 Jahren sowohl zwischen den Nationen als auch innerhalb der Länder oft recht unterschiedlich. Und sie sind es – allen Integrationsbemühungen und -fortschritten zum Trotz – teilweise noch immer. Dabei ging und geht es vor allem um die Rangordnung der Ziele, die Gestaltung der politischen und ökonomischen Rahmenbedingungen, die Aufteilung der Politikkompetenzen zwischen der nationalen und supranationalen Ebene sowie die auf Gemeinschaftsebene geltenden Entscheidungsverfahren. Zusätzlich zu den in jeder freiheitlichen Gesellschaft anzutreffenden Meinungsdifferenzen sind die unterschiedlichen Vorstellungen in Europa oft auch geprägt von verschiedenartigen nationalen Traditionen und Erfahrungen.

Die Vielfalt der Zielvorstellungen ist einerseits Teil des kulturellen Reichtums in Europa. Jedes europäische Land hat seine eigene Geschichte und damit auch seine eigenen Stärken und Schwächen. Andererseits erschwert diese Vielfalt aber nicht selten auch die notwendige Gemeinsamkeit für den weiterhin anzustrebenden Integrationsprozess. Das gilt vor allem dann, wenn es darum geht, gemeinsame Vorstellungen für konkrete politische Ziele, Handlungskonzepte sowie die notwendigen institutionellen Strukturen zu entwickeln und zu realisieren, wie sie insbesondere in einer auf Dauer angelegten Währungsunion notwendig sind. Ohnehin ist die Entwicklung gemeinsamer Gestaltungskonzepte in offenen Gesellschaften mit pluralistischen Zielvorstellungen und unterschiedlichem Kenntnisstand nicht leicht. Auf der europäischen Ebene ist dies jedoch angesichts der verschiedenartigen historischen Erfahrungen sowie der immer noch vorhandenen, wenn auch zunehmend durchlässigeren nationalen Grenzen und Sprachbarrieren viel schwieriger. Die den europäischen Integrationsprozess beeinflussenden und gestaltenden Personen waren und sind in ihrem Urteil nämlich zumeist auch von den in ihrem Land vorherrschenden Meinungen und Wertvorstellungen beeinflusst. Das gilt natürlich insbesondere für Politiker und deren Repräsentanten, aber in gewissem Maße auch für Fachökonomen und Zentralbanker. Hinzu kommt, dass die nationalen ökonomischen und politischen Strukturen – insbesondere was die Rolle des Staates und die dafür geltende Kompetenzverteilung angeht – sich teilweise erheblich unterscheiden. Sie sind meist das Ergebnis unterschiedlicher historischer Entwicklungen, aber teilweise auch die Folge verschiedenartiger geographischer Bedingungen. Außerdem stehen gemeinsamen Verhandlungsvorstellungen nicht selten auch unterschiedliche nationale Prestigevorstellungen entgegen.

Diese Differenzen und Divergenzen waren schon in der ursprünglichen Sechsergemeinschaft oft eine erhebliche Belastung. Das hat sich sowohl bei der Aushandlung der Verträge in den 50er Jahren als auch bei ihrer Umsetzung in den 60er Jahren gezeigt. Vor allem Frankreich und Deutschland hatten in den ersten Jahrzehnten des Integrationsprozesses oft sehr unterschiedliche Zielvorstellungen. Dies wurde besonders deutlich, als es anfangs der 60er Jahre um die konkrete Ausgestaltung und Rolle der in den Römischen Verträgen vorgesehenen institutionellen Strukturen in der Gemeinschaft sowie die erste Entwicklung gemeinsamer Politiken ging. Insbesondere unter dem Einfluss von Präsident de Gaulle wehrte sich Frankreich gegen weitergehende supranationale Kompetenzen der gemeinschaftlichen europäischen Strukturen und Politiken. Die französische Politik befürchtete damals vor allem eine zu starke Einengung ihrer nationalen Souveränität durch die neuen gemeinschaftlichen Strukturen und Politiken. So sehr man an einer Zusammenarbeit mit den anderen EWG-Ländern und an einem Gemeinsamen Markt interessiert war, so wenig aufgeschlossen war man für eine supranationale politische Entscheidungsbildung. Die Möglichkeit, eventuell auch von den anderen teilnehmenden Ländern überstimmt zu werden, passte weder zu dem in Frankreich damals vorherrschenden politischen Selbstverständnis noch zu dem Anspruch, in der neuen Gemeinschaft die Führungsrolle zu spielen. Demgegenüber unterstützte die Bundesrepublik unter der Kanzlerschaft Adenauers damals – nicht zuletzt vor dem Hintergrund der historischen Erfahrungen – eine möglichst weit gehende Einbindung der teilnehmenden Nationen in supranationale europäische Strukturen. Für die deutsche Seite war das neue Miteinander der Staaten in der Gemeinschaft zwar auch ein wichtiger Schritt zur Gleichberechtigung der jungen Bundesrepublik; aber man wollte zugleich auch zukunftsorientierte supranationale Kompetenz- und Entscheidungsstrukturen aufbauen und entwickeln. Insbesondere der erste Präsident der EWG-Kommission Walter Hallstein war sehr bemüht, die supranationale Struktur der Wirtschaftsgemeinschaft – auch nach außen sichtbar – politisch-institutionell auszubauen und ein möglichst großes Maß an gemeinsamer Politik zu entwickeln. Ähnlich wie Adenauer sah er die Wirtschaftsgemeinschaft letztlich nur als eine Durchgangsstation zu einer weitergehenden politischen Gemeinschaft in Europa. Als sich für Frankreich Mitte der 60er Jahre die Möglichkeit abzeichnete, in einzelnen für wichtig gehaltenen Punkten überstimmt zu werden, führte diese Kontroverse zu einer zeitweiligen »Politik des leeren Stuhls« durch Frankreich. Die französische Regierung nahm zumindest auf Ministerebene an den Ratssitzungen nicht mehr teil. Im sogenannten Luxemburger Kompromiss (kein Mitgliedsland darf, wenn sein »vitales Interesse« betroffen ist, überstimmt werden) wurde der offene Streit zwar 1965 beigelegt. Die reservierte Position Frankreichs gegenüber einem Ausbau supranationaler Institutionen und Kompetenzen war aber auch nach dem Rücktritt von de Gaulle als Staatspräsident noch lange Zeit hindurch immer wieder zu spüren. Inzwischen ist diese französische Position allerdings – zumindest für wichtige Teilbereiche – erheblich offener und flexibler geworden. Umgekehrt haben in Deutschland im Laufe der Zeit die Reserve und die Sorgen vor einer zu weit gehenden supranationalen Einbindung offenkundig zugenommen. Das Ziel eines europäischen Bundesstaates, wie es lange Zeit in der politischen Diskussion der Bundesrepublik anvisiert wurde, findet heute in Deutschland deutlich weniger Unterstützung als in den ersten Nachkriegsjahrzehnten.

Eine grundsätzliche deutsch-französische Kontroverse ergab sich vor allem in den 60er Jahren auch hinsichtlich des Grundkonzeptes der Wirtschaftspolitik in der neuen Gemeinschaft. Während die deutsche Seite unter dem Einfluss von Ludwig Erhard und seinen damaligen Mitarbeitern schon bei den Verhandlungen für den Vertrag über die Wirtschaftsgemeinschaft stets mit Nachdruck auf eine marktwirtschaftliche Orientierung des Regelwerkes für die Politik im Innen- und Außenverhältnis gedrängt hatte, war die französische Position lange Zeit hindurch eher von Vorstellungen einer staatlichen Planifikation für die Wirtschaft geprägt und auf einen stärkeren Schutz im Bereich des Außenhandels ausgerichtet. Hinter diesen divergierenden Konzepten standen neben längerfristigen historischen Traditionen insbesondere auch unterschiedliche Erfahrungen in der ersten Nachkriegszeit. Während die Bundesrepublik mit dem raschen Übergang von der Planwirtschaft zur sozialen Marktwirtschaft und zur D-Mark als stabiler Währung positive Erfahrungen gemacht hatte, war die französische Position vor allem durch die in den 50er Jahren im eigenen Land als erfolgreich bewertete Politik der Planifikation und des traditionellen Schutzes für den Außenhandel beeinflusst.

Die teilweise schon auf vertraulichen wissenschaftlichen Vorarbeiten während der Kriegszeit basierende und insbesondere von Ludwig Erhard durchgesetzte soziale Marktwirtschaft hatte für die Bundesrepublik eine neue Orientierung für die Wirtschaftspolitik gebracht.[1]

Sofort nach der Währungsreform von 1948 und der Einführung der D-Mark als neuer Währung hatte er eine weitgehende Freigabe der Preise sowie den Abbau vieler administrativer Kontrollen durchgesetzt. Schon bald danach wurden auch erste Schritte zum Aufbau einer Wettbewerbsordnung mit grundsätzlich freiem Wettbewerb und einem Kartellverbot unternommen. Dies stieß zunächst nicht nur bei den notorischen Anhängern einer staatlichen Planwirtschaft auf Widerstand; auch in den schon seit dem Kaiserreich an Kartelle und Gruppenregelungen gewöhnten Wirtschaftskreisen gab es zunächst viel Opposition. Und als es insbesondere in der Korea-Krise zu einem relativ starken Preisanstieg kam, regte sich selbst bei den Konsumenten erheblicher Unmut. All diese Einwände wurden aber schon bald widerlegt durch die hervorragenden wirtschaftlichen und sozialen Ergebnisse der folgenden Jahre. Es kam zu einem raschen und modernisierten Wiederaufbau der zerstörten Wirtschaft und Infrastruktur. Die sozialen Sicherungssysteme wurden auf- und ausgebaut. Der allgemeine Wohlstand vergrößerte sich von Jahr zu Jahr. Und die vor allem von Erhard betriebene Politik einer weitergehenden Öffnung der Grenzen für den Handels- und Kapitalverkehr auch über Europa hinaus erwies sich als zusätzliche Triebkraft. Die Bundesrepublik entwickelte sich nach der Einführung der D-Mark und dem Übergang zur sozialen Marktwirtschaft in den 50er und 60er Jahren zunehmend zur stärksten Volkswirtschaft in Europa. Diese Erfahrungen prägten natürlich auch die Positionen der deutschen Verhandlungspartner in Brüssel.

Die französischen Partner brachten dagegen teilweise andere wirtschaftspolitische Traditionen und Erfahrungen mit. Neben längeren zentralstaatlichen und merkantilistischen Traditionen waren sie auch durch andersartige Nachkriegserfahrungen geprägt. Der Wiederaufbau und Ausbau der französischen Wirtschaft hatte sich in der Nachkriegszeit – anders als in der Bundesrepublik – auf der Grundlage der staatlichen Planifikation und mit erheblicher Beteiligung von Staatsunternehmen vollzogen, und zwar durchaus erfolgreich. Dagegen spielte der Wettbewerbsgedanke in der Wirtschaftspolitik in Frankreich lange Zeit hindurch nicht die gleiche Rolle wie in Deutschland. Im Hinblick auf den Außenhandel und den Kapitalverkehr war vielmehr oft die Sorge vor einer zu weit gehenden Abhängigkeit vom Ausland und den internationalen Märkten spürbar. Insbesondere einer weitergehenden Öffnung der Außengrenzen der Gemeinschaft stand man deswegen in Frankreich lange Zeit hindurch relativ skeptisch gegenüber.

Diese vor allem in Frankreich und Deutschland von unterschiedlichen Traditionen und nationalen Nachkriegserfahrungen geprägten Vorstellungen haben die wirtschaftspolitische Diskussion in der Gemeinschaft insbesondere in den 60er Jahren teilweise erheblich belastet. Aber auch in den folgenden Jahrzehnten wurde die Entwicklung gemeinsamer Politiken in der Gemeinschaft dadurch immer wieder erschwert, wenngleich in zunehmend geringerem Umfang. Insgesamt ist jedoch in der Union von heute infolge der schrittweisen Vergrößerung der Mitgliederzahl – trotz mancher konzeptionellen Annäherung – die Vielfalt des Einflusses von nationalen Traditionen und Strukturen eher noch größer geworden. Wohl sind inzwischen in manchen früheren Konfliktfeldern – gerade auch in der Währungs-, aber auch in manchen Bereichen der Wirtschafts- und Handelspolitik – zum Teil weitgehende Konvergenzen hinsichtlich der Zielvorstellungen und auch der Realisierungskonzepte entstanden. Die weitgehende Öffnung der Grenzen, die zunehmenden Begegnungen, das langjährige Miteinander in den gemeinschaftlichen Institutionen sowie die neuen weltweiten Erfahrungen haben zweifellos zu einem höheren Grad an Gemeinsamkeit in den wirtschafts- und währungspolitischen Grundorientierungen beigetragen. Dennoch gibt es neben dem Bestehen auf gewissen nationalen Reservaten – auf Grund historischer Entwicklungen und daraus resultierender spezieller Sorgen – noch immer in manchen Bereichen der Wirtschaftspolitik erhebliche, auch national geprägte Meinungsunterschiede über die notwendigen Handlungsräume für nationale Politiken, die Inhalte und Orientierungen etwaiger gemeinschaftlicher Politiken und insbesondere über die Weiterentwicklung der Gemeinschaftsstrukturen.

Für die Währungspolitik selbst hat sich jedoch auf der Grundlage des Maastricht-Vertrages und seiner Realisierung zumindest zwischen den unmittelbaren Verantwortungsträgern im Euro-Bereich inzwischen ein weitgehender Konsens entwickelt. Dieser heutige währungspolitische Grundkonsens ist allerdings das Ergebnis eines langen und teilweise sehr schmerzlichen Erfahrungsprozesses, der nicht selten auch zu krisenhaften Zuspitzungen geführt hat. Gerade im Rückblick zeigt sich dabei jedoch auch: Wohl wurden die meisten Krisen im Währungsbereich vor allem durch inkonsistente oder gar inkompatible nationale Politiken verursacht. Ihre Bewältigung führte aber oft auch zu neuen Ansätzen und Weichenstellungen, die den Integrationsprozess in Europa insgesamt zumeist weiter vorangebracht haben. Krisen beinhalten nämlich im Regelfall auch das Potenzial zu neuen Fortschritten, jedenfalls dann, wenn aus den Krisen die richtigen Schlussfolgerungen gezogen werden. Hinsichtlich der dominanten Zielsetzung für die Währungspolitik und über ihre Rolle für den weitergehenden Integrationsprozess in Europa herrschten sowohl in der Sechsergemeinschaft als auch in der später größeren Gemeinschaft lange Zeit hindurch deutliche Meinungsunterschiede. Diese Unterschiede waren jedoch für die Gemeinschaft so lange nur begrenzt problematisch, wie die einzelnen Länder sich durch eigene Beschränkungen ihres Zahlungs- und Kapitalverkehrs sowie durch Begrenzungen der Konvertibilität ihrer Währungen abschirmen konnten und überdies in das Fixkurssystem von Bretton-Woods eingebettet waren. Genau diese Schutzwälle wurden jedoch mit dem vor allem von Ludwig Erhard schon in den 50er Jahren nachhaltig betriebenen Übergang zur freien Konvertibilität der Währungen, der fortschreitenden Liberalisierung des Zahlungsverkehrs sowie der beginnenden Erosion des Bretton-Woods-Systems in den 60er Jahren zunehmend schwächer. Damit traten Spannungen und Unterschiede auf, die vorher größtenteils verdeckt waren. Das später von Padoa-Schioppa mehrfach beschworene »inconsistent triangle« zwischen dem angestrebten Gemeinsamen Markt, festen Wechselkursen und nationalen Geldpolitiken wurde schon damals immer deutlicher.[2] Wohl divergierten die Urteile über die Ursachen dieser Spannungen und die angemessenen Therapien zwischen den verantwortlichen Politikern und ihren Ratgebern auch innerhalb der einzelnen Mitgliedstaaten bisweilen nicht unerheblich. Noch stärker erwiesen sich jedoch über lange Zeit hinweg die Meinungsunterschiede zwischen den Regierungen der Mitgliedsländer. In den bilateralen und multilateralen Diskussionen wurden vor allem zwischen den beiden größten Mitgliedsländern Deutschland und Frankreich zunehmend auch die unterschiedlichen Zielvorstellungen und Konzepte für die Währungspolitik deutlich.[3]

Die in dieser historischen Rückschau gewählte Fokussierung auf die lange Zeit bestehenden Meinungs- und Konzeptionsunterschiede zwischen Frankreich und Deutschland sollte jedoch nicht missverstanden werden. Weder soll sie der Vorstellung von einer deutsch-französischen Dominanz in Europa noch einer Übertreibung deutsch-französischer Divergenzen Vorschub leisten. Die beiden Länder kommen aber aus unterschiedlichen Traditionen in der Wirtschafts- und Finanzpolitik und haben beim Wiederaufbau nach dem

Krieg zeitweise eine sehr unterschiedliche Politik betrieben. Überdies hatten und haben sie – teilweise bis heute – auch unterschiedliche Vorstellungen von ihrer internationalen Rolle. Dies alles hat sich – insbesondere in den ersten Nachkriegsjahrzehnten – auch in ihrer Währungspolitik niedergeschlagen. Deswegen ist es nicht verwunderlich, dass diese Differenzen bei dem Ringen um mehr Gemeinsamkeit in diesem Politikbereich oft eine dominante Rolle gespielt haben. Das wird auch in den beiden auf langjährige unmittelbare Erfahrungen zurückgreifenden Publikationen des dänischen Notenbankpräsidenten Erik Hoffmeyer sowie des Direktoriumsmitgliedes der niederländischen Zentralbank Andre Szász bestätigt.[4]

Die deutschen wirtschafts- und währungspolitischen Zielvorstellungen waren dabei stark geprägt von dem konzeptionellen wirtschafts- und währungspolitischen Neuanfang nach dem Zweiten Weltkrieg und den damit gemachten positiven Erfahrungen. Neben den tiefgreifenden Veränderungen der wirtschaftlichen, gesellschaftlichen und politischen Strukturen hatte insbesondere der rasche Übergang zur sozialen Marktwirtschaft die dynamischen Kräfte des Marktes und des Wettbewerbs im Nachkriegsdeutschland schon früh freigesetzt. Der Staat, ohnehin nicht mehr zentralistisch, sondern föderalistisch strukturiert, hatte sich schon relativ früh aus der unmittelbaren Einflussnahme auf die Wirtschaft weitgehend zurückgezogen. Und im Vergleich zu den bitteren Erfahrungen von zwei galoppierenden Inflationen innerhalb einer Generation (in den 20er und 40er Jahren des inzwischen vergangenen Jahrhunderts) wurden zunehmend die positiven Wirkungen einer nachhaltig stabilen Währung deutlich. Dabei wurde diese Stabilität immer stärker auch im Zusammenhang mit dem von tagespolitischer Einflussnahme unabhängigen Status der Zentralbank in Deutschland gewertet. Marktwirtschaft und Währungsstabilität, gefördert und gesichert durch die politisch unabhängige Deutsche Bundesbank, wurden so in Deutschland immer mehr auch als unverzichtbare Voraussetzungen für ökonomischen Wohlstand und politische Freiheit gewertet. Die deutsche Politik erachtete sie deshalb als unverzichtbar für die Politik in Europa.

In den französischen Vorstellungen standen dagegen – vor allem in den ersten Nachkriegsjahrzehnten – meist andere Prioritäten und Erfahrungen im Vordergrund. Ohne die Erfahrung eines mit Deutschland vergleichbaren wirtschaftlichen, gesellschaftlichen und politischen Umbruchs spielte hier lange Zeit der Einfluss der nationalen Tradition eine größere Rolle. Dazu gehörte auch eine stärkere Rolle des Staates in der Wirtschaft. Hinzu kam der weitgehend zentralistische Staatsaufbau. Insgesamt war so der unmittelbare Einfluss der Politik auf die Wirtschaft lange Zeit deutlich größer als im Nachkriegsdeutschland. Die Währungspolitik hatte dabei weniger eine eigenständige Rolle. Sie wurde weitgehend als Teil der nationalen Innen- bzw. Außenpolitik gesehen, weswegen die Banque de France auch bis zu Beginn der 90er Jahre den Weisungen der Regierung unterstellt war. Und die möglichst weit gehende Erhaltung der nationalen Souveränität spielte – anders als für die deutsche Politik damals – gerade auch im Währungsbereich für die französische Politik lange Zeit hindurch eine zentrale Rolle.

Durch diese, von unterschiedlichen Traditionen und Erfahrungen geprägten Konzepte der Wirtschafts- und Währungspolitik sind auch manche Kontroversen zu erklären, die sich im Verlauf der jahrzehntelangen Verhandlungen über die Währungsintegration in Europa ergaben. Diese Kontroversen konzentrierten sich vor allem auf folgende Fragen:

- Vorrang der internen Geldwertstabilität vor der Wechselkursstabilität?
- Unabhängigkeit der Zentralbanken bei geld- und währungspolitischen Entscheidungen?
- Übertragung geldpolitischer Entscheidungen auf die supranationale Ebene?

- Währungsunion und ihr Verhältnis zu einer weitergehenden politischen Einigung in Europa?

Neben diesen inhaltlichen Kontroversen gab es natürlich auch Unterschiede hinsichtlich der Dringlichkeit von gemeinsamen Antworten und Lösungen. Während für die Bundesrepublik insbesondere aufgrund der wachsenden Stärke der D-Mark und ihrer zunehmenden internationalen Rolle Fortschritte bei der europäischen Währungsintegration weniger vordringlich waren (ähnlich wie für die Niederlande, die den Gulden schon früh de facto an die D-Mark gebunden hatten), war das für Frankreich und erst recht für einige andere Mitgliedstaaten (insbesondere für Italien, aber zeitweilig auch für Belgien und Luxemburg) anders. Ihre Währungen gerieten auf den internationalen Märkten im Laufe der Jahrzehnte mehrfach unter Abwertungsdruck, was nicht nur Probleme für das politische Prestige brachte, sondern meist auch negative Konsequenzen für die interne Stabilisierungspolitik. Zwar brachten die Wechselkursentwicklungen nicht selten auch für Deutschland und die Niederlande gewisse Probleme dadurch, dass ihre Währungen bisweilen an den internationalen Märkten überbewertet wurden und sich daraus zeitweilig Belastungen für die Exportwirtschaft ergaben. Beide Länder waren jedoch aufgrund ihrer starken Währungen insgesamt monetär weniger verwundbar. Sie befanden sich damit – zumindest aus ökonomischer Sicht – auch in einer tendenziell besseren Verhandlungsposition, als es um die Vorbereitung und Ausgestaltung einer weitergehenden Währungsintegration in Europa ging.

Deutschland und die Niederlande haben sich jedoch schon früh insbesondere aus allgemeinen europapolitischen Gründen für eine Währungsintegration im Sinne einer europäischen Währungsunion mit festen Wechselkursen oder gar einer gemeinsamen Währung ausgesprochen. In Übereinstimmung mit ihren generell weitergehenden Vorstellungen für die Integration Europas haben beide Länder schon früh erkannt, dass die angestrebte weitergehende Integration auf Dauer auch eine gemeinsame Währung erforderte. Diese gemeinsame Währung sollte jedoch nach ihren Vorstellungen vor allem dauerhaft stabil sein und deshalb auch möglichst von Anfang an eine nachhaltige tragfähige ökonomische und politische Grundlage haben. Nur wenn diese Voraussetzungen dauerhaft gesichert seien, wurde eine Übertragung der nationalen geldpolitischen Verantwortung auf die Gemeinschaftsebene für vertretbar und sinnvoll gehalten. Demgegenüber war die französische und teilweise auch die italienische Position lange Zeit hindurch vor allem geprägt von dem Interesse einer möglichst baldigen Wechselkursstabilisierung in Europa. Im Konfliktfall sollte die interne Geldwertstabilität – zumindest kurzfristig – eher hinter dem für sie vorrangigen Ziel der externen Wechselkursstabilität zurücktreten. Graduelle Fortschritte in Richtung von mehr Wechselkursstabilität waren für diese Position lange Zeit wichtiger als das Erreichen dauerhafter, gemeinsamer interner Geldwertstabilität sowie ihre Absicherung durch entsprechende supranationale Strukturen und Kompetenzen. Diese unterschiedlichen Zielvorstellungen und Dringlichkeiten haben sich allerdings im Laufe der Jahrzehnte erfreulicherweise immer mehr angenähert, wie in den folgenden Kapiteln näher zu zeigen sein wird.

# KAPITEL 3
# Währungspolitik wird in der EG zunehmend zum Thema

Bei den Verhandlungen, die in den 50er Jahren zur Sechsergemeinschaft mit Frankreich, Deutschland, Italien und den drei Benelux-Staaten führten, blieb das Thema Währung und Währungspolitik zunächst weitgehend außen vor. Im Vertrag über die Gründung der Montanunion von 1951 wurden Währungsfragen nicht ausdrücklich erwähnt. Der 1957 in Rom unterzeichnete Vertrag über die Europäische Wirtschaftsgemeinschaft sprach zwar im Kapitel »Die Zahlungsbilanz« auch das Thema Währung sowie die Koordinierung der nationalen Währungspolitiken an, beließ die Entscheidungs- und Durchführungskompetenz für die Währungspolitik aber ausschließlich in der Zuständigkeit der Mitgliedstaaten. Jedoch verpflichtete sich jeder Mitgliedstaat, die »Politik auf dem Gebiet der Wechselkurse als eine Angelegenheit von gemeinsamem Interesse« zu behandeln (Artikel 107, Absatz 1); und zur Förderung der »Koordinierung der Währungspolitik der Mitgliedstaaten« wurde ein »Beratender Währungsausschuss« eingesetzt (Artikel 105, Absatz 2), dem jeweils ein Vertreter der Regierung und der Zentralbank der Mitgliedsländer angehörte.

Wohl hatte der Franzose Jacques Rueff schon 1950 die in der politischen Diskussion später oft zitierte These formuliert, dass »der Zusammenschluss Europas über das Geld zustande kommt oder überhaupt nicht«.[5] Auch wurde schon Anfang der 50er Jahre eine Reihe von Vorschlägen für eine neue europäische Währungsordnung entwickelt,[6] von denen hier nur der 1950 von Ronald W. G. Mackay dem Europarat vorgelegte Entwurf mit dem Titel »Motion recommending the creation of a European Bank with a common currency and control of exchanges« besonders erwähnt werden soll.[7] Ebenso publizierte die Europäische Vereinigung für wirtschaftliche und soziale Entwicklung (CEPES) bereits 1953 und 1954 »Thesen zur monetären Integration Europas«.[8] Diese Vorschläge lösten zwar in der wissenschaftlichen Literatur und auch in einigen europäischen Zirkeln Diskussionen aus, in den offiziellen Beratungen der politischen Gremien fanden sie jedoch kaum Widerhall. Derart weit gehende Vorschläge und Thesen, die schon früh auf eine gemeinsame Währung in Europa abzielten, gingen damals, wenige Jahre nach dem Krieg und bei noch sehr unterschiedlichen wirtschaftlichen Entwicklungen in den einzelnen Ländern, eindeutig an den vorrangigen Interessen der Menschen und der Politik vorbei.

Die Politik konzentrierte ihre Bemühungen im internationalen monetären Bereich vielmehr zunächst vor allem auf Erleichterungen des grenzüberschreitenden Zahlungsverkehrs, der noch mit außerordentlichen Schwierigkeiten konfrontiert und vielerlei Kontrollen unterworfen war. So wurde am 1. Juli 1950 im Rahmen der zuvor auf Anregung von George C. Marshall gegründeten OEEC (Organisation for European Economic Cooperation) – wie bereits erwähnt – die Europäische Zahlungsunion (EZU) eingerichtet. Damit wurde ein Zahlungssystem geschaffen, das mit einer dem Dollar entsprechenden gemeinsamen Verrechnungseinheit arbeitete, die Zahlungen der teilnehmenden Länder untereinander ausglich und – über die Sechsergemeinschaft hinaus – praktisch ganz Westeuropa umfasste. Dieses EZU-System sollte vor allem die angestrebte Liberalisierung des innereuropäischen Handels erleichtern und zugleich die Wiedereingliederung der europäischen Volkswirtschaften in die arbeitsteilige Weltwirtschaft ermöglichen. Trotz der schwierigen Ausgangslage war man dabei insgesamt so erfolgreich, dass schon 1958 die wichtigsten Länder in Europa ihre Währungen als konvertibel erklären konnten und damit dieses multilaterale Zahlungssystem überflüssig wurde. An seine Stelle trat dann das Europäische Währungsabkommen (EWA) mit der Aufgabe, auch für die Länder, deren Währungen noch nicht konvertibel waren, einen reibungslosen Zahlungsverkehr mit der westlichen Welt zu ermöglichen.

Diese die meisten Länder in Westeuropa betreffenden Bemühungen um die Erleichterung des Zahlungsverkehrs waren zusammen mit dem damals noch weitgehend friktionsfrei arbeitenden System der weltweit festen Wechselkurse (sogenanntes Bretton-Woods-System) entscheidend dafür, dass die sechs Staaten bei den Verhandlungen über den EWG-Vertrag auf besondere Regeln für die Währungspolitik und ein gesondertes gemeinsames Währungssystem verzichteten. Allerdings wurde neben der Liberalisierung des Waren-, Dienstleistungs- und Personenverkehrs auch die schrittweise Kapitalverkehrsliberalisierung als Ziel in den EWG-Vertrag aufgenommen (Artikel 3). Vorschriften für eine gemeinsame Währungspolitik hielten die Verhandlungsdelegationen jedoch vor allem wegen des damals noch zwischen den Mitgliedstaaten geltenden weltweiten Fixkurssystems nicht für erforderlich. Hinzu kam, dass die Mitgliedstaaten zu dieser Zeit auch zu einem weitergehenden Souveränitätsverzicht in der Wirtschafts- und Währungspolitik noch nicht bereit waren. Verständigen konnte man sich für den Vertrag von 1957 nur auf den bereits erwähnten beratenden Währungsausschuss. Dieser sollte durch gemeinsame Lagebeobachtung zu einer freiwilligen währungspolitischen Koordination zwischen den Mitgliedstaaten beitragen; die nationalstaatliche Zuständigkeit für Entscheidungen sollte jedoch erhalten bleiben. Die Zustimmung zu einer solchen, auf einen regelmäßigen Informations- und Meinungsaustausch begrenzten währungspolitischen Kooperation fiel einigen an den damaligen Vertragsverhandlungen unmittelbar Beteiligten umso leichter, als sie davon überzeugt waren, dass die vorgesehene stufenweise Verwirklichung der Zollunion ohnehin in Zukunft weitergehende

Integrationsschritte in Richtung gemeinsamer Politiken erzwingen werde. Nicht nur der französische Inspirator der Integrationsbemühungen, Jean Monnet, dachte von Anfang an in diesen Kategorien. Auch Walter Hallstein, der damalige Staatssekretär im Auswärtigen Amt in Bonn und spätere erste Präsident der EWG-Kommission, setzte auf diese Karte. Er war von Anfang an überzeugt und hat dies auch später mehrfach offen ausgesprochen: Die Zollunion wird über kurz oder lang auch Sachzwänge in Richtung einer weitergehenden politischen Integration auslösen. Dazu wird auch die konzentrierte Auseinandersetzung mit den anstehenden Sachfragen im Bereich der Wirtschaftspolitik beitragen.[9] Diese Auffassung, die er mir auch später mehrfach in persönlichen Gesprächen bestätigt hat, wurde damals auch von vielen Politikern in Deutschland geteilt. Alfred Müller-Armack, in den 50er Jahren lange Zeit Mitglied der deutschen Verhandlungsdelegation und bis 1961 Staatssekretär im Bundeswirtschaftsministerium, war allerdings skeptischer. Seine Position war: »Wer die politische Union will, muss sie, wie ich glaube, direkt angehen.«[10]

Zu ersten größeren währungspolitischen Spannungen in der neu gegründeten Europäischen Wirtschaftsgemeinschaft kam es, als im März 1961 die D-Mark zusammen mit dem holländischen Gulden um 5% im Bretton-Woods-System aufgewertet wurde. Diese in der Bundesregierung vor allem vom Bundeswirtschaftsminister Ludwig Erhard betriebene Aufwertung gegenüber der Leitwährung Dollar bewirkte zugleich entsprechende Paritätsänderungen gegenüber den anderen Währungen in der Europäischen Wirtschaftsgemeinschaft. In den Gemeinschaftsgremien löste dieser Vorgang eine intensive Diskussion aus. Dabei stand insbesondere die Frage im Mittelpunkt, ob solche Paritätsänderungen nicht im Widerspruch zu den Zielen des angestrebten Gemeinsamen Marktes und insbesondere auch zu den Regeln des angestrebten Gemeinsamen Agrarmarktes stünden. Während die EWG-Kommission noch intensiv diskutierte, legte der

Berichterstatter des zuständigen Ausschusses im Europäischen Parlament, der Abgeordnete van Campen, schon im April 1962 einen Bericht mit weitgehenden Vorstellungen in Richtung einer gemeinsamen Wirtschafts- und Währungspolitik innerhalb der EWG vor.[11] Auf der Grundlage dieses Berichtes verabschiedete das Plenum des Europäischen Parlamentes dann im Oktober des gleichen Jahres eine Resolution, in der eine stufenweise Weiterentwicklung der bisherigen Koordinierungsbemühungen hin zu einer gemeinsamen Währungspolitik mit einer föderativen Organisation der EWG-Zentralbanken gefordert wurde. Diese währungspolitische Integration sollte dabei eingebunden werden in eine breiter gelagerte Integration der verschiedenen Bereiche der Wirtschaftspolitik.

Die Kommission griff diese Vorstellungen des Parlamentes in ihrem am 24. Oktober 1962 veröffentlichten Aktionsprogramm auf. Im währungspolitischen Kapitel dieses Programms konkretisierte sie ihre längerfristigen Vorstellungen für eine in einer Wirtschaftsunion einzubettenden Währungsunion. Zusätzlich legte die Kommission wenige Monate danach auch detaillierte Vorschläge für die Einrichtung von neuen Ausschüssen vor, deren Aufgabe vor allem in einer Ex-ante-Konsultation aller relevanten nationalen Politikentscheidungen mit dem Ziel einer weitgehenden Koordinierung und gemeinschaftlichen Orientierung bestehen sollte. Für die monetäre Politik wurde auf der Grundlage dieser Vorschläge im Frühjahr 1964 zusätzlich zu dem bereits bestehenden beratenden Währungsausschuss, dem sowohl Regierungs- als auch Notenbankvertreter angehörten, noch ein unabhängig von den Regierungen und der Kommission arbeitender Ausschuss der Präsidenten der EWG-Notenbanken eingerichtet. Dieser Ausschuss, der sich vor allem mit den jeweils aktuellen Fragen der Geld- und Währungspolitik befassen sollte, tagte später regelmäßig anlässlich der damals noch monatlich stattfindenden Treffen des Boards der Bank für Internationalen Zahlungsausgleich

(BIZ) in Basel und damit bewusst in einer auch räumlichen Distanz zu den Beratungen der Kommission und der Mitgliedstaaten in Brüssel und Luxemburg.

Insbesondere in Deutschland wurde die damalige Gemeinschaftsdebatte allerdings weitgehend überlagert durch scharfe Kontroversen über das von der Kommission gleichfalls vorgeschlagene Konzept für eine gemeinschaftliche Programmierung der Wirtschaftspolitik. Der zuständige französische Kommissar Marjolin hatte mit Zustimmung von Präsident Hallstein im Aktionsprogramm der Kommission auch die Entwicklung einer gesamtwirtschaftlichen Programmierung für die europäische Wirtschaft als Orientierung für die künftige gemeinsame Wirtschaftspolitik vorgeschlagen. Dieser, weitgehend dem in Frankreich damals praktizierten System der »Planification« entsprechende Vorschlag stand im deutlichen Widerspruch zum Konzept der in Deutschland betriebenen Politik der »sozialen Marktwirtschaft«. So war es auch nicht verwunderlich, dass der Ökonom Ludwig Erhard sich diesem Vorschlag scharf widersetzte, wobei er auch eine öffentliche Kontroverse mit dem Juristen Walter Hallstein nicht scheute. Zur Meinungsbildung im Bundeswirtschaftsministerium und zur Argumentation gegenüber der Brüsseler Kommission habe ich damals auch persönlich durch einen längeren internen Grundsatzvermerk über das Thema »Möglichkeiten und Grenzen der staatlichen Planung in der Marktwirtschaft« beigetragen. Meine zusammenfassende Grundthese lautete: »Die Marktwirtschaft ist ein durch Wettbewerb und nicht durch staatliche Programmierung zu steuerndes System; auch eine nur indikative staatliche oder kollektive Sektorenprogrammierung steht im Widerspruch zum Wettbewerbsprinzip. Die vom Staat zu setzenden Rahmenbedingungen bedürfen allerdings der sorgfältigen Planung und der rechtzeitigen Offenlegung. Nur so können die notwendige Verlässlichkeit der staatlichen Rahmenbedingungen und eine hinreichende Effizienz der Politik erreicht werden.«

Nach teilweise sehr kontroversen Diskussionen in den verschiedenen Gremien in Brüssel verzichtete die EWG-Kommission schlussendlich weitgehend auf ihre ursprünglichen Planifikationsvorschläge. Sie begnügte sich mit verstärkten und längerfristig orientierten Koordinierungsbemühungen zwischen den nationalen Wirtschaftspolitiken. Die sechs Mitgliedstaaten einigten sich 1964 auf die Errichtung eines gemeinsamen Ausschusses für mittelfristige Wirtschaftspolitik. Aufgabe dieses Ausschusses sollte insbesondere die Erarbeitung mittelfristiger Leitlinien für die Gestaltung der nationalen Wirtschaftspolitiken sein. In der praktischen Arbeit dieses Ausschusses spielte die ursprüngliche konzeptionelle Differenz zwischen den französischen und den deutschen Vorstellungen allerdings eine relativ geringe Rolle. Dies wurde dadurch erleichtert, dass das Planifikationskonzept auch in Frankreich selbst schon in der zweiten Hälfte der 60er Jahre zunehmend an Bedeutung und politischer Unterstützung verlor.

Im Währungsbereich selbst blieb es nach der Paritätsänderung von 1961 bis etwa Mitte der 60er Jahre zunächst relativ ruhig. Sowohl in der Kommission als auch im Währungsausschuss herrschte damals das Meinungsbild vor, dass nach der Wechselkursbereinigung die währungspolitischen Bedingungen für die Beseitigung der Wirtschaftsschranken zwischen den Mitgliedstaaten und für den schrittweisen Übergang zu einer gemeinsamen Politik in Teilbereichen auch ohne weitergehende währungspolitische Entscheidungen größtenteils und vielleicht sogar schon dauerhaft erfüllt seien.[12] Diese Ansicht erwies sich jedoch als zu optimistisch. Die 1961 und 1962 mit der zweiten Kapitalverkehrsrichtlinie eingeleitete Liberalisierung des Kapitalverkehrs in der EWG geriet schon bald ins Stocken. Der von der EWG-Kommission 1964 vorgelegte Vorschlag für eine dritte Richtlinie wurde vom Ministerrat erst gar nicht verabschiedet. Die einzelnen Währungen und die dahinterstehenden Politiken wurden von den internationalen Finanzmärkten offenbar zu unterschiedlich bewertet. Wohl gab es in der Gemeinschaft inzwischen viele Bemühungen zu einer besseren Koordinierung der nationalen Politiken. Die Zentralbankpräsidenten der Gemeinschaftsländer trafen sich regelmäßig in Basel, um insbesondere die aktuelle Entwicklung in ihren Ländern zu beraten. Die nationalen Wirtschaftsprobleme wurden zunehmend auch in den Ausschüssen in Brüssel diskutiert. Die anstehenden internationalen Währungsfragen standen vor allem im Währungsausschuss auf der Tagesordnung. Das weiter reichende Thema »Währungskooperation in Europa« spielte dagegen im Ministerrat zu dieser Zeit noch keine besondere Rolle. Das Europäische Parlament diskutierte zwar in Abständen weiterhin über das längerfristige Ziel einer Währungsunion in Europa. Bis auf den allseits als vorerst unrealistisch bewerteten Vorschlag des deutschen Europa-Abgeordneten Dichgans[13] aus dem Jahre 1966 für eine europäische Münzunion gab es in diesen Jahren jedoch keine besonderen Initiativen.

Längerfristig bedeutsam war jedoch die intensive wissenschaftliche Diskussion über die Vor- und Nachteile fester bzw. flexibler Wechselkurse, die schon bald nach der Aufwertung von 1961 einsetzte. In Deutschland wurde sie insbesondere intensiviert durch das erste Jahresgutachten des neu gegründeten unabhängigen Sachverständigenrates zur Begutachtung der gesamtwirtschaftlichen Entwicklung vom Herbst 1964. In diesem Gutachten legten die sogenannten fünf Weisen der Bundesregierung nahe, angesichts der zunehmenden internationalen Inflationsgefahren bald zu möglichst flexiblen Wechselkursen überzugehen, eine Position, die von der Bundesregierung unter Hinweis auf die geltenden internationalen Abkommen zunächst abgelehnt wurde. Die öffentliche Diskussion über die Rolle der Wechselkurse war damit jedoch eröffnet, vor allem in der Bundesrepublik. Insbesondere unter den deutschen Ökonomen setzte sich zunehmend das Meinungsbild durch, dass ein Land wie die Bundesrepublik einen eigenständigen Stabilitätskurs nur dann erfolgreich durchhalten könne, wenn sich der Wechselkurs der eigenen Währung flexibler als bisher bewegen könne. Die von einer Minderheit der deutschen Ökonomen befürwortete Alternative, mittels einer Währungsbindung die interne Stabilitätsorientierung der beteiligten Länder zu erzwingen, wurde dagegen unter den obwaltenden Umständen als kaum realisierbar angesehen. In der praktischen Politik in Deutschland und Europa spielte diese primär akademische Diskussion jedoch damals eine weit geringere Rolle, insbesondere als sich in den Jahren 1965 und 1966 zeigte, dass die vom Sachverständigenrat aufgezeigten Inflationsgefahren zunächst nicht mehr im gleichen Maße wie zuvor akut waren. In das 1967 vom Deutschen Bundestag verabschiedete Stabilitäts- und Wachstumsgesetz wurde jedoch auf Initiative des neuen Bundeswirtschaftsministers Karl Schiller das Thema »außenwirtschaftliche Absicherung« der internen Stabilisierungspolitik ausdrücklich aufgenommen (§ 4). Bei außenwirtschaftlichen Störungen des gesamtwirtschaftlichen Gleichgewichtes sollten zunächst alle Möglichkeiten der internationalen Koordination genutzt werden. Soweit dies nicht ausreiche, solle die Bundesregierung »die ihr zur Wahrung des außenwirtschaftlichen Gleichgewichts zur Verfügung stehenden wirtschaftspolitischen Mittel« einsetzen. Damit war zwar eine Orientierung für die deutsche Politik festgelegt, die Konkretisierung möglicher internationaler Koordinierungsansätze blieb damit jedoch ebenso offen wie die Frage nach etwaigen nationalen Abwehrmaßnahmen. Insbesondere der Sachverständigenrat hatte nach Ablehnung des Übergangs zu flexiblen Wechselkursen durch die Bundesregierung das Thema der internationalen Koordinierung weiterverfolgt, zumal es auch innerhalb des Rates unterschiedliche Meinungen zu den Vor- und Nachteilen flexibler Wechselkurse gab. Im Jahresgutachten 1966 untersuchte er z. B., ob Konzepte wie ein »gehärteter Devisenstandard«, ein »mittelfristig garantierter Paritätsanstieg« oder eine »Bandbreitenerweiterung mit begrenzter Paritätsanpassung nach oben« entweder weltweit oder EWG-intern angewandt werden könnten. Die Diskussion hierüber kam aber über die wissenschaftliche Auseinandersetzung nicht hinaus. Im politischen Alltag hatten derart komplizierte Lösungen weder in Europa noch weltweit eine realistische Chance. Hinzu kam, dass sich das Thema zeitweilig zumindest für die deutsche Politik aufgrund des zunächst ohne neue Inflationsgefahren einsetzenden Aufschwunges entschärfte.

In der internationalen wissenschaftlichen Diskussion gewann dagegen in dieser Zeit ein anderer gedanklicher Ansatz an Bedeutung. Der spätere Nobelpreisträger Robert A. Mundell hatte 1961 in den USA einen Aufsatz unter dem Titel: »A Theory of Optimum Currency Area« (OCA) veröffentlicht.[14] Seine Grundthese gipfelte in der Feststellung, dass ein homogener Währungsraum nicht primär durch nationale Grenzen, sondern vor allem durch eine hinreichende Mobilität der Arbeitskräfte und Flexibilität der Lohnkosten und Preise sowie durch finanzielle und fiskalische Integration einschließlich eines gewissen öffentlichen Finanztransfers gekennzeichnet sei. Diese Mundell-These wurde damals zwar in der Wissenschaft diskutiert, in der politischen Diskussion Europas fand sie jedoch zunächst nur relativ wenig Beachtung, zumal die genannten zentralen Kriterien für die EWG kaum als realistisch angesehen wurden. Robert A. Mundell hat seine Position jedoch später weiterentwickelt. Anstelle der Mobilität und Flexibilität des Faktors Arbeit rückte er dabei stärker die Gesamtpolitik bzw. die Koordinierung der nationalen Politiken im jeweiligen Währungsraum in den Vordergrund. Er sprach sich insbesondere auch immer deutlicher für eine stärkere Unabhängigkeit Europas von der US-Politik und den US-Märkten aus, was ihn allerdings später auch nicht daran hinderte, für eine stärkere Wechselkursabstimmung zwischen dem Euro und dem Dollar einzutreten. Vor allem seine OCA-These hat in den 80er Jahren auch die innereuropäische Währungsdiskussion belebt. Und er gilt heute sogar für viele als einer der wissenschaftlichen Väter der Wirtschafts- und Währungsunion in Europa, obgleich die von ihm ursprünglich genannten Voraussetzungen nach wie vor im Euro-Gebiet kaum verwirklicht sein dürften.[15]

In Europa selbst setzte in den 60er Jahren eine intensive politische Debatte jedoch erst wieder ein, als es 1968 erneut zu erheblichen währungspolitischen Spannungen auch innerhalb der EWG kam. Auslöser dieser Diskussion waren sowohl weltweite als auch innereuropäische Divergenzen in der Stabilitätsentwicklung und zwischen den nationalen Politiken. Großbritannien hatte zwar schon im November 1967 durch eine kräftige Pfundabwertung um rund 14% die entstandene Überbewertung des britischen Pfundes abgebaut. Die Überwindung der seit längerem entstandenen britischen Außenbilanzschwäche erforderte jedoch Zeit. In der zweiten Hälfte der 60er Jahre zeigte sich zusätzlich auch in den USA ein zunehmender Anstieg der Inflationsrate, der seine Ursache offenbar insbesondere in der problematischen Finanzierung des Vietnam-Krieges und den daraus resultierenden Budgetdefiziten hatte. Im Laufe des Jahres 1968 wurden zudem auch innerhalb der EWG unterschiedliche Entwicklungen immer deutlicher. Während in der Bundesrepublik der neue Aufschwung bei relativer Stabilität des Kosten- und Preisniveaus an Kraft gewann, kam es in Frankreich nach den Studentenunruhen im Mai 1968 und dem darauf folgenden Generalstreik zu einer Lohn- und Nachfrageexplosion. In diesem Umfeld nahmen vor allem im Herbst 1968 die Kapitalzuflüsse in die D-Mark stark zu. Sie entwickelte sich schon damals immer deutlicher zur stärksten Währung in Europa und begann so auch zum hauptsächlichen europäischen Gegenpart für den zunehmend schwächer bewerteten Dollar zu werden.

Damit wurde – sieben Jahre nach der letzten Paritätsänderung – für die D-Mark erneut die Aufwertungsfrage akut, und zwar nicht nur gegenüber dem Dollar, sondern auch gegenüber einigen Währungen in der Europäischen Wirtschaftsgemeinschaft. Sowohl innerhalb der Bundesrepublik als auch international kam es insbesondere im Frühherbst 1968 zu einer Reihe von vertraulichen Gesprächen über mögliche Lösungen. In der innerdeutschen Diskussion rieten nicht nur der Sachverständigenrat, sondern auch die Mehrheit des Zentralbankrates vertraulich zu einer baldigen und deutlichen Aufwertung. Innerhalb der Bundesregierung war das Meinungsbild jedoch zunächst noch undeutlich. Bundeswirtschaftsminister Karl Schiller befürwortete in den streng vertraulichen Mitarbeitergesprächen anfangs eher eine rasche Aufwertung. Führende Vertreter der Wirtschaft und der Banken wie BDI-Präsident Fritz Berg und der Sprecher der Deutschen Bank Hermann Josef Abs sahen darin jedoch eine Gefahr für die Wettbewerbsfähigkeit der deutschen Wirtschaft und argumentierten in der Öffentlichkeit nachdrücklich gegen eine D-Mark-Aufwertung. Nachdem auch Bundesfinanzminister Franz Josef Strauß und Bundeskanzler Kiesinger sich dieser Position öffentlich anschlossen und in der Bundesbank das Meinungsbild zunächst noch unklar war, sah Karl Schiller keine realistische Chance mehr, eine solche Entscheidung in der Bundesregierung durchzusetzen. Auf Vorschlag mehrerer Mitgliedsländer lud er zwar die sogenannte Zehnergruppe der großen Industrieländer für den 20./21. November nach Bonn ein. Im unmittelbaren Vorfeld der Konferenz entschied sich die Bundesregierung jedoch mit seiner Zustimmung offiziell gegen eine D-Mark-Aufwertung. Für die meisten ausländischen Konferenzteilnehmer war diese Entscheidung, von der sie erst zu Beginn der Konferenz erfuhren, eine bittere Überraschung. Sie hatten mit einer deutlichen D-Mark-Aufwertung sowie einem möglichen Realignment anderer Währungen in Europa gerechnet. Ohne Einschaltung der Bundesregierung war das Aufwertungsthema nämlich offenbar schon in vertraulichen Gesprächen am Rande der Jahrestagung des IWF im September in Washington sowie der späteren Sitzung des Boards der BIZ in Basel intensiv zwischen den Notenbankvertretern in der Zehnergruppe diskutiert worden. Der dabei entstandene weitgehende Konsens zwischen den Notenbanken über eine wünschenswerte Aufwertung der D-Mark um rund 5% gegenüber allen anderen Währungen und einer gleichzeitig zusätzlichen Abwertung des französischen Franc um rund 5% bestimmte deswegen die Erwartungen der meisten Konferenzteilnehmer. Auch der Zentralbankrat hatte sich – anders als im Jahre 1961 – nach einigem Zögern für eine D-Mark-Aufwertung ausgesprochen. Ich erinnere mich noch sehr deutlich an den Ärger bei Minister Schiller, als diese Position ihm unmittelbar vor der Konferenz brieflich von Präsident Blessing mitgeteilt wurde. Diese zwischen den Notenbanken abgestimmte Position hatte jedoch auf der Bonner Währungskonferenz der Zehnergruppe selbst keine Chance. Letztlich zuständig für eine Paritätsänderung waren nämlich die Regierungen und nicht die Zentralbanken. Zwar waren die anderen Regierungen der Zehnergruppen-Länder bereit, einer entsprechenden D-Mark-Aufwertung zuzustimmen. Die Bundesregierung hatte sich jedoch gegen jegliche Änderung der D-Mark-Parität festgelegt und stattdessen eine steuerliche »Ersatzaufwertung« (Einführung einer 4%igen Sonderabgabe auf Ausfuhren und einer 4%igen Steuervergünstigung auf Einfuhren) beschlossen. Angesichts dieser, damals von vielen Seiten kritisierten einseitigen Festlegung der Bundesregierung entschied sich auch Frankreich zunächst gegen eine Abwertung der eigenen Währung. Das für die meisten Teilnehmer und Beobachter außerordentlich enttäuschende Ergebnis der Bonner Konferenz war somit: Die Wechselkursparitäten blieben unverändert, der deutsche Export wurde aber steuerlich mit 4% bzw. der Import um 4% entlastet. Auch für mich persönlich, der ich damals zum ersten Mal den internen Verlauf einer solchen internationalen Konferenz unmittelbar miterleben konnte, war dieses Ergebnis weder überzeugend noch zukunftsorientiert. Mir wurde schon damals bewusst, dass insbesondere die innereuropäische Währungskooperation auf Dauer andere Wege und Lösungen erforderte.

Die internationale Reaktion auf das »Nichtergebnis« der Bonner Konferenz war sehr kritisch. Bis heute wecken die damaligen Vorgänge in Fachkreisen noch immer negative Erinnerungen. Und dass dieses »Nichtergebnis« auch die Märkte nicht nachhaltig überzeugen konnte, lag auf der Hand. Zwar kam es zunächst zu einer vorübergehenden Beruhigung der Märkte; sie war aber nur von kurzer Dauer. Schon im Frühjahr 1969 wurde immer deutlicher, dass die D-Mark substanziell unterbewertet und gleichzeitig insbesondere der französische Franc deutlich überbewertet war. Dementsprechend entwickelte sich die deutsche Konjunktur recht stürmisch; und die Bundesbank war in ihrer Handlungsfähigkeit infolge der unterbewerteten D-Mark erheblich beeinträchtigt. Zudem wurden die Wechselkursspannungen, insbesondere gegenüber Frankreich, wieder zunehmend stärker. Vor allem nach dem Rücktritt von Präsident de Gaulle am 27. April 1969 kam es zu einem neuen Schwächeanfall des französischen Franc und zu einem Run in die D-Mark. Die dabei an den Devisenmärkten registrierte Spekulationswelle war die größte, die es bis dahin in Europa gegeben hatte. Die von der Bundesregierung initiierte steuerliche Ersatzaufwertung erwies sich zunehmend als eine nicht nachhaltig wirkende »außenwirtschaftliche Absicherung« der deutschen Stabilitätspolitik und entsprach damit auch nicht den Anforderungen des deutschen Stabilitäts- und Wachstumsgesetzes (§ 4).

An den Märkten wurde immer deutlicher: Die bisherigen D-Mark-Paritäten waren weder gegenüber dem Dollar noch gegenüber den anderen EWG-Währungen weiter haltbar. Dies erkannte zunehmend auch Minister Schiller. In den regierungsinternen Beratungen plädierte er deshalb in der ersten Jahreshälfte 1969 mit Unterstützung der Bundesbank deutlich für eine rasche und substanzielle Aufwertung der D-Mark. Bundeskanzler Kiesinger und Bundesfinanzminister Strauß votierten jedoch – dem Rat von Berg und Abs folgend – noch immer scharf dagegen. Damit war die ablehnende Position der Bundesregierung bis zu der für den Herbst 1969 terminierten Bundestagswahl fixiert. Zusammen mit einer Reihe von flankierenden Maßnahmen, wie die vorzeitige Rückzahlung von Auslandsschulden und die Einführung einer Konjunkturausgleichsrücklage, brachte diese Ablehnung durch die Bundesregierung zwar zunächst eine gewisse Beruhigung an den Märkten. Frankreich nutzte diese Situation dann Anfang August, als niemand es erwartete, geschickt zu der längst überfälligen Abwertung des französischen Franc um 11% und überraschte damit die Märkte. Dieser hohe Abwertungssatz entlastete zwar zunächst die französische Wirtschaft, beseitigte aber natürlich nicht die anderen in der EWG und gegenüber dem Dollar inzwischen aufgelaufenen Ungleichgewichte. Insbesondere das Thema D-Mark-Aufwertung war damit nicht vom Tisch. Im Gegenteil. Innerhalb der Bundesrepublik wurde es zunehmend im Wahlkampf kontrovers diskutiert; ja, es avancierte sogar zu einem der zentralen Themen in der Öffentlichkeit. Spätere Wahlanalysen kamen zu dem Ergebnis, dass dieser Streitpunkt letztendlich für das Wahlergebnis ausschlaggebend wurde.

An den Märkten setzte sich schon im Sommer immer mehr die Erwartung durch, dass es nach der Bundestagswahl auf jeden Fall zu einer substanziellen D-Mark-Aufwertung kommen werde. Und genau so kam es. Wohl wurde, nachdem das Wahlergebnis am 28. September 1969 das Ende der Regierung Kiesinger/Brandt und eine neue Regierung Brandt/Scheel brachte, zunächst der bisherige Paritätskurs der D-Mark nur »vorübergehend suspendiert«. Die Märkte bewerteten die damit frei floatende D-Mark jedoch sofort deutlich höher. Schon wenige Tage nach der Inauguration der neuen Bundesregierung entschied sich das neue Bundeskabinett am 24. Oktober 1969 auch für eine offizielle Aufwertung der D-Mark-Parität um 9,3%. In den vorherigen Ministerkonsultationen in Brüssel war deutlich geworden, dass keines der anderen EWG-Länder dieser Paritätsänderung ganz oder auch nur teilweise zu folgen bereit war. Mit dieser kräftigen D-Mark-Aufwertung wurde das EWG-interne Währungsgefüge – wenn auch leider verspätet – insbesondere zwischen D-Mark und Franc wesentlich verändert: Der französische Franc war schon durch die August-Abwertung gegenüber den anderen EG-Währungen um 11% niedriger bewertet, und die D-Mark wurde ab jetzt zusätzlich um 9,3% höher bewertet. Zusammen ergab das eine Veränderung um mehr als 20%.

Diese teilweise dramatischen Vorgänge und weitreichenden Veränderungen 1968/69 machten deutlich, welches währungspolitische Spannungspotenzial sich innerhalb der Wirtschaftsgemeinschaft im Laufe der 60er Jahre aufgebaut hatte. Die gemäß EWG-Vertrag von 1957 bis spätestens 1970 zu realisierende Zollunion konnte 1968 zwar vorzeitig verwirklicht und das gemeinsame Agrarmarktsystem schon seit 1963 sukzessiv aufgebaut werden. In der Entwicklung der teilnehmenden Volkswirtschaften und insbesondere in der Bewertung der Währungen wurden jedoch gegen Ende der 60er Jahre zunehmend tiefgreifende Divergenzen deutlich, die weder in Einklang mit dem angestrebten Gemeinsamen Markt noch in Einklang mit dem zumeist auf festen Verrechnungseinheiten basierenden Gemeinsamen Agrarmarktsystem standen. Diese divergierenden gesamtwirtschaftlichen und monetären Entwicklungen bewirkten zunehmend Spannungen, die von vielen in Europa als nicht in Einklang mit den integrationspolitischen Zielen stehend angesehen wurden. Zugleich wurde immer deutlicher, dass der erreichte Integrationsstand dauerhaft nur dann gewahrt und nachhaltige weitere Fortschritte erreicht werden könnten, wenn auch die wirtschafts- und währungspolitische Integration selbst stärker vorangetrieben werden konnte. Über das »Wie« dieser Weiterentwicklung der Integration gab es damals allerdings noch große Meinungsunterschiede.

Die EWG-Kommission hatte bereits am 12. Februar 1969 in einem Memorandum neue Vorschläge für eine intensivere Koordinierung der Wirtschaftspolitik und für eine Verbesserung der währungspolitischen Zusammenarbeit vorgelegt. Dieses (nach dem damaligen Vizepräsidenten der Kommission auch »Barre-Memorandum« genannte) Papier zielte im Bereich der Wirtschaftspolitik vor allem auf die Aufstellung intern und auch EWG-weit kompatibler mittelfristiger Orientierungsdaten für Produktion, Beschäftigung, Preisentwicklung und Zahlungsbilanz. Darüber hinaus sollten alle Mitgliedstaaten zu vorherigen Konsultationen verpflichtet werden, wenn sie auf dem Gebiet der kurzfristigen Wirtschaftspolitik für das innere und äußere Gleichgewicht der Wirtschaftsentwicklung relevante Entscheidungen treffen wollten. Im Bereich der Währungspolitik sollten diese Verpflichtungen ergänzt werden durch die Errichtung eines kurzfristigen monetären Stützungsmechanismus sowie die Bereitstellung hinreichender Mittel für einen gemeinsamen mittelfristigen Finanzbeistand. Mit diesen Vorschlägen wollte die Kommission zwar die Weiterentwicklung der wirtschaftspolitischen Harmonisierungsbestrebungen sowie die Bereitschaft zu einer wechselseitigen währungspolitischen Unterstützung fördern. In Anbetracht der vor allem in Frankreich auch nach dem Abgang von Präsident de Gaulle im Jahre 1968 noch immer vorherrschende Reserve gegenüber jeglicher Änderung der Vertragsgrundlagen basierte sie dabei ihre Vorschläge jedoch auf den bestehenden vertraglichen Grundlagen und verzichtete vorerst bewusst auf neue Vorschläge für die Weiterentwicklung des Vertrages selbst. Man wollte insbesondere die wirtschaftspolitischen Koordinierungsbemühungen intensivieren und zusätzlich einen gewissen währungspolitischen Beistand zur Finanzierung von Stützungsinterventionen für schwächere Währungen etablieren.

Schon die ersten Reaktionen in Deutschland – ich erinnere mich in diesem Zusammenhang gut an ein vertrauliches Gespräch zwischen Vizepräsident Barre und Bundeswirtschaftsminister Schiller in Bonn – machten deutlich, dass diese Vorschläge für tatsächliche und nachhaltige Fortschritte in Richtung auf eine weitergehende Währungsintegration kaum ausreichen würden. Ohne eine grundlegende Weiterentwicklung der Vertragsgrundlagen hielten wir im Bundeswirtschaftsministerium durchgreifende und nachhaltige Fortschritte im Währungsbereich in der EWG nicht für möglich. Wohl hatte sich Raymond Barre in seinen Vorschlägen um einen gewissen Parallelismus zwischen den wirtschafts- und währungspolitischen Vorschlägen in der ersten Stufe bemüht; auf weitergehende Vorschläge wollte er jedoch – offenbar angesichts des damaligen innerfranzösischen Widerstandes – zumindest vorerst verzichten. Zwar wurde ein Teil der Barre-Vorschläge noch im Sommer 1969 vom Ministerrat angenommen. Die in den folgenden Monaten erneut hervortretenden krisenhaften Zuspitzungen machten jedoch zugleich immer deutlicher: Der bestehende Vertragsrahmen reichte nicht aus, um die Gemeinschaft vor bedrohlichen Spannungen zu bewahren und die Integration im Kernbereich der Wirtschafts- und Währungspolitik tatsächlich voranzubringen. Gleichzeitig wurde der einst von Jean Monnet und Walter Hallstein beschworene Sachzwang immer deutlicher. Die im Vertrag vorgesehene Zollunion war seit dem 1. Juli 1968 bereits vorzeitig verwirklicht. Ebenso war die vor allem von französischer Seite geforderte gemeinsame Agrarpolitik inzwischen weitgehend verwirklicht – und zwar insbesondere durch die Einführung gemeinsamer Marktordnungen, die mit einer auf festen Paritäten zwischen den beteiligten Währungen basierenden gemeinsamen Verrechnungseinheit operierten. Die ökonomische Grundlage dieser Währungsbindung erwies sich aber zunehmend als fragil. Und die Unklarheit, wie es in der Gemeinschaft wirtschafts- und währungspolitisch weitergehen sollte, wuchs von Tag zu Tag. Zwischen den Mitgliedstaaten fehlte es offensichtlich an einer hinreichenden Gemeinsamkeit bei den Vorstellungen und Plänen für die weitere Entwicklung der Integration sowohl nach innen als auch nach außen. Andererseits war aber die Integration in Teilbereichen wie der Agrarpolitik schon so weit fortgeschritten, dass eine baldige Klärung des weiteren Weges immer dringlicher wurde. Der immer deutlicher werdende Sachzwang drängte in Richtung Weiterentwicklung.

KAPITEL 4

# Gipfelkonferenz von Den Haag 1969 und Werner-Gruppe

Schon bald nach der Wahl des neuen französischen Staatspräsidenten Georges Pompidou (als Nachfolger von Präsident de Gaulle) schlug Frankreich für das zweite Halbjahr 1969 die Einberufung einer Konferenz der Staats- und Regierungschefs der sechs EWG-Staaten vor. Aufgabe dieser Konferenz sollte sowohl eine Klärung der weiteren Integrationsziele für den Wirtschafts- und Währungsbereich als auch eine Entscheidung über etwaige Erweiterungsverhandlungen mit anderen Ländern sein. Zu dieser Gipfelkonferenz kam es am 1. und 2. Dezember 1969 in Den Haag. Zuvor hatte die Bundestagswahl im Frühherbst auch in Deutschland die politische Landschaft verändert. An die Stelle der großen Koalition aus CDU/CSU und SPD unter Bundeskanzler Kiesinger war jetzt eine SPD/FDP-Koalition getreten mit dem bisherigen Außenminister Willy Brandt als neuem Bundeskanzler. Damit gab es in den beiden größten EWG-Ländern neue Staats- bzw. Regierungschefs.

Auf der Gipfelkonferenz in Den Haag wurden für die weitere Integration Europas wichtige Weichen gestellt. Die Staats- und Regierungschefs unterstrichen nicht nur die weitergehenden politischen Zielsetzungen des begonnenen wirtschaftlichen Integrationsprozesses und bekundeten ihre Entschlossenheit, diesen Prozess weiterzuführen. Sie erklärten zudem ihre Bereitschaft, möglichst bald mit den beitrittswilligen Staaten in Westeuropa Erweiterungsverhandlungen zu führen, eine Entscheidung, die insbesondere die von Präsident de Gaulle in den 60er Jahren bewirkte Verhandlungsblockade mit Großbritannien abbaute und schon

1973 zur ersten Erweiterung der Gemeinschaft um drei Mitglieder führte. Zum Thema Wirtschafts- und Währungsunion fassten die sechs Staats- und Regierungschefs folgenden Beschluss:

> »8. Sie bekräftigen ihren Willen, den für die Stärkung der Gemeinschaft und für die Entwicklung zur Wirtschaftsunion erforderlichen weiteren Ausbau beschleunigt voranzutreiben. Sie sind der Auffassung, dass der Prozess der Integration zu einer Gemeinschaft der Stabilität und des Wachstums führen muss. Zu diesem Zweck sind sie übereingekommen, dass im Rat, ausgehend vom Memorandum der Kommission vom 12. Februar 1969 und in enger Zusammenarbeit mit dieser, im Laufe des Jahres 1970 ein Stufenplan für die Errichtung einer Wirtschafts- und Währungsunion ausgearbeitet wird. Die Entwicklung der Zusammenarbeit in Währungsfragen sollte sich auf die Harmonisierung der Wirtschaftspolitik stützen. Sie sind übereingekommen, die Möglichkeit der Errichtung eines europäischen Reservefonds prüfen zu lassen, zu dem eine gemeinsame Wirtschafts- und Währungspolitik hinführen müsste.«

Dieser Beschluss legte zwar ausdrücklich das Ziel einer »Gemeinschaft der Stabilität und des Wachstums« fest; für die in Aussicht genommene »Wirtschafts- und Währungsunion« wurden aber im Wesentlichen nur prozedurale Schritte festgelegt. Der Text macht jedoch den gemeinsamen Willen deutlich, das Thema ernsthaft aufzugreifen und Entscheidungen herbeizuführen. Inhaltlich wurde zudem festgelegt, dass die Harmonisierung der Wirtschaftspolitik Grundlage für die weitere Zusammenarbeit in Währungsfragen sein müsse – eine für die Zukunft bedeutsame Weichenstellung. Selbst die Übereinkunft, die Realisierungsmöglichkeiten für einen europäischen Reservefonds prüfen zu lassen, erhielt den Zusatz, dass eine gemeinsame Wirtschafts- und Währungspolitik zu ihm »hinführen müsste«.

Bei einer Bewertung dieser Beschlüsse von Den Haag liegt die Frage nahe: Wie konnte es nach den langen Jahren der Unklarheit und auch der bisweilen blockierenden Kontroversen jetzt plötzlich zu einer solchen Wegweisung nach vorn kommen? Die Antwort dürfte vor allem in den politischen Veränderungen in Frankreich, aber auch bei einer neuen Akzentsetzung in der deutschen Europa- und Außenpolitik liegen. Der neue französische Staatspräsident Georges Pompidou wollte offensichtlich zeigen, dass er künftig in der Europapolitik einen anderen Kurs anstrebte als sein Vorgänger de Gaulle. Dieser hatte sich zwar im Deutsch-Französischen Freundschaftsvertrag von 1963 zu einer engen Kooperation mit Deutschland bereit erklärt, die Verträge von Rom aus dem Jahre 1957 über die EWG und EURATOM gingen ihm aber vor allem wegen der damit verbundenen Schritte in Richtung Supranationalität offensichtlich bereits zu weit. Sowohl die Rolle der Kommission als auch die Möglichkeit von Mehrheitsentscheidungen im Ministerrat widersprachen seinen Vorstellungen von der nationalen Souveränität. Deswegen hatte Frankreich ja auch Mitte der 60er Jahre zeitweilig eine »Politik des leeren Stuhls« in Brüssel betrieben. Zudem hatte Präsident de Gaulle Erweiterungsverhandlungen, insbesondere mit Großbritannien, praktisch blockiert. Der neue Staatspräsident Pompidou wollte nun offensichtlich mit dieser Politik seines Vorgängers Schluss machen und zugleich einen neuen Kurs in der französischen Europapolitik einleiten. Dabei spielte für ihn, wie er später einmal formulierte, natürlich auch eine Rolle, dass »Europa Deutschland so nach Europa einbinden müsse, dass es sich nicht länger mehr davon entfernen könne«.[16]

Aber auch der neue deutsche Bundeskanzler Brandt war offensichtlich an einem deutlichen Profil in der deutschen Europapolitik interessiert. Als Außenminister hatte er nicht nur die frustrierende Wirkung vieler zumeist entscheidungsloser Ratsdiskussionen in Brüssel sowie die zunehmenden währungspolitischen Kontroversen miterlebt; als überzeugter Europäer war er zugleich an einer neuen Dynamik in der europäischen Politik orientiert. Wie er selbst in seinen Memoiren bezeugt, hatten ihn insbesondere die europapolitischen Mahnungen von Jean Monnet schon immer sehr beeindruckt.[17] In der neuen Verantwortung als Bundeskanzler wollte er nun möglichst bald neue Signale setzen und bot so auch – trotz der in diesem Punkt reservierten Position von Karl Schiller – seine grundsätzliche Bereitschaft zur Verhandlung über einen von französischer Seite schon länger geforderten europäischen Reservefonds an, sofern man sich über die Voraussetzungen und Bedingungen dafür einigen könne. Bei diesem Angebot dürfte – wie Erik Hoffmeyer wohl zu Recht vermutet[18] – auch die Erwartung eine Rolle gespielt haben, dass eine neue politische Initiative für mehr währungspolitische Kooperation in Westeuropa bei den westeuropäischen Nachbarn zugleich mehr Verständnis für die beabsichtigte neue deutsche Ostpolitik schaffen könne. Welche Motive auch immer dominant gewesen sind, eines ist sicher: Bei der Vorbereitung von Den Haag hat auf deutscher Seite neben dem neuen Außenminister Walter Scheel auch die damalige neue parlamentarische Staatssekretärin im Bundeskanzleramt Frau Focke eine erhebliche Rolle gespielt. Bei ihrer engagierten Arbeit in der Europa-Union Deutschland hatte sie sich schon auf dem Kongress in Köln 1968 mit Nachdruck für die baldige Ausarbeitung eines Stufenplans eingesetzt, an dessen Ende eine gemeinsame europäische Währung stehen solle. Auch in ihrer neuen politischen Position im Bundeskanzleramt war dieses besondere Engagement für mehr währungspolitische Bindung in Europa deutlich zu spüren.

Diese in Frankreich und Deutschland durch Erfahrungen, neue politische Konstellationen und besondere Motivationen geförderte Bereitschaft zur Wiederaufnahme der Erweiterungsverhandlungen und zu einem Mehr an wirtschafts- und währungspolitischer Gemeinsamkeit wurde von den anderen EG-Partnern in Den Haag begrüßt. Wohl gab es auch zwischen ihnen noch unterschiedliche Vorstellungen über den konkreten Weg hin zu einer Wirtschafts- und Währungsunion; das anzustrebende Ziel wurde aber schon seit einiger Zeit von den meisten anderen Partnern eindeutig bejaht. So wertete man die Entscheidung von Den Haag in der Europäischen Gemeinschaft auch überwiegend als einen »Durchbruch nach vorn«, wie man ihn noch wenige Tage zuvor kaum zu erwarten gewagt hatte. Jedenfalls war in vielen Ländern innerhalb und außerhalb der Gemeinschaft nach dem Gipfeltreffen eine Erleichterung darüber zu spüren, dass die grundsätzlichen Kontroversen und die lähmende Stagnation der letzten Jahre nun bald überwunden werden könnten. Aber es gab natürlich auch warnende Stimmen. Vor allem in gaullistischen Kreisen in Frankreich wurde schon bald eine Reserviertheit deutlich. Dort sorgte man sich insbesondere um eine Beeinträchtigung der nationalen Souveränität. In Deutschland gab es dagegen nicht wenige Stimmen, die vor einer Gefährdung der internen Währungsstabilität warnten. Dennoch: Der Beginn einer neuen Periode der europäischen Integrationspolitik schien mit dem Gipfel von Den Haag und seinen Ergebnissen eingeleitet zu sein. Neben der Vorbereitung der Erweiterungsverhandlungen konnten jetzt auf europäischer Ebene auch die ersten konkreten Vorarbeiten für eine Wirtschafts- und Währungsunion beginnen.

Schon wenige Wochen nach dem Gipfel von Den Haag trafen sich die Wirtschafts- und Finanzminister der EWG – zusammen mit den Notenbankgouverneuren – in Brüssel. Sie wollten klären, wie der Auftrag zur Ausarbeitung des Stufenplans zur Wirtschafts- und Währungsunion umgesetzt werden sollte. Nach zwei Beratungsrunden entschieden sie sich am 6. März 1970, eine Arbeitsgruppe unter dem Vorsitz des damaligen luxemburgischen Ministerpräsidenten Pierre Werner einzusetzen, der neben den Vertretern der Kommission die Vorsitzenden der verschiedenen unmittelbar von der Thematik betroffenen EWG-Ausschüsse (Währungsausschuss, Ausschuss der Zentralbankpräsidenten, Ausschuss für Konjunkturpolitik, Ausschuss für mittelfristige Politik und Ausschuss für Haushaltspolitik) angehören sollten. Auf diese Weise waren nicht nur alle relevanten Sachbereiche, sondern zugleich auch alle sechs Mitgliedsländer in dieser Arbeitsgruppe vertreten, die schon bald nach ihrem Vorsitzenden in der Öffentlichkeit als »Werner-Gruppe« bezeichnet wurde. Die offiziellen Mitglieder haben schon bei ihrem ersten Treffen auch persönliche Stellvertreter benannt, die an allen Sitzungen teilnahmen und denen später ein erheblicher Teil der konkreten Redaktionsarbeit für den Zwischen- und Abschlussbericht übertragen wurde. Das deutsche Mitglied Johannes Schöllhorn, damals Staatssekretär im Bundesministerium für Wirtschaft und Vorsitzender des EWG-Ausschusses für Konjunkturpolitik, hat mich dabei als seinen Stellvertreter benannt. Zugleich erhielt ich in Bonn auch den Auftrag, die auf deutscher Seite erforderlichen Vorarbeiten zwischen den Ressorts und mit der Bundesbank zu koordinieren.

Als die Werner-Gruppe Mitte März 1970 ihre Arbeit aufnahm, lagen bereits mehrere, teilweise recht detailliert ausgearbeitete Pläne vor. Besonders ambitiös war der schon gegen Ende 1969 erstmals bekannt gewordene Dreistufenplan des belgischen Finanzministers Baron Snoy et d'Oppuers, der bereits für 1976 den Eintritt in die Endstufe der Währungsunion und danach eine schrittweise Ablösung der nationalen Währungen durch eine gemeinsame europäische Währungseinheit vorsah. Neben einem gemeinschaftlichen Zentralbanksystem sollten nach diesem Plan auch gemeinschaftliche Institutionen für eine gemeinsame Wirtschafts- und Budgetpolitik errichtet werden. Ergänzt wurde dieser Plan noch durch einen detaillierten Vorschlag des belgischen Notenbankpräsidenten Baron Ansiaux für die möglichst baldige Einrichtung eines Europäischen Reservefonds sowie eine gleichzeitige Reduzierung und spätere Eliminierung der Wechselkursbandbreiten in der EWG. Der am 18. Februar

1970 von Bundeswirtschaftsminister Schiller der Öffentlichkeit vorgestellte deutsche Plan, den wir im Bundeswirtschaftsministerium mit der Bundesbank abgestimmt hatten, setzte dagegen einige Akzente deutlich anders. Zwar bestand hinsichtlich der Gestaltung der Endstufe eine weitgehende Übereinstimmung mit den belgischen Vorstellungen. Der sogenannte Schiller-Plan sah jedoch insbesondere in der Gestaltung der einzelnen Stufen eine andere Reihenfolge vor. Vor allem sollte eine Einengung der Wechselkursbandbreiten sowie ihre Absicherung durch gemeinschaftlich finanzierte Interventionen erst dann vorgesehen werden, wenn zuvor ein hinreichendes Maß an tatsächlicher Konvergenz der Volkswirtschaften und der nationalen Politiken gesichert sei. Deswegen verzichtete dieser Plan auch bewusst auf konkrete Terminangaben für die weiteren Stufen in der Währungsintegration selbst. Der Eintritt in die nächste Stufe sollte von den tatsächlich erreichten Ergebnissen abhängig gemacht werden. Diese beiden Pläne wurden noch ergänzt durch einen luxemburgischen Plan, der zwar von einer parallelen Entwicklung der wirtschaftlichen Koordinierung und dem Aufbau der Währungsunion ausging, zugleich aber auf eine verbindliche und konkrete Festlegung dieser Parallelität verzichtete. Ähnlich unverbindlich war in dieser Hinsicht auch der Plan, den die EWG-Kommission kurz vor Beginn der Beratungen in der Werner-Gruppe vorlegte. Er enthielt zwar viele Details, verzichtete aber auf eine verbindliche Aussage zur Reihenfolge der Maßnahmen. Überdies fehlten konkrete Aussagen zur Aufgabenstellung und zur Unabhängigkeit des für die Endstufe erforderlichen gemeinsamen Zentralbanksystems. Frankreich, Italien und die Niederlande verzichteten dagegen im Vorfeld der Beratungen der Werner-Gruppe auf eigene Ausarbeitungen. Der damalige französische Finanzminister Giscard d'Estaing machte jedoch schon bei der Beschlussfassung des Mandates für die Arbeitsgruppe deutlich, dass nach seiner Meinung am Schluss der Entwicklung eine gemeinsame europäische Währung stehen solle.

In der Werner-Gruppe selbst rückte schon bald die Frage der Reihenfolge der einzelnen Maßnahmen und ihrer wechselseitigen Abhängigkeit von den jeweiligen Fortschritten in den anderen Bereichen in den Mittelpunkt der Beratungen. Als sich der belgische Notenbankpräsident Baron Ansiaux und der Vizegouverneur der Banque de France Bernard Clappier für eine baldige Verengung der Wechselkursbandbreiten sowie die rasche Einrichtung eines Devisenausgleichsfonds einsetzten, bestanden der niederländische und der deutsche Staatssekretär Brouwers und Schöllhorn darauf, dass zunächst nachhaltige Konvergenzfortschritte bei der Wirtschaftspolitik der Mitgliedsländer sowie zwischen den Volkswirtschaften selbst erforderlich seien. Der italienische Haushaltsdirektor Stammati verwies gleich zu Beginn der Beratungen auch auf die Bedeutung gemeinschaftlicher Budgetausgleichsmaßnahmen bei einem fortschreitenden Abbau der Währungsgrenzen.

Insbesondere in den Diskussionen um die Reihenfolge der Schritte hin zur Währungsunion wurden schon bald zwei unterschiedliche Grundkonzepte deutlich: Forcierung der wirtschaftspolitischen Harmonisierung durch eine frühzeitige Bindung der Währungen mit möglichst festen Wechselkursen und engen Bandbreiten sowie gemeinsamen Finanzierungshilfen für Interventionen oder zunächst verstärkte wirtschaftspolitische Harmonisierungsbemühungen und je nach Fortschritt Übergang zu weitergehenden Bindungen zwischen den beteiligten Währungen. Diese unterschiedlichen Vorstellungen konnten auch bei dem informellen Treffen der Wirtschafts- und Finanzminister sowie der Notenbankpräsidenten Ende Mai 1970 in Venedig, wofür die Werner-Gruppe einen teilweise kontroversen Zwischenbericht vorgelegt hatte, trotz intensiver Bemühungen des damaligen italienischen Vorsitzenden, Schatzminister Emilio Colombo, noch nicht überwunden bzw. überbrückt werden. In der Öffentlichkeit wurden die unterschiedlichen Positionen oft mit den Etiketten »Ökonomisten« und »Monetaristen« versehen. Vor allem von der deutschen, der niederländischen und teilweise damals auch der italienischen Seite wurde das Postulat der vorherigen wirtschaftspolitischen Harmonisierung mit dem Ziel der Angleichung der Präferenzen in Richtung Stabilität sowie der Annäherung der Strukturen und auch der Verhaltensweisen der Wirtschaftssubjekte vertreten. Insbesondere die Vertreter Belgiens, Frankreichs und auch Luxemburgs drängten dagegen – mit weitgehender Unterstützung der EWG-Kommission – auf möglichst baldige Bindungen zwischen den Währungen und wechselseitige bzw. gemeinschaftliche Hilfen (Bandbreitenverringerung mit entsprechenden Interventionsverpflichtungen der Partner, Einschränkung der Möglichkeit autonomer Paritätsänderungen sowie Einrichtung eines gemeinsamen Interventions- bzw. Reservefonds). Neben diesen, zumeist als Ausdruck eines wirtschafts- und integrationstheoretischen Methodenstreits hervortretenden Meinungsunterschieden wurden in den öffentlichen Diskussionen allerdings zunehmend auch Differenzen über die weitergehende politische Zielsetzung der Integration deutlich. Vor allem die französische Seite stand – offenbar wegen der in Frankreich damals noch immer bestehenden Vorbehalte gegen eine weitergehende politische und institutionelle Integration – einer Verdeutlichung der institutionellen und politischen Konsequenzen der Wirtschafts- und Währungsunion mit großer Zurückhaltung gegenüber. In der Werner-Gruppe selbst war man sich zwar durchaus bewusst: Auch in einem engeren Währungsverbund wird die nationalstaatliche Autonomie in der Wirtschafts- und Währungspolitik de facto erheblich eingeengt. Aber ein solcher Harmonisierungszwang als Folge einer Wechselkursbindung schien damals insbesondere auf französischer Seite offenbar eher akzeptierbar zu sein als eine direkte Einschränkung der nationalstaatlichen Souveränität durch formelle Kompetenzübertragung auf die supranationale Ebene.

Nach intensiver Diskussion in der Werner-Gruppe (insgesamt elf Plenarsitzungen, mehrere gesonderte Treffen der Stellvertreter sowie viele bi- und trilaterale Gespräche) kam dennoch im Herbst 1970 ein Bericht mit gemeinsamen Vorschlägen für die Entwicklung eines Stufenplanes hin zu einer Wirtschafts- und Währungsunion zustande. Wie hartnäckig dabei im Vorfeld gestritten wurde, zeigt sich auch in einer schriftlichen Intervention des damaligen belgischen Ministerpräsidenten Eyskens, der sich kurz vor Abschluss der Beratungen in der Gruppe bei Bundeskanzler Brandt über den hartnäckigen Widerstand der deutschen Vertreter gegen die frühzeitige Errichtung eines Devisenausgleichsfonds beschwerte. Entscheidend für das Zustandekommen gemeinsamer Vorschläge im Bericht der Werner-Gruppe war letztlich ein Kompromiss auf der Basis des Grundsatzes der »effektiven Parallelität«. Dieser Grundsatz der effektiven Parallelität sollte zumindest in dreifacher Hinsicht gelten:

- Parallelität zwischen den Fortschritten bei der wirtschaftspolitischen Konvergenz und dem Übergang zu währungspolitischen Bindungen.
- Parallelität zwischen der EWG-weiten währungspolitischen Bindung und einer angemessenen Kompetenzverlagerung auf die Gemeinschaftsebene bei der Geld- und Kreditpolitik, der Währungspolitik nach außen, der globalen fiskalpolitischen Steuerung sowie eines Teils der regionalen Strukturpolitik.
- Parallel zur Entwicklung der Gemeinschaftsbefugnisse auch ein entsprechender Auf- und Ausbau funktionsfähiger Gemeinschaftsinstitutionen (insbesondere eigenverantwortliches Zentralbanksystem, entscheidungsbefugtes Europäisches Parlament, stärkere Stellung der Kommission und des Ministerrates).

Die Sicherung dieses dreifachen Parallelitätsgrundsatzes sollte im Ablauf des Stufenplanes dadurch erreicht werden, dass es beim Übergang von der einen in die andere Stufe keinen Automatismus geben sollte. Anhand einer Bilanz über die Ergebnisse der bisherigen Stufe sollte vielmehr jeweils eine neue gemeinsame politische Entscheidung für den Übergang in die nächste Stufe getroffen werden. Andererseits sollten alle Partner von Anfang an die grundlegenden Ziele und Konsequenzen für die Endstufe anerkennen und akzeptieren, weil sonst die Gefahr eines Stillstands auf halbem Wege und damit die Gefahr eventuell einseitiger Lösungen bestehe. Der Werner-Bericht sagte deshalb klar und unmissverständlich: Die erste Stufe hat nur dann einen Sinn, wenn bei allen Beteiligten die prinzipielle Bereitschaft gegeben ist, nach entsprechender Vorbereitung auch tatsächlich in die Endstufe einzutreten. Und für diese Endstufe hielt die Werner-Gruppe neben der vollständigen und irreversiblen Konvertibilität der Währungen zu absolut festen Wechselkursen bzw. neben dem Übergang zu einer einheitlichen Währung auch eine vollständige Liberalisierung des Kapitalverkehrs sowie mindestens zwei handlungsfähige Gemeinschaftsorgane für erforderlich: ein dem Europäischen Parlament gegenüber verantwortliches wirtschaftspolitisches Entscheidungsgremium sowie ein eigenverantwortliches gemeinschaftliches Zentralbanksystem. Wohl verzichtete der Schlussbericht auf eine detaillierte Beschreibung dieser neuen institutionellen Struktur; er unterstreicht jedoch nachdrücklich die zentrale politische Bedeutung der Wirtschafts- und Währungsunion. In den Schlussfolgerungen heißt es: »Die Wirtschafts- und Währungsunion erscheint somit als ein Ferment für die Entwicklung der politischen Union, ohne die sie auf Dauer nicht existieren kann.«

Konkret befasste sich der Bericht insbesondere mit der ersten Stufe. Hier sollten parallel zu den verstärkten wirtschaftspolitischen Koordinierungsbemühungen zunächst für eine mehrjährige Experimentierperiode auch erste Kooperationen der Zentralbanken im Bereich der Wechselkurse in Gang gesetzt werden. Darüber hinaus sollten Vorbereitungen für die Schaffung eines »Europäischen Fonds für währungspolitische Zusammenarbeit« eingeleitet werden. Je nach den Erfahrungen und Fortschritten bei der Konvergenz der Wirtschaftspolitik könne dann die De-facto-Wechselkurskooperation auch bereits zu einem De-jure-System weiterentwickelt sowie der Fonds in Gang gesetzt werden. Auf jeden Fall solle jedoch rechtzeitig vor dem Ende der ersten dreijährigen Stufe eine Regierungskonferenz gemäß Artikel 236 EWG-Vertrag einberufen werden, um auf der Grundlage der Bilanz der ersten Stufe und eines genauen Aktionsprogramms für die nächsten Jahre die ratifizierungsbedürftigen Vertragsänderungen für die vollständige Verwirklichung der Wirtschafts- und Währungsunion zu beschließen.

Trotz einiger verbliebener Unklarheiten weist die Schlussfassung des Werner-Berichtes deutlich hin auf die zentrale Bedeutung rechtzeitiger Weichenstellungen für eine dauerhafte Stabilitätsorientierung der angestrebten Währungsunion und ihre dauerhafte Fundierung durch eine hinreichende Konvergenz und Gemeinsamkeit der Wirtschaftspolitik. Der Bericht stellt vor allem unmissverständlich klar: Eine nachhaltig stabilitätsorientierte und möglichst konfliktfreie Währungsunion braucht eine dauerhaft tragfähige Konvergenz der beteiligten Volkswirtschaften und eine hinreichende politische Gemeinsamkeit mit handlungsfähigen Gemeinschaftsinstitutionen. Dieser Klärungsprozess in der Werner-Gruppe war ein wichtiger Schritt für die weitere Entwicklung, wenngleich die anschließenden politischen Entscheidungen diesem ambitiösen Konzept zunächst nur sehr begrenzt Rechnung getragen haben.

# KAPITEL 5
# Im Ministerrat: Nur Teileinigung möglich

Unmittelbar nach der Veröffentlichung des Schlussberichtes der Werner-Gruppe gab es insbesondere in Deutschland und Frankreich unterschiedliche Reaktionen. In Deutschland wurde der Bericht – trotz vereinzelter Reserven – insgesamt positiv aufgenommen. In der Europadebatte des Bundestages am 6. November 1970 stimmten alle Parteien der Grundlinie des Berichtes zu. Das Gleiche galt auch für die Stellungnahme des Bundesrates. Ebenso signalisierten unabhängige Autoritäten mit großer Erfahrung im Bereich der Wirtschafts- und Europapolitik wie Ludwig Erhard, Alfred Müller-Armack und Walter Hallstein ihre Zustimmung. Auch in den meisten anderen EWG-Ländern überwogen in der Öffentlichkeit eindeutig die positiven Stimmen. Dies war jedoch in Frankreich anders. Vor allem im Lager der orthodoxen Gaullisten meldete sich eine lautstarke Opposition zu Wort. Schon wenige Tage nach der Veröffentlichung des Berichtes kam es auch in der französischen Nationalversammlung zu deutlich kritischen Bewertungen. Die offizielle Position der französischen Regierung blieb zunächst abwartend. Der damalige Außenminister Schuman betonte zunächst, dass die Regierung dem Werner-Bericht in wichtigen Punkten zustimme. Eine Verpflichtung zur Schaffung neuer gemeinschaftlicher Instanzen halte sie jedoch noch für verfrüht. Präsident Pompidou erklärte dann am November 1971 offiziell, dass Frankreich es im gegenwärtigen Stadium nicht für angebracht halte, die weiteren Etappen in Richtung Wirtschafts- und Währungsunion schon jetzt festzulegen, da dies unnötig institutionelle

Probleme aufwerfe. Die überwiegend ablehnende Reaktion der Gaullisten war – wie Erik Hoffmeyer schreibt[19] – wohl eine Überraschung für den Staatspräsidenten und die französische Regierung. Präsident Pompidou, der damalige Finanzminister Giscard d'Estaing und wohl auch der französische Vertreter in der Werner-Gruppe, Vizegouverneur Bernard Clappier, hatten den damaligen politischen Widerstand in Frankreich gegen einen weiteren Ausbau der supranationalen Struktur in der EWG offenkundig unterschätzt.

Angesichts dieser französischen Reaktion verzichtete auch die EWG-Kommission auf eine vorbehaltlose Zustimmung zum Werner-Bericht. Schon Ende Oktober legte sie eine Stellungnahme vor, in der sie zwar »im Großen und Ganzen« den Schlussfolgerungen des Berichtes für die erste Stufe zustimmte. Die weiter reichenden Vorschläge für die folgenden Stufen wurden aber nur sehr allgemein erwähnt. Insbesondere der aus deutscher Sicht zentrale Punkt der Sicherung einer effektiven Parallelität zwischen ökonomischen, monetären und institutionellen Fortschritten wurde in der Stellungnahme der Kommission weitgehend offen gelassen. Für den Währungsbereich selbst sahen die Kommissionsvorschläge allerdings recht konkrete Initiativen vor. Die Kommission wollte sogar die nationalen Zentralbanken verpflichten, ihre geldpolitischen Entscheidungen an vom Ministerrat festgelegten wirtschafts- und währungspolitischen Leitlinien zu orientieren. Dass solche Vorschläge nicht nur bei der Deutschen Bundesbank, sondern auch bei den meisten anderen Zentralbanken auf Kritik und Widerstand stießen, war nicht verwunderlich. Auch in der deutschen Politik regte sich unverzüglich deutlicher Widerstand. Sowohl im Bundestag als auch bei Bundeswirtschaftsminister Schiller fand die kritische Position der Bundesbank volle Unterstützung. Überdies wurden die Kommissionsvorschläge insbesondere wegen der dort fehlenden Parallelität zwischen den wirtschafts- und währungspolitischen Maßnahmen sowie des Verzichts auf Vorschläge für die institutionelle Weiterentwicklung kritisiert.

In der Sitzung des Ministerrates am 14. Dezember 1970 in Brüssel wurde deutlich, dass auch andere Länder mit den Kommissionsvorschlägen für die festzulegenden Schlussfolgerungen und Entscheidungen unzufrieden waren. Trotz mehrstündiger Verhandlungen konnte im Ministerrat keine Übereinstimmung erzielt werden. Nach dieser fehlenden Einigung folgten zunächst wochenlange schwierige bi- und multilaterale Verhandlungen. An diesem Verhandlungsmarathon, das sowohl auf Minister- als auch auf Beamtenebene stattfand, war ich persönlich regelmäßig beteiligt. Verständlicherweise waren die Verhandlungen zwischen der deutschen und französischen Seite besonders intensiv. Dabei wurde immer deutlicher, dass eine Festlegung aller Länder auf einen umfassenden und inhaltlich klaren Stufenplan damals noch nicht zu erreichen war. Deshalb konnte auch am 8./9. Februar 1971 im Ministerrat am Schluss eine politische Einigung nur über einen recht allgemein formulierten gemeinsamen Entschließungstext erzielt werden, wobei ein Teil der strittigen Punkte zunächst vertagt wurde. Diese Entschließung wiederholte zwar die allgemeine Zielsetzung, nach einem am 1. Januar 1971 beginnenden Stufenplan eine Wirtschafts- und Währungsunion zu schaffen und nannte dafür sogar auch einen Zeithorizont von zehn Jahren. Konkret befasste sich die Entschließung jedoch im Wesentlichen nur mit den Entscheidungen und Initiativen für die erste dreijährige Stufe. Da insbesondere wegen des französischen Widerstandes gegen die institutionelle Weiterentwicklung und die damit verbundene neue Kompetenzverteilung sowie die dafür erforderlichen Vertragsänderungen keine Einigung erzielt werden konnte, wurde auf Initiative von Minister Schiller in der Schlussrunde eine sogenannte Terminklausel beschlossen. Nach dieser Klausel sollten die für die erste Stufe vorgesehenen währungspolitischen Gemeinschaftsmaßnahmen zunächst in ihrer Geltung zeitlich begrenzt werden. Sie sollte Ende 1975 hinfällig werden, sofern es bis dahin nicht zu einer Einigung über den konkreten Inhalt der weiteren Entwicklung bis zur Endstufe der Wirtschafts- und Währungsunion gekommen sei. Mit dieser Klausel wollte die deutsche Seite zwar nicht die grundsätzliche Irreversibilität des eingeleiteten Prozesses in Frage stellen. Wohl aber sollte sie ein Hebel sein, um auch im weiteren Verlauf des Stufenplanes die Parallelität zwischen der währungspolitischen und wirtschaftspolitischen Integration sowie der institutionellen Weiterentwicklung sicherzustellen. Im deutschen Bundestag fand diese Clause-de-Prudence, wie sie damals oft genannt wurde, später ausdrückliche Zustimmung.

Dieser nach hartnäckigen Verhandlungen zustande gekommene Formelkompromiss stellte in der damaligen Lage sicherlich ein Maximum des politisch Erreichbaren dar.[20] Zugleich verstärkten sich aber die Zweifel, ob angesichts der nicht überwundenen grundsätzlichen Differenzen das angestrebte Ziel einer Wirtschafts- und Währungsunion innerhalb von zehn Jahren tatsächlich verwirklicht werden könne. Diese Zweifel sind durch die Entwicklung in den 70er Jahren leider bestätigt worden, wie im folgenden Kapitel näher darzulegen sein wird. Dennoch hat sich die damalige Auseinandersetzung nach meiner Meinung gelohnt. Sie hat nämlich eine falsche Weichenstellung verhindert, deren Ergebnis wahrscheinlich in der Folgezeit ein deutliches Weniger an Stabilitätsorientierung in Deutschland und in Europa gebracht hätte. Und zugleich wäre die europäische Währungsintegration in die falsche Richtung gelenkt worden. Wechselkursbindungen mit Interventionsverpflichtungen beider Seiten und Gemeinschaftsfonds allein konnten keine dauerhafte und stabilitätsorientierte Währungsunion schaffen. Sie hätten sowohl die Stabilitätspolitik der einzelnen Länder gefährdet als auch die Gemeinschaft zunehmend konfliktträchtig und fragil gemacht. Die kurz danach durch den Beitritt von Dänemark, Großbritannien und Irland auf neun Mitglieder erweiterte Gemeinschaft geriet ohnehin in den 70er Jahren durch die neuen weltwirtschaftlichen Herausforderungen schon bald erneut in schwieriges Wasser.

# KAPITEL 6
# Die Währungsschlange: Ein Konstrukt mit vielen Misserfolgen

Mit der Entschließung und den Entscheidungen des Ministerrates vom 22. März 1971 (erst in dieser Sitzung konnten die Einigungsformeln vom 7./8. Februar offiziell verabschiedet werden) wurden die Zentralbanken »ersucht«, durch abgestimmte Aktionen gegenüber dem Dollar die Wechselkursschwankungen der Mitgliedswährungen schon zu Beginn der ersten Stufe »versuchsweise« innerhalb engerer Bandbreiten zu halten als gegenüber dem Dollar. Ein solches »De-facto-System« könne dann – je nach den Umständen und den bei der Harmonisierung der Wirtschaftspolitik festgestellten Ergebnissen – zu einem »De-jure-System« mit formellen Interventionsverpflichtungen der Mitgliedswährungen und sukzessiven weiteren Bandbreitenverringerungen weiterentwickelt werden (Ziffer 7). Außerdem wurden der Währungsausschuss und der Ausschuss der Notenbankpräsidenten aufgefordert, schon bis Mitte des Jahres 1971 Berichte über Errichtung, Aufgabe und Satzung eines Europäischen Fonds für währungspolitische Zusammenarbeit zu erstellen, wobei – auf deutschen Druck hin – von vornherein festgelegt war, dass ein solcher Fonds später in ein gemeinschaftliches Zentralbanksystem eingegliedert werden solle (Ziffer 8).

In den Vordergrund rückte jedoch schon rasch das Thema Wechselkurskooperation in Europa. An den Devisenmärkten zeigte sich nämlich bereits in den ersten Monaten des Jahres 1971 erneut eine Schwäche des Dollars, die auch innerhalb Europas zu unterschiedlichen Bewertungen der Währungen führte. Als die US-Handelsbilanz erstmals nach dem Kriegsende ein Defizit aufwies, verstärkten sich schlagartig die Abflüsse von kurzfristigem Kapital aus dem Dollar-Raum. Gleichzeitig wurde den Marktteilnehmern durch öffentliche Diskussionen deutlicher bewusst, dass die Goldreserven der USA, die bis 1959 die offiziellen US-Schulden voll abgedeckt hatten, jetzt nur noch weniger als 15% dieser Schulden abdeckten. Der mit einer Goldeinlösepflicht versehene Dollar wurde zunehmend als überbewertet angesehen. Die Dollar-Abflüsse bewegten sich besonders stark in die als stabil bewertete D-Mark. Zur Sicherung der damals im Bretton-Woods-System noch geltenden Bandbreite gegenüber dem Dollar von +/– 0,75% sah sich die Bundesbank in zunehmendem Maße zum Ankauf von Dollars gezwungen. Vor diesem Hintergrund kam es beim informellen Treffen der europäischen Wirtschafts- und Finanzminister sowie der Notenbankpräsidenten am 26. April 1971 in Hamburg zu einer kontroversen Diskussion über die Reaktionen der EWG-Länder. Insbesondere Frankreich drängte auf eine Aufwertung der D-Mark gegenüber dem Dollar, die jedoch von deutscher Seite abgelehnt wurde. Als dies infolge einer Indiskretion auch öffentlich bekannt wurde, verstärkten sich die Bewegungen an den Märkten drastisch. Die D-Mark geriet immer stärker unter Aufwertungsdruck und die Bundesbank sah sich zu immer umfangreicheren Dollar-Käufen gezwungen. Angesichts dieser steigenden Dollar-Flut entschloss sich die Bundesregierung am 5. Mai 1971 auf Antrag der Bundesbank, die deutschen Devisenbörsen vorübergehend zu schließen und – zusammen mit den Niederlanden – für den 8. Mai die Wirtschafts- und Finanzminister der EWG sowie die Notenbankpräsidenten zu einer Sondersitzung nach Brüssel einzuberufen. In diesem dramatischen, nahezu 21 Stunden andauernden Treffen kam es erneut zu einer französisch-deutschen Kontroverse. Während Giscard d'Estaing erneut für eine deutliche Paritätsanhebung der D-Mark plädierte, lehnte Karl Schiller dies vor allem mit dem Argument ab, dass dieser Weg die deutsche Wirtschaft dauerhaft übermäßig belasten werde. Gleichzeitig wehrte er sich jedoch auch mit Nachdruck gegen die von verschiedenen Seiten in die Diskussion gebrachte Einführung von staatlichen Kapitalverkehrskontrollen. Er hielt eine solche »Devisenbannwirtschaft«, wie er sie nannte, ordnungspolitisch für problematisch und zweifelte sehr an ihrer nachhaltigen Wirksamkeit. Minister Schiller plädierte stattdessen für ein vorübergehendes Floaten der D-Mark, um auf diese Weise der übertreibenden Spekulation entgegenzuwirken und ein neues Marktgleichgewicht zu finden. Nach langen und sehr schwierigen Debatten einigten sich die EWG-Minister schließlich darauf, »Verständnis dafür zum Ausdruck zu bringen«, dass einzelne Länder »für eine begrenzte Zeit« die Schwankungsbreiten der Wechselkurse erweitern könnten. Auf der Grundlage dieser Einigung, die letztlich nur die sich abzeichnende Realität akzeptierte, beschloss das deutsche Bundeskabinett noch am gleichen Tag, die Bundesbank zu bitten, die bisherigen Interventionen an den Devisenmärkten »vorübergehend« einzustellen. Damit konnte sich der Wechselkurs der D-Mark am Markt zunächst frei bewegen.

Diese erneute krisenhafte Zuspitzung an den Devisenmärkten und die Entscheidung für ein zeitweiliges Floaten der D-Mark, die auch in der innerdeutschen politischen Diskussion nicht unumstritten war, veränderten natürlich die Ausgangslage und das Umfeld für weitere Bemühungen um eine Bandbreitenverengung in der EWG. Die ursprünglich bereits für Mitte Juni 1971 von den EWG-Notenbankpräsidenten vorgesehene Reduzierung der Bandbreiten wurde vorläufig ausgesetzt. Die Spannungen an den Devisenmärkten verschärften sich noch, als der damalige US-Finanzminister Connally im Sommer 1971 jegliche Abwertung des Dollars öffentlich ablehnte, obgleich alle sachkundigen Analysen immer nachdrücklicher auf den Dollar als das zentrale Krisenpotenzial hinwiesen. In einer Zehnergruppen-Konferenz in Rom habe ich ihn später die noch heute oft zitierten Worte sagen hören: »The Dollar is our currency but your problem.« Überraschend äußerte sich dann am 15. August 1971 auch der amerikanische Präsident Richard Nixon in einer öffentlichen Erklärung. Nach mehrtägigen Beratungen mit seinen zuständigen Mitarbeitern und dem damaligen Fed-Präsidenten Arthur Burns (später US-Botschafter in Bonn) hatte er sich zu der Entscheidung durchgerungen, die Goldeinlösepflicht des Dollars »vorübergehend« auszusetzen und gleichzeitig – ebenso »vorübergehend« – auf alle zollpflichtigen Waren eine zusätzliche Einfuhrabgabe von 10% einzuführen. Diese amerikanische Entscheidung, die damals ohne vorherige internationale Konsultation getroffen wurde, wirkte weltweit wie ein Schock. Das internationale Währungssystem hatte damit seinen Anker, die Goldanbindung des Dollars, verloren. Und es entstand große Unsicherheit, wie das System weiter funktionieren werde.

Nach diesem Nixon-Schock traten jetzt auch in Europa zunächst andere Themen in den Vordergrund als eine innereuropäische Bandbreitenverengung. Schon wenige Tage nach der überraschenden amerikanischen Entscheidung begann eine Serie von internationalen Konferenzen, insbesondere mit den Industrieländern der sogenannten Zehnergruppe. Darüber hinaus gab es immer wieder zwischengeschaltete Treffen der EWG-Minister. Mein Terminkalender verzeichnete im Herbst 1971 jedenfalls mehr als zehn solcher internationaler Konferenzen, an denen ich als Beamter teilgenommen habe. All diese Bemühungen liefen jedoch zunächst ins Leere. Zumindest die kurzfristigen Interessen der beteiligten Länder waren offensichtlich zu unterschiedlich. Erst kurz vor Weihnachten kam es in der sogenannten Smithonian-Konferenz in Washington zu einem mindestens vorübergehenden Ergebnis. Nach außerordentlich schwierigen Beratungen konnte am zweiten Konferenztag zwischen den zehn größten Industrieländern Einigkeit über ein umfassendes Realignment der Paritäten sowie über eine Erweiterung der gegenüber dem US-Dollar geltenden Bandbreiten von zuvor +/– 0,75% auf +/– 2,25% erreicht werden. Gleichzeitig verpflichteten sich die USA, die im August eingeführte Importabgabe wieder abzuschaffen. Nur Kanada behielt sich das Recht vor, den kanadischen Dollar weiter floaten zu lassen. Für die D-Mark ergab sich zusätzlich zur generellen Abwertung des Dollars um 7,89% noch eine spezielle Aufwertung von 4,61%. Diese Gesamtaufwertung der D-Mark von 13,58% gegenüber dem Dollar war für die deutsche Seite nur schwer akzeptabel. Der damals im Bundeswirtschaftsministerium zuständige Staatssekretär Otto Schlecht, den ich telefonisch aus Washington über das sich abzeichnende Ergebnis informierte, berichtete mir seinerseits über die teilweise sehr kontroversen parallelen Diskussionen im Bundeskabinett in Bonn. Insbesondere der damalige Bundesverteidigungsminister Helmut Schmidt habe sich nachdrücklich gegen eine solche Aufwertung ausgesprochen. Minister Schiller konnte diese, auch von der deutschen Delegation übereinstimmend als überdimensioniert empfundene D-Mark-Aufwertung in der Schlussrunde jedoch nicht mehr abwehren. Zu seiner Überraschung musste er sich nämlich von seinem amerikanischen Kollegen am Konferenztisch sagen lassen, dass Präsident Nixon bereits bei dem kurz vorher stattgefundenen bilateralen Azorentreffen mit Präsident Pompidou von französischer Seite eine letztendliche Zustimmung des deutschen Bundeskanzlers Brandt zu einer Aufwertung von bis zu 15% signalisiert bekommen habe. Für Karl Schiller war das ein Schock. Die Sitzung wurde unterbrochen. Eine kurze Zeit lang spielte Schiller sogar mit dem Gedanken, die Konferenz zu verlassen und vorzeitig nach Bonn zurückzufliegen. Er blieb aber dann doch am Verhandlungstisch. Am Schluss setzte er sogar durch, dass das Aufwertungsergebnis letztendlich mit 13,58% unterhalb des von Brandt über Pompidou signalisierten Spielraums von 15% bleiben konnte. In der abschließenden Pressekonferenz im Smithonian-Museum vor der berühmten Apollo-Raumfähre wertete Präsident Nixon das Gesamtergebnis als das »wichtigste Währungsabkommen in der Geschichte der Länder«. Ich erinnere mich noch gut: Bei dieser Bemerkung des amerikanischen Präsidenten konnte ich meine diesbezüglichen Zweifel gegenüber den anderen Mitgliedern der deutschen Delegation damals nicht zurückhalten. Leider erwiesen sich diese Zweifel schon bald auch als berechtigt. Denn es dauerte nur 15 Monate, bis dieses neue Paritätengefüge und damit das Fixkurssystem von Bretton-Woods im März 1973 endgültig zusammenbrach.

Nach dem Smithonian-Agreement vom Dezember 1971 beruhigten sich die Weltdevisenmärkte allerdings zunächst wieder. In Europa wurde die Erweiterung der Bandbreiten gegenüber dem Dollar jedoch von mehreren Seiten als eine neue Herausforderung in Richtung Bandbreitenverringerung im europäischen Innenverhältnis gewertet. Die neue Bandbreite der Währungen gegenüber dem Dollar von +/–2,25 % bedeutete nämlich für die EG-Währungen untereinander eine Fluktuationsbreite von +/–4,5 %, was bei einer extremen Bewertungsänderung von zwei EWG-Währungen gegeneinander sogar einen Bewegungsspielraum von bis zu 9 % ermöglichte. Genau in dieser Vergrößerung der Spielräume für Kursfluktuationen sah insbesondere die Kommission große Risiken für den gemeinsamen Agrarmarkt, aber auch für den gemeinsamen Markt schlechthin. Sie drängte deswegen nach dem Washingtoner Agreement – insbesondere mit französischer und belgischer Unterstützung – verstärkt auf eine innereuropäische Verengung der Bandbreiten, wie sie bereits in der Ratsentscheidung vom März 1971 zur Wirtschafts- und Währungsunion vorgesehen war. Der Ministerrat forderte deshalb am 21. März 1972 in einer Entschließung die Notenbanken erneut auf, als einen ersten Schritt zur Schaffung einer »eigenständigen monetären Zone innerhalb des internationalen Systems« die Bandbreiten zwischen den EG-Währungen auf +/–2,25 % (also die Hälfte der nach dem internationalen System möglichen Größenordnung) zu reduzieren und an den äußeren

Grenzen dieser neuen Bandbreiten in EWG-Währungen zu intervenieren. Interventionen innerhalb der Bandbreiten sollten dagegen nur nach einer gemeinsamen Entscheidung der betroffenen Notenbanken erlaubt sein. Darüber hinaus erinnerte der Ministerrat an das längerfristige Ziel der vollständigen Eliminierung der Bandbreiten.

Diese neue, letztlich mit Zustimmung von Minister Schiller zustande gekommene Entschließung des EWG-Ministerrates wurde schon am 10. April 1972 von den Notenbanken mit der Einigung auf das sogenannte Baseler Abkommen in die Praxis umgesetzt. Das Baseler Abkommen der Notenbanken der EWG-Länder enthielt auch genaue Regelungen für die Finanzierung der Interventionen durch kurzfristige Kreditfazilitäten und zwar zusätzlich zu dem bereits bestehenden kurz- und mittelfristigen Währungsbeistand der Gemeinschaft. Dieser neue innereuropäische Wechselkursverbund wurde in Expertenkreisen schon bald als »Schlange im Tunnel« bezeichnet, wobei die Schlange sich durch die engeren Bandbreiten zwischen den EWG-Währungen ergab, die sich mit dieser engeren Bindung untereinander jedoch gemeinsam in dem durch die größeren Bandbreiten gegenüber dem Dollar definierten Tunnel bewegen konnten.

Zunächst entfaltete dieses neue System eine gewisse Attraktivität. Zusätzlich zu den EWG-Währungen traten Anfang Mai 1972 auch die Währungen der inzwischen vor dem Beitritt zur EWG stehenden Länder Großbritannien, Irland und Dänemark hinzu; wenig später wurde es sogar auch von Norwegen übernommen, obwohl dort in einem öffentlichen Referendum der EWG-Beitritt mehrheitlich abgelehnt worden war. Aber diese Attraktivität des innereuropäischen Systems hielt nicht lange an. An den internationalen Märkten zeigten sich schon bald neue Spannungen, die auch die »europäische Schlange« vor neue Herausforderungen stellten. Es kam erneut zu starken Devisenzuflüssen in einzelne Währungen, insbesondere in die D-Mark. Trotz mehrerer Treffen der EWG-Wirtschafts- und -Finanzminister gelang es nicht, hierauf eine gemeinsame Antwort zu geben. In der zweiten Juni-Hälfte mussten in Deutschland erneut die Devisenbörsen für einige Tage geschlossen werden. Karl Schiller bemühte sich, insbesondere mit Giscard d'Estaing eine gemeinsame Antwort zu finden. Als das jedoch nicht – jedenfalls nicht rasch genug – gelang, beschloss das Bundeskabinett am 29. Juni 1972 auf Anregung des damaligen Bundesbankpräsidenten Klasen gegen das Votum des zuständigen Ministers Schiller die Einführung von Kapitalverkehrskontrollen nach § 23 Außenwirtschaftsgesetz. Karl Schiller, der nach dem Rücktritt von Bundesfinanzminister Alex Möller seit einigen Monaten neben dem Bundeswirtschaftsministerium auch das Bundesfinanzministerium leitete, reichte daraufhin einen Antrag auf Rücktritt ein, den Bundeskanzler Brandt auch akzeptierte. Er hatte offenbar die Unterstützung eines Teils seiner Partei verloren. Sein Nachfolger als Doppelminister wurde der bisherige Verteidigungsminister Helmut Schmidt. Aber auch der neue Minister, der die Einführung der Kapitalverkehrskontrollen befürwortet hatte, musste bald erfahren, dass administrative Kontrollen die zugrunde liegenden Probleme nicht lösen konnten. Nach kurzer Marktberuhigung kam es innerhalb Europas erneut zu starken Kapitalbewegungen und Spannungen. Großbritannien und Irland verließen das Schlangensystem wieder. Auch Dänemark trat wenige Tage später aus dem System aus, um dann allerdings einige Monate später erneut wieder einzutreten. Von der erhofften nachhaltigen Beruhigung der Devisenmärkte konnte jedenfalls keine Rede sein.

Zu neuen größeren Spannungen innerhalb der europäischen Währungsschlange kam es vor allem, als sich zu Beginn des Jahres 1973 eine neue Schwäche des Dollars abzeichnete und die Zuflüsse vor allem in die D-Mark erneut stark anschwollen. Einen Tag, nachdem die USA im Februar 1973 den Dollar erneut um 10% abgewertet und den Goldpreis entsprechend aufgewertet hatten, stieg auch Italien aus der Schlange aus und ließ die Lira floaten. Trotz der erneuten

Dollar-Abwertung kam es jedoch nicht zu einer wirklichen Beruhigung an den Devisenmärkten. Im Gegenteil, die Lage spitzte sich insbesondere gegenüber dem Dollar dramatisch zu. Im März 1973 brach dann das weltweite Fixkurssystem von Bretton-Woods endgültig zusammen. Die USA entschieden sich, die Dollar-Parität aufzugeben. Damit war dann auch das 1944 vereinbarte weltweite Fixkurssystem am Ende. Mit der Aufgabe der Dollar-Parität und der damit verbundenen Bandbreite verschwand gleichzeitig der Tunnel für die europäische Währungsschlange. Die noch in der Schlange verbliebenen EWG-Länder (Belgien, Luxemburg, Deutschland, Dänemark, Frankreich und die Niederlande) beschlossen zwar, das Schlangensystem auch ohne den Dollar-Tunnel beizubehalten und gleichzeitig die Tür für die zwischenzeitlich »verlorenen Brüder« in Europa weiter aufzuhalten. Die Herausforderungen waren damit aber keineswegs beseitigt.

Die eigentlichen innereuropäischen Spannungen standen noch bevor. Hierzu kam es insbesondere, als 1973/74 der Ölpreis plötzlich weltweit stark anstieg. Dieser Ölpreisanstieg betraf die einzelnen Schlangenländer wegen ihrer verschiedenen Energieverbrauchs- und Energieangebotsstrukturen unterschiedlich und löste zudem deutlich divergierende interne Politikreaktionen aus. Während einige Länder versuchten, den importierten Preissteigerungen durch eine eindeutige interne Stabilitätspolitik so wenig wie möglich Spielraum für eine Ausdehnung zu geben, verfolgten andere Länder eine weitgehend akkomodierende Politik. Das Ergebnis dieser fehlenden Gemeinsamkeit in der Grundausrichtung der Wirtschafts- und insbesondere der Geldpolitik in Europa waren immer neue Spannungen im Bereich der Wechselkurse. Immer häufiger wurden einzelne Währungen insbesondere gegenüber der D-Mark abgewertet. Im Schlangensystem kam es für eine Reihe von Währungen zu Austritten, Wiedereintritten und erneuten Austritten. Das galt gerade auch für den französischen Franc, der insbesondere mit der immer stärker werdenden D-Mark offensichtlich nicht mehr mithalten konnte. So entwickelte sich die Schlange zunehmend zu einer D-Mark-Zone, eine Entwicklung, die gerade aus französischer Sicht eigentlich verhindert werden sollte. Die tatsächliche Entwicklung zeigte aber zugleich immer deutlicher: Ohne eine hinreichende Konvergenz der Wirtschaftsentwicklung und insbesondere der Wirtschaftspolitik haben Währungsbindungen auf Dauer keine Überlebenschance. Vor diesem Hintergrund schien das für Anfang der 80er Jahre anvisierte Ziel einer Europäischen Wirtschafts- und Währungsunion zunehmend weniger realistisch. Denn die Bereitschaft zu mehr dauerhafter Gemeinsamkeit in der Wirtschafts- und Finanzpolitik war in Europa zu dieser Zeit nicht erkennbar. Der Integrationsprozess kam zunehmend ins Stocken. Wohl gab es in den 70er Jahren viele neue Vorschläge, z. B. den Plan des französischen Finanzministers Fourcade, den sogenannten Tindemanns-Bericht oder auch Vorschläge für eine europäische Parallelwährung. All diese Vorschläge hatten aber letztlich im damaligen Umfeld keine Realisierungschance. Sie alle versuchten nämlich, der notwendigen Weichenstellung in Richtung von mehr dauerhafter und institutionell abgesicherter wirtschaftspolitischer Gemeinsamkeit auszuweichen. Sowohl die wirtschaftspolitischen Zielpräferenzen als auch die Bereitschaft zum Verzicht auf nationale Souveränität waren offensichtlich zu unterschiedlich. Vor diesem Hintergrund kamen natürlich auch der in der Entschließung von 1971 für Mitte der 70er Jahre vorgesehene Eintritt in die zweite Stufe und die dabei vorgesehene Schaffung von Vertragsgrundlagen für neue institutionelle Strukturen und Kompetenzregelungen nicht zustande. Weder machte die Kommission entsprechende Vorschläge noch wurde die ursprünglich vorgesehene Regierungskonferenz zur Änderung der Verträge einberufen. Die Perspektive für eine dauerhaft funktionsfähige Europäische Wirtschafts- und Währungsunion wurde immer undeutlicher. Zugleich machte sich eine zunehmende generelle Europa-Skepsis breit.

# KAPITEL 7
# Eine neue deutsch-französische Initiative: Das Europäische Währungssystem von 1978/79

Mitte der 70er Jahre war von der in Den Haag 1969 beschlossenen Stärkung und Weiterentwicklung des Integrationsprozesses hin zu einer Gemeinschaft der Stabilität und des Wachstums nur noch wenig zu spüren. Anfang 1973 kam es zwar nach hartnäckigen Verhandlungen zum Beitritt von Dänemark, Irland und dem Vereinigten Königreich; Norwegen lehnte dagegen den Beitritt nach einem Referendum ab. Die angestrebte Intensivierung und Vertiefung des Integrationsprozesses hatte sich aber festgefahren. Nicht nur bei den Verhandlungen über die Verteilung der EG-Haushaltslasten kam es zu heftigen Kontroversen. Vor allem die angestrebte Koordinierung der nationalen Wirtschaftspolitiken gelang immer weniger. Insbesondere die wirtschaftspolitischen Antworten der Mitgliedsländer auf die neuen Herausforderungen durch die erste Ölpreisexplosion 1973 und die wachsende Internationalisierung der Märkte divergierten deutlich. Auch der weitere Ausbau der Sozial- und Wohlfahrtssysteme fiel in den einzelnen Ländern sehr unterschiedlich aus. Insgesamt nahm die Divergenz der Politiken zwischen den Ländern zu, allen Konvergenzbemühungen in den Fachgremien zum Trotz. Eine von der EWG-Kommission eingesetzte Studiengruppe unter Vorsitz von Robert Marjolin kam in ihrem Bericht vom März 1975 deshalb zu einem harten Urteil: »Die nationalen Wirtschafts- und Währungspolitiken waren in den letzten 25 Jahren nie mehr disharmonisch und mehr divergierend als heute ... Die Koordinierung der nationalen Politiken ist ein frommer Wunsch, der in der Praxis kaum je erreicht werden kann.«

Die Folgen dieser Politikdivergenzen zeigten sich besonders deutlich an der Wechselkursfront. Von 1972 bis 1978 gab es im europäischen Wechselkursverbund insgesamt 17 Auf- und Abwertungen sowie fünf Austritte, die teilweise allerdings später wieder korrigiert wurden. Die D-Mark befand sich dabei stets auf der Aufwertungsseite und entwickelte sich so schon in dieser Zeit immer deutlicher zur faktischen Anker- oder Leitwährung in Europa. Durch den Ausstieg einzelner Währungen reduzierte sich der Wechselkursverbund im Laufe der Jahre allerdings allmählich zu einer »Minischlange«, wobei im Hinblick auf die angestrebte Währungsintegration in Europa insbesondere der zeitweilige Ausstieg des französischen Franc im Jahre 1974 und dann erneut 1976 (dieses Mal für längere Zeit) bedeutungsvoll war. Hinzu kam, dass der 1971 beschlossene Europäische Fonds für währungspolitische Zusammenarbeit nur sehr begrenzte Funktionen entfaltete. Wegen der weltweiten Turbulenzen konnte er ohnehin erst mit zweijähriger Verspätung am 1. Juni 1973 seine Arbeit aufnehmen. Er blieb aber auch danach in seiner praktischen Bedeutung weit hinter den Erwartungen seiner Befürworter zurück. Weder konnte er wirklichen Einfluss auf die Politik der Mitgliedstaaten nehmen, noch gewannen seine Finanzierungshilfen ein besonderes Gewicht. Rein formell wurden ihm zwar Aufgaben bei etwaigen konzertierten Aktionen an den Devisenmärkten, bei der Multilateralisierung von Gläubiger- und Schuldnerpositionen sowie bei der Verwaltung der gemeinsamen Beistandssysteme übertragen. Trotz dieser an sich recht ambitiösen Aufgaben spielte der Fonds in der alltäglichen Praxis jedoch nur eine untergeordnete Rolle. Über die Funktion einer gemeinsamen Buchführungsagentur, die zudem außerhalb der Gemeinschaft von der Bank für Internationalen Zahlungsausgleich (BIZ) in Basel verwaltet wurde, kam er eigentlich nicht hinaus.[21]

Entscheidend für all diese Misserfolge war letztlich, dass sowohl die Prioritäten der aktuellen Wirtschaftspolitik als auch die längerfristigen währungs- und europapolitischen Vorstellungen zwischen den Mitgliedsländern noch zu stark divergierten. Vor allem in der zweiten Hälfte der 70er Jahre wurde so immer deutlicher: Der von den Regierungen in der Entschließung von 1971 geäußerte politische Wille, »im Laufe der nächsten zehn Jahre« die Europäische Gemeinschaft zu einer Wirtschafts- und Währungsunion weiterzuentwickeln, hatte ohne einen neuen Impetus keine wirkliche Realisierungschance.

Vor diesem Hintergrund starteten der damalige deutsche Bundeskanzler Helmut Schmidt und der damalige französische Staatspräsident Giscard d'Estaing im Sommer 1978 eine neue Initiative, die vor allem auf mehr währungspolitische Gemeinsamkeit in Europa abzielte. Beide hatten sich schon 1972 als Finanzminister kennen gelernt. In den Jahren 1974 und 1975 wurden beide in ihren Ländern in die zentralen politischen Führungspositionen gewählt: Helmut Schmidt als Nachfolger des zurückgetretenen Kanzlers Brandt und Giscard d'Estaing als Nachfolger von Präsident Pompidou. Beide waren sich offenbar durch viele bilaterale und multilaterale Begegnungen in ihren persönlichen europa- und währungspolitischen Vorstellungen näher gekommen. Helmut Schmidt, der in der deutschen Öffentlichkeit früher oft als »Atlantiker« etikettiert worden war, in Wirklichkeit aber zugleich auch ein überzeugter Europäer war, schien sich dabei in einigen währungspolitischen Fragen französischen Positionen genähert zu haben. Allerdings dürften auch die zeitweilig negativen Erfahrungen mit der Wirtschafts- und Währungspolitik der Carter-Administration in den USA bei seiner Meinungsbildung eine Rolle gespielt haben. Und Giscard d'Estaing war schon seit langem ein Befürworter weiterer Integrationsfortschritte in Europa. In der Währungspolitik verfocht er aber stets auch nachdrücklich französische Positionen.

Schon im Herbst 1977 hatte sich der aus Großbritannien stammende neue Kommissionspräsident Roy Jenkins in mehreren öffentlichen Reden für neue und verstärkte Bemühungen in Richtung auf eine Europäische Wirtschafts- und Währungsunion ausgesprochen und auch entsprechende Vorschläge gemacht. Dies war umso überraschender, als Großbritannien dem Ziel einer Wirtschafts- und Währungsunion schon damals recht skeptisch gegenüberstand. Die Jenkins-Vorschläge trafen jedoch zunächst – vor allem auch in Deutschland – auf Widerstand. Wohl bekräftigte der Europäische Rat Anfang Dezember 1977 erneut das langfristige Ziel einer Währungsunion, verzichtete aber auf jegliche Konkretisierung des Weges dorthin. Nachdem die Kommission jedoch diese Thematik in ihrem Aktionsprogramm 1978 offiziell wieder aufgriff und von belgischer Seite zusätzlich neue konkrete Vorschläge gemacht worden waren, haben die beiden Staats- und Regierungschefs aus Frankreich und Deutschland von sich aus die Initiative ergriffen. Zunächst kam es hierüber zu streng vertraulichen bilateralen Gesprächen. Von welcher Seite die Initiative konkret letztlich ausging, ist bis heute nicht eindeutig geklärt. Während Peter Ludlow in seiner ausführlichen Studie[22] den deutschen Bundeskanzler als den eigentlichen Initiator darstellt, betont Helmut Schmidt selbst in seinem Rückblick[23], dass der Gedanke für einen Neuanfang im Gespräch mit Giscard d'Estaing entstanden sei. Wer auch immer der Initiator war, unbestritten ist, dass beide gemeinsam nach vorheriger Absprache untereinander auf dem EG-Gipfel in Kopenhagen am 7./8. April 1978 in einem Abendgespräch zur Überraschung der anderen sieben Regierungschefs gemeinsame Vorstellungen für einen Neubeginn der währungspolitischen Kooperation in Europa vorgetragen haben. Im Mittelpunkt standen dabei – den Berichten zufolge – die Schaffung eines Europäischen Reservefonds, ein Neubeginn der Wechselkurskooperation mit einer europäischen Währungseinheit als Bezugspunkt sowie die verstärkte Nutzung der europäischen Währungen für Interventionszwecke. Die Details blieben allerdings zunächst offenbar noch offen oder zumindest für die anderen Teilnehmer nur teilweise verständlich, wie einige später berichtet haben. Die gemeinsame Zielsetzung aber war offensichtlich. Die Vorstellungen der beiden Initiatoren zielten offenbar auf mehr Wechselkursstabilität und mehr Gemeinsamkeit bei den Devisenreserven, um so die innereuropäischen Spannungen zu reduzieren und um Europa zugleich unabhängiger von der amerikanischen Währungspolitik zu machen. Um insbesondere auch Frankreich wieder den Zugang zum europäischen Wechselkursverbund zu ermöglichen, wollte man vor allem mehr sogenannte Symmetrie in der Interventions- und Reservepolitik zwischen den europäischen Teilnehmern schaffen. Insgesamt sollte die Wechselkursstabilität in Europa im Konfliktfall offenbar einen gewissen Vorrang vor der internen Geldwertstabilität bekommen. So überraschend – vor allem im Vergleich zu bisherigen deutschen Stellungnahmen – diese neue gemeinsame deutsch-französische Position war, sie zielte offenbar darauf ab, insbesondere Frankreich die Rückkehr zur europäischen Währungskooperation zu erleichtern. Darüber hinaus wollte man so – wie Helmut Schmidt es später laut Presseberichten betont hat[24] – zugleich einen »neuen Abschnitt in der Organisation Europas« einleiten.

Diese zunächst noch sehr allgemein gehaltene Kopenhagener Initiative bedurfte jedoch der Konkretisierung. Um die Grundgedanken nicht von Anfang an durch eine breitgefächerte Expertendiskussion oder »fachliche Mäkeleien« (Helmut Schmidt) verwässern zu lassen, betrauten die beiden Initiatoren je einen Persönlich Beauftragten, nämlich Horst Schulmann (damals Ministerialdirektor im Bundeskanzleramt) und Bernard Clappier (damals Vizegouverneur der Banque de France), mit der konkreten Ausarbeitung der Initiative. Weder die Bonner Ministerien noch die Deutsche Bundesbank wurden dabei wegen der Gefahr möglicher

Indiskretionen näher informiert oder gar eingeschaltet. An den intensiven Gesprächen der beiden Persönlich Beauftragten nahm – wie ich von Horst Schulmann später erfahren habe – zunächst auch Ken Couzens als Persönlich Beauftragter des damaligen britischen Premierministers James Callaghan teil, allerdings nur so lange, bis deutlich wurde, dass die britische Seite sich mit dem deutsch-französischen Konzept nicht identifizieren wollte.

Auf dem nächsten Gipfeltreffen der EG-Staats- und -Regierungschefs am 6./7. Juli 1978 in Bremen wurde dann ein deutsch-französisches Gemeinschaftspapier eingebracht, das insbesondere die Eckpunkte für ein neues europäisches Wechselkurssystem, die Schaffung einer neuen europäischen Währungseinheit (ECU) und die Koordinierung der Wechselkurspolitik gegenüber Drittländern enthielt. Das diesen Eckpunkten entsprechende neue System sollte dann spätestens nach zwei Jahren in einen Europäischen Währungsfonds eingebracht werden, der auch für seine Verwaltung zuständig werden sollte. Der Europäische Rat in Bremen diskutierte diese Vorlage, ohne sich dabei jedoch im Einzelnen schon festzulegen. Am Schluss der Sitzung wurde von allen Teilnehmern das gemeinsame Ziel einer »Zone der monetären Stabilität in Europa« unterstrichen. Man einigte sich auf die Grundlinien des anzustrebenden Systems und beauftragte die zuständigen Gemeinschaftsgremien, bis zum nächsten Dezembergipfel in Brüssel die notwendigen Vorschläge für konkrete Entscheidungen vorzubereiten. Vor allem auf Wunsch des italienischen und des irischen Regierungschefs sollte dabei auch untersucht werden, ob und welche Aktionen zur Stärkung der weniger entwickelten Volkswirtschaften im Kontext eines neuen Währungssystems in der EWG notwendig seien. Diese beiden Länder zielten offenkundig von Anfang an auf zusätzliche öffentliche Finanztransfers.

Nach dem Bremer Gipfel setzte in den Fachgremien der Gemeinschaft unverzüglich eine intensive Detaildiskussion ein. Während die währungspolitischen Fragen im Ausschuss der Notenbankgouverneure und im Währungsausschuss, der sich sowohl aus Vertretern der Finanzministerien und der Notenbanken zusammensetzte, behandelt wurden, fanden die Untersuchungen über etwaige Parallelmaßnahmen zur Stärkung der weniger starken Volkswirtschaften vor allem im Brüsseler Ausschuss für Wirtschaftspolitik statt, dem auch der heutige italienische Staatspräsident Carlo Ciampi angehörte und dessen Vorsitzender ich damals war. Diese sogenannten Concurrent Studies analysierten zwar anhand vieler Indikatoren die Bedeutung und möglichen Implikationen des Wohlstandsgefälles zwischen den verschiedenen Volkswirtschaften in einem Wechselkursverbund. Der Ausschuss konnte sich aber über die konkrete Frage nach etwa notwendigen zusätzlichen Finanztransfers erwartungsgemäß nicht einigen. Während die Mehrheit der Mitglieder bei einer hinreichend gleich orientierten Stabilitätspolitik der Mitgliedsstaaten keine besonderen Probleme sah, hielt eine Minderheit bei einem europäischen Wechselkursverbund verstärkte öffentliche Finanztransfers zugunsten der weniger entwickelten Volkswirtschaften für unerlässlich. Eine Entscheidung hierüber musste angesichts der unterschiedlichen nationalen Interessen den Schlussverhandlungen der Staats- und Regierungschefs selbst überlassen bleiben.

Im Mittelpunkt der Expertenberatungen im Herbst 1978 standen jedoch vor allem die währungspolitischen Fragen, und d. h. insbesondere die Gestaltung des neuen Wechselkurssystems sowie die Finanzierung von Interventionen. Die zentrale Kontroverse wurde damals sowohl im Ausschuss der Notenbankgouverneure als insbesondere auch im Währungsausschuss unter seinem damaligen belgischen Vorsitzenden Jacques van Ypersele eingehend behandelt. Die Expertendiskussion konzentrierte sich insbesondere auf die künftige Rolle der vorgesehenen neuen Währungseinheit sowie auf die Verteilung der Interventionsverpflichtungen im Wechselkurssystem und ihre Finanzierung. Hier standen sich im Grundsatz zwei Vorstellungen gegenüber. Es ging vor allem darum, ob die von den beiden Initiatoren vorgeschlagene Zielsetzung, die European Currency Unit (ECU) zum Mittelpunkt des Systems zu machen, bedeuten sollte: Nutzung nur als sogenannter Numéraire (Rechnungseinheit) des Systems oder auch als Bezugspunkt für die Wechselkursparität und damit für die Festlegung der Bandbreite und der Interventionsverpflichtungen. Diese Alternative mag zwar auf den ersten Blick als relativ unwichtig erscheinen. In Wirklichkeit ist sie aber von zentraler Bedeutung. Die ECU repräsentiert nämlich einen Korb mit den beteiligten Währungen, wobei die einzelnen Währungen je nach ihrer relativen Größe gewichtet sind. Die Korb-Konstruktion hat zur Folge, dass die Position der ECU jeweils von der Marktbewertung der einzelnen Korbwährungen beeinflusst werden kann. Die Paritätskurse zwischen den beteiligten nationalen Währungen sind deshalb bei einer Definition der jeweiligen Parität in ECU nicht mehr fest. Sie können sich – entsprechend den Wertentwicklungen der einzelnen Währungen im Verhältnis zum Währungskorb – laufend verändern. Bei Zugrundelegung der ECU-Parität für die Interventionsverpflichtungen kann das z. B. bedeuten, dass eine oder mehrere am Markt höher bewertete Währungen im Falle einer Schwäche des überwiegenden Teils der anderen Währungen bei Erreichen des Bandbreitenrandes zu Interventionskäufen zugunsten der schwächeren Währungen verpflichtet werden. Eine Definition der Interventionsverpflichtungen gemäß der ECU-Parität hätte somit eine Orientierung am gewogenen Durchschnitt bedeutet. Im bisherigen europäischen Wechselkursverbund orientierten sich die Verpflichtungen dagegen an den bilateral definierten Paritäten und Bandbreiten (das sogenannte Paritätengitter). Für jede teilnehmende Währung waren dabei bilaterale Paritäten in Relation zu jeder anderen teilnehmenden Währung festgelegt und vereinbart. Diese sogenannte Paritätengitter-Konstruktion bewirkte de facto eine Orientierung an der jeweils stärksten Währung. Und das war zunehmend die D-Mark. Genau diese Konstruktion machte deshalb vor allem der französischen Seite Schwierigkeiten. Sie empfand diese formal egalitäre Paritätengitter-Konstruktion in der Wirkung als »asymmetrisch« zugunsten der von den Märkten als besonders stark bewerteten Währung und drängte deshalb schon seit längerem auf eine größere Symmetrie im Sinne einer Durchschnittsorientierung. Umgekehrt sah insbesondere die Deutsche Bundesbank in der Paritätengitter-Konstruktion eine Garantie für die dauerhafte Stabilitätsorientierung des gesamten Wechselkursverbundes. Eine Orientierung der Interventionsverpflichtungen am gewogenen Durchschnitt hielt sie stabilitätspolitisch nicht für vertretbar.

So war es nicht verwunderlich, dass es schon bald sowohl bei den Notenbankgouverneuren als auch im Währungsausschuss genau über diese Thematik zu einer deutlichen Kontroverse kam, wobei die Vertreter der Bundesbank in ihrer Opposition gegen die ECU-Orientierung vor allem auch von niederländischer Seite unterstützt wurden. Diese Kontroverse wurde noch verschärft durch den gleichfalls im Bremer Papier enthaltenen Vorschlag, für etwaige Interventionen »grundsätzlich« Währungen der teilnehmenden Länder zu nutzen und durch die Einbringung von US-Dollars und Gold in das System neue ECU zu schaffen, die dann in Form von Mitgliedswährungen den teilnehmenden Zentralbanken für Interventionszwecke zur Verfügung gestellt werden sollten. Auf diese Weise sollte das verfügbare Interventionsvolumen für alle teilnehmenden Länder vergrößert werden.

Angesichts der mit solchen Vorschlägen – je nach ihrer konkreten Ausgestaltung – verbundenen weitreichenden Auswirkungen hinsichtlich der Paritätsorientierung, der Verteilung der Interventionslasten sowie ihrer Finanzierung ist es nicht verwunderlich, dass unter den Experten viele unterschiedliche Konkretisierungen diskutiert und geprüft wurden. Sowohl Erik Hoffmeyer als auch André Szász und Peter Ludlow haben in ihren bereits erwähnten Publikationen die verschiedenen Positionen und konkreten Vorschläge im Einzelnen dargelegt. So wichtig diese intensiven, multi- und bilateral geführten Expertendiskussionen auch waren, politisch ist der entscheidende Kompromiss für die spätere Lösung nach meiner Einschätzung vor allem in einem deutsch-französischen Konsultationstreffen am 14./15. September 1978 in Aachen zustande gekommen. Der damalige Bundesbankpräsident Otmar Emminger hatte bereits am Tag zuvor Bundeskanzler Schmidt die zentralen Einwände der Bundesbank gegenüber einem System mit primär an der ECU-Entwicklung orientierten Interventionsverpflichtungen und großzügigen Finanzierungsfazilitäten vorgetragen. Aufgrund dieser – nach ihrem Bekanntwerden auch durch öffentliche Äußerungen von Politikern und Publizisten unterstützten – Position der Bundesbank, die letztlich auch Horst Schulmann befürwortete, entschied sich Bundeskanzler Schmidt, die französische Seite in der zentralen Frage des Bezugspunktes für das Interventionssystem in Aachen zu einem Kompromiss zu drängen. Ein solcher Kompromiss war zuvor schon von dem damaligen Vorsitzenden des Währungsausschusses, dem Belgier Jacques van Ypersele, angedacht und vorbereitet worden. Die ECU sollte nur als Numéraire (Rechnungseinheit) für das System genutzt werden, die Interventionsverpflichtungen sollten sich jedoch – wie bisher – am Parity-Grid (Paritätengitter) orientieren. Die ECU könnte aber zusätzlich als ein »Divergenz-Indikator« genutzt werden, wobei allerdings zunächst offen blieb, ob und gegebenenfalls welche konkreten Verpflichtungen bei einem stärkeren Ausschlagen dieses Indikators entstehen sollten. Der französische Staatspräsident Giscard d'Estaing hat sich bei dem damaligen bilateralen Treffen in Aachen – nach einigem Zögern – letztendlich diesem Kompromissvorschlag angeschlossen. Und er wurde später auch Bestandteil der Entscheidung des Europäischen Rates in Brüssel. In Anbetracht der damals in Deutschland nicht vorhandenen gesetzlichen Voraussetzungen für einen Transfer von Währungsreserven haben sich beide Regierungen bei dem gleichen Treffen in Aachen auch darüber verständigt, die ursprünglich schon kurzfristig anvisierte Übertragung von Devisen bzw. Goldreserven auf einen Europäischen Währungsfonds zwar als Ziel weiterzuverfolgen, sich vorerst jedoch mit einer erweiterten Finanzierungsregelung im Rahmen des bereits bestehenden Europäischen Fonds für währungspolitische Zusammenarbeit zufrieden zu geben. Damit war auch dieser Streitpunkt mit der Bundesbank zumindest vorläufig ausgeräumt.

Bevor diese bilateralen deutsch-französischen Vereinbarungen die Zustimmung der anderen Mitglieder des Europäischen Rates am 5. Dezember 1978 in Brüssel finden konnten, musste aber noch das in den sogenannten Concurrent Studies behandelte Thema etwaiger Finanzhilfen für wirtschaftlich weniger entwickelte Mitgliedstaaten im neuen Währungsgebiet geklärt werden. Dass es hierbei mit einigen Mitgliedsländern zu politischen Kontroversen kam, lag auf der Hand. Insbesondere Irland und Italien drängten sehr auf zusätzliche Transferhilfen der Gemeinschaft, während die Mehrzahl der anderen Länder aus nahe liegenden Budgetüberlegungen derartigen Maßnahmen kritisch gegenüberstand. Das galt neben den Benelux-Ländern und Dänemark auch für Deutschland und Frankreich. Diese Positionen hatten sich ja auch schon im Schlussbericht des wirtschaftspolitischen Ausschusses abgezeichnet. Einige Mitglieder der ablehnenden Mehrheit hatten allerdings zwischenzeitlich signalisiert, dass sie eine Überprüfung der bisherigen Fazilitäten der Europäischen Investitionsbank, des Regionalfonds und des Sozialfonds für gerechtfertig hielten, um den Ansprüchen der Politikkoordinierung für ein stabiles und dauerhaftes System besser Rechnung zu tragen. Dieser Hinweis wurde auf der politischen Ebene von den interessierten Ländern natürlich aufgegriffen und in konkrete Forderungen umgesetzt. Die Mehrheit der Regierungen war aber zu einer substanziellen Ausdehnung der Transferhilfen nicht bereit. Nach hartnäckigen Verhandlungen kam es in dieser

Frage erst in der persönlichen Beratung der Staats- und Regierungschefs in Brüssel zu einem Kompromiss. Der Europäische Rat sprach sich zwar für eine Periode von fünf Jahren für zinsverbilligte Kredite der Europäischen Investitionsbank im Volumen von bis zu einer Milliarde ECU aus, lehnte aber weitergehende Forderungen in Richtung Regional- und Sozialfonds ab. Die Kredite sollten den weniger entwickelten Teilnehmerländern des neuen Europäischen Währungssystems zugute kommen, wobei die Zinssubventionen von den anderen am System teilnehmenden Ländern aufzubringen seien. Zugleich wurde jedoch die Kommission aufgefordert, den Zusammenhang zwischen einer größeren Konvergenz der ökonomischen Leistungsfähigkeit der Mitgliedstaaten und der Nutzung von finanziellen Gemeinschaftsinstitutionen weiter zu untersuchen.

Auf der Grundlage der intensiven Vorberatungen konnte der Europäische Rat dann am 5. Dezember 1978 den Startschuss für ein neues Europäisches Währungssystem geben. In der Schlusserklärung wurden für das Währungssystem selbst insbesondere folgende Eckpunkte festgelegt:

- Die European Currency Unit (ECU) wurde zwar als »im Zentrum des neuen Systems stehend« bezeichnet. Ihre Funktionen wurden aber begrenzt auf die Nutzung als Rechnungseinheit (Numéraire) für den Wechselkursmechanismus und den Kreditmechanismus sowie als Basis für einen sogenannten Divergenzindikator.
- Für die Festlegung der Paritäten sowie die Definition der Interventionsverpflichtungen wurde dagegen an dem bisherigen bilateralen Paritätengitter festgehalten. Ein Anstoßen der Marktkurse der Währungen an die Grenzwerte des ECU- Divergenzindikators sollte nur die »Vermutung« (Presumption) für etwaige Korrekturmaßnahmen bzw. Beratungen zwischen den Zentralbanken auslösen. Weitergehende Konsequenzen wurden nicht festgelegt.

- Etwaige Interventionen sollten »im Grundsatz« in Teilnehmerwährungen vorgenommen werden. Als neue Finanzierungshilfe wurde eine »sehr kurzfristige Fazilität« installiert; zudem wurden die bisher bestehenden Kreditmechanismen ausgeweitet. Darüber hinaus sollten die beteiligten Zentralbanken dem Fonds für währungspolitische Zusammenarbeit 20% ihrer Dollar- und Goldreserven durch revolvierende Devisen-Swaps übertragen. Die Eigentumsrechte an diesen Reserven blieben jedoch bei den Zentralbanken.
- Nach spätestens zwei Jahren sollten diese Anfangsregeln dann auf der Grundlage einer neuen gemeinschaftlichen und nationalen Gesetzgebung weiterentwickelt und in einen dauerhaften Europäischen Währungsfonds überführt werden.

Diese im Dezember 1978 in Brüssel von den Staats- und Regierungschefs getroffenen Entscheidungen, die wegen der notwendigen Umsetzung in detaillierte Rechtstexte erst am 13. März 1979 formell in Kraft gesetzt werden konnten, stellten zweifellos einen wichtigen neuen Schritt auf dem Wege der Währungsintegration Europas dar. Sie ermöglichten insbesondere Frankreich die Rückkehr in die europäische Wechselkurskooperation. In der Substanz war das neu geschaffene und politisch besonders herausgestellte Europäische Währungssystem jedoch weniger neu, als es vielfach dargestellt wurde. Aus Sicht der Stabilitätspolitik war vor allem entscheidend, dass die formellen Interventionsverpflichtungen nicht an den Währungskorb ECU, sondern weiterhin an das bilaterale Paritätengitter angebunden wurden. Auf diese Weise blieb die jeweils stärkste Währung der entscheidende Bezugspunkt und Anker für das System. Zugleich überschritt die Ausdehnung der Finanzierungsfazilitäten nicht die stabilitätspolitisch vertretbaren Grenzen, wenn sie auch über die ursprünglichen Vorstellungen der Bundesbank hinausgingen. Überdies wurden die ursprünglich für sofort angestrebte Vergemeinschaftung der Reserven sowie die Errichtung eines Europäischen Währungsfonds vorerst zurückgestellt. Zunächst sollten Erfahrungen mit dem neuen System abgewartet werden. Schon jetzt wurde allerdings in Aussicht genommen, das vereinbarte System nach spätestens zwei Jahren auf der Grundlage der notwendigen neuen gemeinschaftlichen und einzelstaatlichen Rechtsvorschriften in ein endgültiges System zu überführen.

Mit der Entscheidung des Europäischen Rates von Brüssel für das neue Europäische Währungssystem (EWS) erhielt die währungspolitische Kooperation in Europa zweifellos einen neuen Rahmen und auch einen neuen Anstoß. Die bisherige Grundorientierung der Kooperation an der stabilsten Währung wurde jedoch nicht verändert. Auch in der neuen Kooperation sollte keine Notenbank gezwungen werden, die Stärke ihrer eigenen Währung durch am ECU-Währungskorb orientierte Interventionen zu schwächen. Und vor der Einrichtung eines Europäischen Währungsfonds sollte keine Notenbank gezwungen werden, ihren Handlungsspielraum durch Übertragung von Währungsreserven zu reduzieren. Eine Weiterentwicklung sollte dann im Lichte der weiteren Erfahrungen angesteuert werden. Zu dieser vorsichtigeren Weichenstellung bei der Beschlussfassung im Dezember in Brüssel kam es allerdings erst, nachdem die Deutsche Bundesbank intern mit Nachdruck ihre Bedenken gegen eine vorzeitige Einengung ihres Handlungsspielraums deutlich gemacht hatte und auch in der öffentlichen Diskussion zunehmend Einwände gegen eine solche Entwicklung deutlich wurden. Der damalige Bundesbankpräsident Otmar Emminger[25] hatte schon in internen Gesprächen mit der Bundesregierung Bedenken gegen eine vorzeitige ECU-Orientierung im EWS und eine formelle Reserveübertragung geltend gemacht. Daraufhin entschied sich Bundeskanzler Schmidt Ende November zu einer Teilnahme an einer Sitzung des Zentralbankrates in Frankfurt. Wie Präsident Emminger anschließend in einem Brief festgehalten hat, erhielt die Bundesbank dabei seitens der Bundesregierung eine Zusage, dass sie nicht zu einer übermäßigen Interventionspflicht gezwungen und im Falle einer nachhaltigen Stabilitätsgefährdung eventuell sogar vorübergehend von der Interventionspflicht entbunden werde. Überdies sei eine endgültige Übertragung von Währungsreserven nur auf der Grundlage eines vom Bundestag zu ratifizierenden internationalen Vertrages möglich. Dieser später auch international bekannt gewordenen internen Absprache zwischen Bundesregierung und Bundesbank wurde im Brüsseler Kompromisspaket vom 5. Dezember 1978 weitgehend Rechnung getragen.

Nach der Formalisierung der Beschlüsse des Europäischen Rates in den erforderlichen Rechtsakten trat das neue Europäische Währungssystem am 13. März 1979 in Kraft. Insbesondere in Großbritannien hielt man das System jedoch für zu rigide. Man wollte insbesondere mehr Beweglichkeit für die Wechselkurse und größeren Freiraum für die nationale Politik. Die britische Regierung lehnte deswegen auch eine Teilnahme des Pfundes vorerst ab, behielt sich aber eine andere Entscheidung für die Zukunft vor. In deutschen Fachkreisen dominierten zunächst vor allem noch immer Befürchtungen, dass das neue EWS den weniger stabilitätsorientierten Ländern zu viel Spielraum für eine expansive monetäre Politik einräume, während gleichzeitig die Stabilitätspolitik der Bundesbank zu sehr eingeengt werden könne. In Frankreich hingegen wurde das neue Europäische Währungssystem überwiegend als Neubeginn der währungspolitischen Kooperation gewertet, der dem französischen Franc von Anfang an eine volle Teilnahme ermöglichte. Hervorgehoben wurde auch, dass jetzt der gemeinsame Währungskorb ECU – zumindest als Numéraire – in den Mittelpunkt des Systems rücke. Mit der Bezeichnung ECU hatte man ja auch – worauf der französische Staatspräsident Giscard d'Estaing persönlich Wert gelegt hatte – den Namen einer bekannten französischen Goldmünze aus dem 13. Jahrhundert, der écu, wieder aufgegriffen. Ein großer Teil dieser unterschiedlichen Erwartungen in Deutschland und Frankreich basierte allerdings auf einem Mangel an genauer Kenntnis dessen, was tatsächlich beschlossen war. Insbesondere wurde die Bedeutung der ECU für die konkrete Gestaltung der monetären Politik vielfach überschätzt, während die Beibehaltung des Paritätengitters als letztlich entscheidende Bezugsgröße für die Interventionsverpflichtungen und damit bei grundlegenden Marktveränderungen auch für die Notwendigkeit von Paritätsänderungen unterschätzt wurde. Insgesamt brachte das neue System zwar eine Reihe von Innovationen sowie auch mehr Spielraum bei den Kreditfazilitäten. Hinsichtlich der Interventionsverpflichtungen blieb es aber letztlich bei der Orientierung an der Währung, die von den Märkten am stärksten bewertet wurde.

Wohl gab es nach dem formellen Beginn des EWS im Frühjahr 1979 zunächst eine gewisse Entlastung der Währungssituation dadurch, dass die damalige Carter-Administration in den USA gegen Ende 1978 ein Programm zur Stützung des Dollars eingeleitet hatte. Der sich daraufhin ergebende Anstieg des Dollar-Kurses entlastete Anfang 1979 die überbewertete D-Mark und reduzierte so die wechselkurspolitischen Spannungen in Europa. Hinzu kam, dass der französische Franc zu einem relativ niedrigen Kurs in das neue System eingebracht wurde. Überdies entschied sich Italien, für die Lira zunächst die im Regelwerk vorgesehene Option einer zunächst größeren Bandbreite von +/–6% zu nutzen, während für die anderen Mitglieder die normale Bandbreite von +/–2,25% galt. Zwar kam es im Herbst 1979 noch einmal zu einer leichten Aufwertung der D-Mark um 2% sowie zu zwei zusätzlichen Abwertungen der Dänen-Krone um zusammen rund 7%. Insgesamt blieb die Währungslandschaft in Europa jedoch bis Anfang 1981 relativ ruhig. Dann aber setzten erneut erhebliche Turbulenzen ein, die ihre Ursachen vor allem in der unterschiedlichen

Orientierung der Politiken in den Mitgliedstaaten hatten. Die Unruhe begann, als Italien Ende März trotz der erweiterten Bandbreite eine Abwertung der Lira um 6% für erforderlich hielt. Nachdem François Mitterrand im Mai 1979 die Präsidentschaftswahlen gegen Giscard d'Estaing gewonnen hatte, setzte sich auch in Frankreich mit Hilfe der neuen Parlamentsmehrheit schon bald wieder eine stark expansive Politik durch, die den Stabilitätserfordernissen weniger als zuvor Rechnung trug. Dem konnte sich auch die damals noch weitgehend von der Regierung beeinflusste Politik der Banque de France nicht entziehen. Die internationalen Märkte reagierten entsprechend. Das Ergebnis waren erneut wachsende Spannungen im Kernbereich der neuen währungspolitischen Kooperation, insbesondere zwischen dem französischen Franc und der D-Mark. Der französische Franc wurde an den Märkten zunehmend schwächer bewertet. Schon im Oktober 1981 kam es so zu einem substanziellen multilateralen Realignment der Paritäten mit einer Aufwertung der D-Mark und des holländischen Guldens um 5,5% und einer zusätzlichen Abwertung des französischen Franc und der italienischen Lira um 3%. Selbst diese weitgehende Korrektur der Paritäten reichte jedoch nicht. 1982 wurden erneut zwei Realignments notwendig. Das erste beinhaltete eine Abwertung des belgischen und luxemburgischen Franc um 8,5% sowie der dänischen Krone um 3%. Ihr folgte schon im Sommer des Jahres wiederum eine Spannung im Kernbereich des Systems. Die D-Mark und der Gulden mussten erneut um 4,25% aufgewertet und der französische Franc zusammen mit der Lira um 5,75% bzw. 2,75% abgewertet werden. Immer deutlicher zeigte sich, dass die grundlegenden Orientierungen für die monetären und fiskalischen Politiken zwischen den Ländern zu unterschiedlich waren, um feste Paritäten zwischen den Währungen im Test der Märkte durchzuhalten.

Es fehlte damals ganz offenbar noch eine hinreichend gemeinsame wirtschaftspolitische Grundorientierung für ein längerfristig stabiles Fixkurssystem in Europa. Das EWS markierte zwar nach außen einen Neuanfang, das Grunddilemma der Divergenzen in der Stabilitätsorientierung der nationalen Politiken und damit der Beurteilung der Währungen an den Märkten blieb aber bestehen. Dauerhafte Stabilität zwischen den EWS-Währungen konnte letztlich nur durch eine stärkere Angleichung der nationalen Politikorientierungen auf der Grundlage interner Stabilität erreicht werden. Für einen längerfristigen Erfolg des EWS waren genau hier entsprechende Weichenstellungen in den entscheidenden Ländern unausweichlich. Die Einführung des neuen Systems allein reichte dafür nicht. Deswegen verstrich zu Beginn der 80er Jahre auch die 1979 vereinbarte Zweijahresfrist, ohne dass es zur Errichtung eines Europäischen Währungsfonds kam.

# KAPITEL 8
# Neuorientierung der französischen Stabilitätspolitik

Die Spannungen an den europäischen Devisenmärkten wurden noch stärker, nachdem es im Herbst 1982 in Deutschland infolge des Austritts der FDP aus der Regierungskoalition zu einem Regierungswechsel kam. SPD und FDP konnten sich damals nicht mehr auf ein gemeinsames Konzept für die weitere Wirtschafts- und Sozialpolitik einigen.[26] Die neue, von CDU/CSU und FDP getragene Bundesregierung unter Bundeskanzler Helmut Kohl, mit dem neuen Bundesfinanzminister Gerhard Stoltenberg sowie dem im Amt verbliebenen Bundeswirtschaftsminister Otto Graf Lambsdorff, setzte in der Wirtschafts- und Finanzpolitik auf einen Kurs der marktwirtschaftlichen Erneuerung und der fiskalischen Disziplin in der Bundesrepublik. Ich selbst wurde nach mehr als 20-jähriger Tätigkeit im Bundeswirtschaftsministerium in das Bundesministerium der Finanzen berufen und dort mit dem Amt des Staatssekretärs für finanzpolitische Grundsatzfragen und internationale Aufgaben betraut. Dazu gehörte auch die Zuständigkeit für europäische Währungsfragen.

Die Neuorientierung der deutschen Wirtschafts- und Finanzpolitik fand an den Finanzmärkten insgesamt ein positives Echo. Zunächst blieb allerdings noch die Unsicherheit, ob der Regierungswechsel von Dauer sei. Die neue Koalition musste sich nämlich auf Drängen der FDP schon nach sechs Monaten der Entscheidung der Wähler stellen. Als die neue Koalition in der Bundestagswahl am 6. März 1983 die eindeutige Zustimmung der Wähler bekam, reagierten die Märkte noch deutlicher. Die D-Mark wurde zunehmend stärker bewertet, während gleichzeitig der französische Franc zur Schwäche neigte. Die Märkte beurteilten das in Frankreich nach dem Präsidentenwechsel 1981 eingeleitete Wirtschaftsprogramm offenbar zunehmend kritischer. Eine wachsende Kapitalflucht setzte den Franc immer stärker unter Druck. Täglich wurde deutlicher, dass sich im Kern des EWS immer stärkere Spannungen aufbauten, die auf eine baldige und überzeugende Lösung drängten.

In dieser Situation kam es zu einer Abfolge von dramatischen Vorgängen zunächst im bilateralen deutsch-französischen Verhältnis und danach auch in den zuständigen europäischen Gremien.[27] Für mich begannen diese dramatischen Tage am 15. März 1983 mit einem Telefonanruf meines französischen Kollegen Michel Camdessus, damals Chef des Trésors im Finanzministerium in Paris. Er informierte mich über kontroverse regierungsinterne währungspolitische Beratungen in Paris und bat im Auftrag seines Ministers Jacques Delors für den nächsten Tag dringend um einen Termin in Bonn bei Minister Stoltenberg und möglichst auch bei Bundeskanzler Kohl, dem er eine persönliche Botschaft von Staatspräsident Mitterrand zu übermitteln habe. Ich verwies ihn zunächst auf die schwierige Terminlage beider Herren wegen der gleichzeitigen Bonner Koalitionsverhandlungen über das neue Regierungsprogramm. Selbstverständlich würde ich mich jedoch um einen Termin bemühen. Als das Gespräch dann trotz dieser Schwierigkeiten am nächsten Tag zustande kam, und zwar im Gebäude der bayrischen Landesvertretung in Bonn, wo damals die Koalitionsverhandlungen stattfanden, waren die äußeren Umstände allerdings alles andere als günstig. Vor dem Eingang des Gebäudes wartete nämlich eine große Gruppe von Journalisten und Kameraleuten auf Nachrichten und Kommentare zu den laufenden Koalitionsverhandlungen. Um beim Eintritt in das Gebäude nicht mögliche Spekulationen an den Märkten auszulösen, blieb Michel Camdessus und mir nicht anderes übrig, als durch den Garten eines Nachbarhauses und eine Hintertür in die bayrische Landesvertretung zu gehen. Dort kam es dann zu dem von französischer Seite gewünschten vertraulichen Zusammentreffen mit dem Bundeskanzler und dem Bundesfinanzminister. Nach Übermittlung der Grüße von Präsident Mitterrand und Finanzminister Jacques Delors trug Camdessus dann eine Botschaft des französischen Präsidenten vor. Frankreich halte eine Verbesserung und Intensivierung der europäischen Zusammenarbeit für wichtig und dringend. Dabei müsse es insbesondere um mehr Konvergenz in der Wirtschafts- und Währungspolitik, einen Ausbau des Binnenmarktes sowie eine Weiterentwicklung der Agrarpolitik und eine verstärkte Inanspruchnahme von Devisenreserven zur Stabilisierung des EWS gehen. Voraussetzung hierfür sei jedoch ein deutliches Realignment der derzeitigen Wechselkursparitäten mit einer Aufwertung der D-Mark in einer Größenordnung von 8 bis 12%. Ohne eine solche substanzielle D-Mark-Aufwertung werde Frankreich möglicherweise nichts anderes übrig bleiben, als das EWS zu verlassen. Camdessus machte jedoch gleichzeitig deutlich, dass Minister Delors persönlich sich mit Nachdruck gegen ein solches Ausscheiden Frankreichs aus dem EWS wende. Nach seiner Auffassung würde dadurch voraussichtlich der weitere Integrationsprozess in Europa erheblich gefährdet, ja es könne sogar zu protektionistischen Bestrebungen innerhalb der Gemeinschaft kommen. Delors trete deshalb für ein nachhaltiges Stabilisierungsprogramm in Frankreich ein, mit dem Ziel einer Eindämmung der Binnennachfrage und einer Verringerung des Leistungsbilanzdefizits. Voraussetzung für die politische Akzeptanz und den Erfolg eines solchen Programms in Frankreich seien jedoch die erwähnte substanzielle Aufwertung der D-Mark gegenüber dem Franc sowie eine vorübergehende Inanspruchnahme von Währungskrediten durch Frankreich. Bundeskanzler Kohl und Minister Stoltenberg bedankten sich für diese offene Darlegung der französischen Lage und Position. Die Bundesrepublik sei zu einer Unterstützung

Frankreichs bereit. Eine einseitige Aufwertung der D-Mark sei jedoch angesichts der schwierigen Wirtschaftslage in der Bundesrepublik kaum zu rechtfertigen und könne die aufgestaute Problematik im EWS allein wohl auch nicht lösen. Aber man sei selbstverständlich zu weiteren Gesprächen bereit, müsse aber zunächst noch intern beraten.

Schon für den gleichen Abend lud der Bundeskanzler dann zu einem internen Gespräch ein, an dem neben Finanzminister Stoltenberg auch Außenminister Genscher und Bundesbankpräsident Pöhl teilnahmen. In diesem Gespräch wurde als deutsche Grundlinie für die weiteren Beratungen die grundsätzliche Bereitschaft zu bilateralen und auch multilateralen Verhandlungen über ein Realignment festgelegt. Eine einseitige D-Mark-Aufwertung, die dann ja auch gegenüber den anderen EWS-Währungen gelten würde, könne jedoch ohne eine gleichzeitige angemessene Franc-Abwertung nicht akzeptiert werden. Zwischenzeitlich war mir von niederländischer Seite durch meinen Kollegen Peter Korteweg, der offenbar aus Paris von den französischen Vorstellungen erfahren hatte, auch bereits signalisiert worden, dass die Niederlande bei etwaigen Realignment-Verhandlungen auf eine substanzielle Franc-Abwertung keinesfalls verzichten würden. Am Schluss dieses Abendgespräches bat der Bundeskanzler dann Minister Stoltenberg und mich, schon am nächsten Tag zu weiteren Gesprächen nach Paris zu fliegen.

Als wir (begleitet von dem damaligen Leiter des BMF-Ministerbüros Horst Köhler) am späten Nachmittag des folgenden Tages mit einer Bundeswehrmaschine auf dem Militärflughafen nahe bei Paris landeten, wurde Herr Stoltenberg zunächst zu einem Vieraugengespräch mit Staatspräsident Mitterrand in den Élysée-Palast gebeten. Da man auch in Paris jegliche Öffentlichkeitswirkung vermeiden wollte, musste Herr Stoltenberg – wie er uns später erzählte – ebenso wie Camdessus am Tag zuvor in Bonn einen Hintereingang durch den Garten des Palastes benutzen. In dem Gespräch selbst habe der Staatspräsident nach Betonung der Dringlichkeit einer baldigen Lösung vor allem zugehört und Fragen gestellt, eigene Wertungen und Schlussfolgerungen aber nicht zu erkennen gegeben.[28] Im Anschluss an dieses Gespräch im Élysée-Palast trafen wir uns dann im Le Petit Château de La Celle Saint-Cloud mit Minister Delors, Michel Camdessus sowie den Leitern des Ministerkabinetts bzw. des Ministerbüros, Philippe Lagayette und Horst Köhler, zu einem sehr langen Abendgespräch.[29] Jacques Delors legte dabei in teilweise recht dramatischen Ausführungen auch seine internen politischen Karten offen auf den Tisch. Nach seiner Einschätzung stehe nicht nur das Europäische Währungssystem, sondern die ganze europäische Gemeinschaft in wichtigen Fragen am Scheideweg. Komme es in den nächsten Tagen nicht zu einer substanziellen Aufwertung der D-Mark, so seien die Folgen in der französischen Politik und insbesondere auch für die europäische Integration insgesamt unübersehbar. Die französische Regierung werde sich dann mit hoher Wahrscheinlichkeit nicht nur für ein Ausscheiden des Franc aus dem EWS, sondern auch für die Einführung einer nationalen Abgabe für Importe aus den anderen Gemeinschaftsländern entscheiden. Er selbst könne eine solche Politik nicht mittragen und trete stattdessen für eine nachhaltige Korrektur der französischen Politik in Richtung mehr interner Stabilität ein. Eine solche innerfranzösische Stabilitätspolitik könne allerdings die bereits aufgelaufenen Ungleichgewichte insbesondere in den Leistungsbilanzen nicht kurzfristig korrigieren. Um die Finanzmärkte zu überzeugen, benötige Frankreich deswegen eine gleichzeitige substanzielle Aufwertung der D-Mark als flankierende Unterstützung. Eine formelle Abwertung des französischen Franc sei dagegen für die französische Politik – auch wegen der innerfranzösischen Kontroversen – derzeit nicht akzeptabel. Käme die Flankierung durch eine substanzielle D-Mark-Aufwertung in den nächsten Tagen nicht zustande, so sei für ihn persönlich ein weiteres Verbleiben in der französischen Regierung wohl nicht mehr möglich. Darüber hinaus werde dann nach seiner Einschätzung auch der bisherige Stand der europäischen Integration und erst recht die von Präsident Mitterrand prinzipiell unterstützte Weiterentwicklung der Gemeinschaftspolitik gefährdet. Zu einer stabilitätsorientierten Konvergenz der Politiken werde es dann in Europa kaum kommen. Gerhard Stoltenberg bedankte sich für die Offenheit. Die Bundesregierung sei sich bewusst, dass bei einem Scheitern der anstehenden Realignment-Verhandlungen alle die Verlierer seien und keiner letztlich Gewinner sein werde. Er unterstütze deswegen nachdrücklich die internen Stabilitätsbemühungen von Delors. Allerdings sei ohne eine gleichzeitige Abwertung des französischen Franc ein Realignment aus deutscher Sicht weder politisch akzeptabel noch ökonomisch überzeugend. Die danach im Einzelnen diskutierten konkreten Lösungsmöglichkeiten für ein Realignment brachten jedoch insbesondere wegen der hartnäckigen Ablehnung jeglicher Franc-Abwertung durch Delors noch kein Ergebnis. Eine gleichzeitige Franc-Abwertung glaubte er in Frankreich nicht durchsetzen zu können. So endete das außerordentlich intensive und viele Aspekte der französischen Innenpolitik offen legende Gespräch um Mitternacht nur mit der Vereinbarung eines gemeinsamen deutsch-französischen Antrages für Realignment-Verhandlungen am kommenden Wochenende in Brüssel. Aber es war zumindest ein erster Schritt.

Das am folgenden Tag beim Bundeskanzler in Bonn stattfindende weitere Gespräch, an dem diesmal neben Außenminister Genscher und Bundesbankpräsident Pöhl auch Bundeswirtschaftsminister Graf Lambsdorff und Vizepräsident Schlesinger teilnahmen, konnte allerdings auch nicht weiterführen. Die von Stoltenberg vertretene Position, dass die entstandenen Disparitäten nicht allein durch eine Aufwertung der D-Mark und eventuell auch des Guldens, sondern auch durch eine gleichzeitige angemessene Franc-Abwertung gegenüber den anderen EWS-Währungen korrigiert werden müssten, wurde von allen Anwesenden bestätigt. Eine stärkere einseitige Aufwertung der D-Mark werde auch die deutsche Wirtschaft zu sehr belasten.

So starteten die offiziellen Realignment-Verhandlungen am 19. März in Brüssel, ohne dass sich im Vorfeld bereits ein möglicher Kompromiss abzeichnete. In den verfahrensmäßig zunächst vorgeschriebenen Beratungen des Währungsausschusses unter dem damaligen Vorsitz von Michel Camdessus legten die französischen Vertreter zunächst noch einmal dar, dass sie eine Paritätsänderung von mindestens 8 bis 9% für erforderlich hielten und zwar allein durch eine entsprechende Aufwertung der D-Mark sowie des holländischen Guldens. Denn vor allem die Kurse dieser Währungen hätten sich von den bisherigen Durchschnittswerten im EWS wegbewegt, wie die Entwicklung des ECU-Divergenzindikators zeige. Dieser einseitige Bezug auf den Divergenzindikator konnte von deutscher Seite wegen der damit verbundenen stabilitätspolitischen Durchschnittsorientierung allerdings nicht akzeptiert werden. In der folgenden intensiven Diskussion fand zwar die genannte Größenordnung einer notwendigen Paritätsänderung von etwa 8 bis 9% zwischen D-Mark und Franc eine weitgehende Zustimmung, nicht aber die Forderung nach einer einseitigen Aufwertung der D-Mark und des holländischen Guldens. Der von mehreren Seiten vorgebrachte Vorschlag einer temporären Bandbreitenerweiterung für den französischen Franc von 2,25% auf 6% fand bei den französischen Ausschussmitgliedern kein positives Echo. Da eine solche erweiterte Bandbreite damals für die italienische Lira galt, fürchtete man offensichtlich einen damit verbundenen Prestigeverlust für den französischen Franc. Angesichts dieser Meinungsunterschiede sah sich der Währungsausschuss trotz intensiven Bemühens seines Vorsitzenden nicht in der Lage, den gegen Abend zusammentretenden Ministern und Notenbankgouverneuren einen konkreten Lösungsvorschlag zu unterbreiten.

Die folgenden Beratungen der Minister und Gouverneure zogen sich nicht nur über zwei Tage hinweg; sie waren auch von außerordentlicher Dramatik im Ablauf sowie im äußeren Erscheinungsbild gekennzeichnet. Gleich zu Beginn wurde festgestellt, dass bisher kein Land einen Antrag auf Änderung seiner Währungsparität gestellt habe. Jacques Delors zog dann alle Register der Verhandlungstaktik und -dramatik. Er legte die wirtschaftlichen Schwierigkeiten Frankreichs eingehend dar, beschwor die europäische Verantwortung der Teilnehmer, insbesondere der deutschen und holländischen Seite, beantragte mehrmals Sitzungsunterbrechungen und flog zwischenzeitlich sogar einmal nach Paris zu persönlichen Konsultationen insbesondere mit Präsident Mitterrand. In seinen Statements vor den zahlreichen am Eingang des Sitzungsgebäudes in Brüssel wartenden Journalisten war er auch nicht zimperlich mit provokativen Attacken, insbesondere gegenüber der deutschen Seite.[30] Es war ganz offensichtlich: Für Frankreich und seine Europapolitik sowie für Delors persönlich stand viel auf dem Spiel. Ohne ein auch für Präsident Mitterrand und die französische Regierung akzeptables Realignment-Ergebnis war nicht nur seine persönliche politische Zukunft gefährdet; es bestand auch die Gefahr, dass Frankreich aus dem EWS ausschied und damit dessen weitere Existenz gefährdete sowie die innerfranzösische Politik durch protektionistische Maßnahmen auch gegenüber den anderen EG-Mitgliedstaaten abschirmte. Natürlich kann niemand genau sagen, was Frankreich tatsächlich entschieden hätte, wenn es in Brüssel nicht letztlich doch zu einer auch von Frankreich akzeptierten Lösung gekommen wäre. Vieles spricht aber dafür, dass Frankreich zumindest aus dem EWS ausgeschieden wäre sowie mit Importabgaben den freien Handelsverkehr verzerrt und damit gegen den EWG-Vertrag verstoßen hätte.[31] Umso erfreulicher war es, dass es nach zweitägigen hartnäckigen Verhandlungen (mit mehrfachen Unterbrechungen) und nach einer zwischenzeitlichen Schließung der Börsen am späten Montagabend in Brüssel letztendlich doch zu einer gemeinsamen Entscheidung gekommen ist, die von allen akzeptiert wurde. Die D-Mark wurde um 5,5%, der holländische Gulden um 3,5% und die Dänen-Krone um 2,5% aufgewertet; gleichzeitig wurden der französische Franc und die italienische Lira um 2,5% und das irische Pfund sogar um 3,5% abgewertet. Dieses Gesamtergebnis zeigt, dass die deutsche Seite in der Schlussrunde Frankreich am weitesten entgegengekommen ist, und zwar so weit, dass selbst die Niederlande diesen Weg nur teilweise mitzugehen bereit waren. Infolge der um 2% niedrigeren Aufwertungsrate wurde der holländische Gulden nach langer Zeit erstmals wieder gegenüber der D-Mark im Ergebnis abgewertet. Diese Entscheidung, die von der holländischen Regierung gegen den Rat des damaligen niederländischen Zentralbankpräsidenten Wim Duisenberg getroffen wurde, hatte übrigens noch längere Zeit negative Rückwirkungen für die Zinsentwicklung in den Niederlanden. Um die Parität des Guldens zur D-Mark nicht zu gefährden, mussten die holländischen Zinsen mehrere Jahre hindurch höher gehalten werden als in Deutschland.

Heute wissen wir: Das nach mancher, bisweilen auch theatralisch wirkenden Dramatik am Abend des 21. März 1983 in Brüssel letztlich zustande gekommene Realignment hat in Frankreich damals eine interne Kurskorrektur ermöglicht, die für die weitere Entwicklung der Wirtschafts- und Währungsintegration in Europa von zentraler und nachhaltiger Bedeutung war. Frankreich hat sich seit dieser Zeit zunehmend stärker auf einen Kurs der internen Stabilitätsorientierung seiner Politik hinbewegt und so auch andere europäische Länder stimuliert, sich auf diesen Kurs zu begeben. Mit der damaligen, vor allem von Jacques Delors persönlich betriebenen Entscheidung in Frankreich wurde jedenfalls eine Entwicklung eingeleitet, die tatsächlich neue Perspektiven für die währungspolitische Zusammenarbeit in Europa eröffnete.[32] Wohl blieb diese Kurskorrektur in

Frankreich selbst noch eine längere Zeit umstritten; und sie musste sich auch im Laufe der Zeit erst bewähren, um allmählich das Vertrauen der Märkte zu gewinnen. Dennoch: Nicht nur das EWS wurde damals gerettet. Jetzt waren auch in Frankreich die Weichen für eine stärkere Stabilitätsorientierung der Binnenpolitik gestellt. Und das Ergebnis zeigte sich in den Wechselkursen. Die später oft auch mit dem ambivalenten Begriff als »Franc-Fort-Politik« bezeichnete neue Orientierung hatte auch Wirkungen für die anderen EWS-Länder. Die Häufigkeit und der Umfang von Realignments wurden in den 80er Jahren jedenfalls zunehmend geringer. So entstand im Laufe der 80er Jahre allmählich auch die ökonomische Grundlage für eine Weiterentwicklung der Zusammenarbeit in der Währungspolitik. Allerdings war der Weg zu größeren Fortschritten in Richtung der Währungsunion noch lang. Sowohl die aufgelaufenen ökonomischen Unterschiede als auch die verschiedenen währungspolitischen Erfahrungen und Denktraditionen standen raschen Lösungen entgegen. Aber wichtige Weichen waren gestellt.

KAPITEL 9
# Weichenstellung durch die Einheitliche Europäische Akte

Im Vorfeld des Anfang 1984 anstehenden Ratsvorsitzes Frankreichs in der EG entschied sich Präsident Mitterrand, der inzwischen zu Bundeskanzler Kohl ein von beiderseitigem Vertrauen getragenes persönliches Verhältnis gefunden hatte, die Weiterentwicklung der europäischen Integration zu einem Hauptthema seiner Politik in den kommenden Jahren zu machen. Er berief mit Roland Dumas einen seiner bisherigen persönlichen Berater im Dezember 1983 zum Minister für Europäische Angelegenheiten. Dieser legte Anfang Juni 1984 ein Memorandum vor, das neben Vorschlägen für eine weitergehende Konzertierung der nationalen Politiken auch das Thema der schon von Giscard d'Estaing und Helmut Schmidt vorgesehenen Weiterentwicklung des EWS sowie die Gründung eines Europäischen Währungsfonds wieder aufgriff. Dieses Memorandum hatte zwar keine unmittelbaren Folgen. Es zeigte aber, dass Frankreich im Rahmen seiner Europapolitik dem Währungsthema künftig ein besonderes Gewicht beimessen wollte. Nach dem Wechsel im Amt des Premierministers von Mauroy zu Fabius kam es gegen Ende 1984 in Paris auch zu einem Wechsel im französischen Finanzministerium. Als Nachfolger von Jacques Delors, der zum neuen Präsidenten der EG-Kommission in Brüssel berufen worden war, wurde Pierre Bérégovoy, der bisherige Generalsekretär im Élysée, neuer Finanzminister. Bérégovoy stand zwar der europäischen Währungsintegration zunächst deutlich skeptischer gegenüber als sein Vorgänger Delors; in seinen Entscheidungen erwies er sich aber schon bald als deutlicher Befürworter der Politik eines stabilen Franc.[33] Wichtig war zudem, dass mit Michel Camdessus im gleichen Jahr ein neuer Gouverneur der Banque de France berufen wurde, der das Ziel der Stabilisierung des französischen Franc sowie der Weiterentwicklung der Zusammenarbeit in Europa nachdrücklich unterstützte.

In Brüssel zeigte sich die dynamische Kraft des neuen Präsidenten der EG-Kommission Jacques Delors schon bald nach seiner Amtsübernahme zu Beginn 1985. Er wollte die Periode des Stillstands in Europa bald und nachhaltig überwinden. Bereits im Juni legte die neue Kommission eine Ausarbeitung mit konkreten Vorschlägen für die Verwirklichung des europäischen Binnenmarktes sowie den Ausbau der Zusammenarbeit zwischen den Institutionen der Gemeinschaft und den Mitgliedstaaten vor. Delors wusste, dass ein Teil dieser Themen zuvor schon in bilateralen Gesprächen zwischen Präsident Mitterrand und Bundeskanzler Kohl diskutiert worden war und dass beide Länder eine Weiterentwicklung des Vertrages grundsätzlich befürworteten. So konnten auch bereits im September mit allen Mitgliedsregierungen die Verhandlungen über die notwendigen Vertragsänderungen für eine sogenannte Einheitliche Europäische Akte zur Reform der EG aufgenommen werden. Sie sollte nach der notwendigen Ratifizierung in den Mitgliedsländern spätestens zum 1. Januar 1987 in Kraft treten. Die insgesamt recht ambitiösen Vorschläge der Delors-Kommission, die den Weg zur Vollendung des Binnenmarktes frei machen sollten, griffen dabei auch das Währungsthema erneut auf und wollten es so weit und so bald wie möglich voranbringen. Delors wollte vor allem für das EWS, dessen entscheidende Rechtsgrundlage bisher nur eine Vereinbarung zwischen den teilnehmenden Zentralbanken war, eine Rechtsbasis im Vertrag selbst schaffen. Darüber hinaus sollte die Einrichtung eines Europäischen Währungsfonds und generell auch das Ziel der Wirtschafts- und Währungsunion im Vertrag festgeschrieben werden. Im Pariser Finanzministerium und auch in der Banque de France gab man damals allerdings der Entwicklung der ECU zu einer allgemeinen Parallelwährung eine noch größere Priorität. In beiden Institutionen war deswegen zunächst auch eine gewisse Zurückhaltung gegenüber diesem Teil des Vertragsentwurfes der Kommission zu spüren. Erst nach einer persönlichen Intervention von Delors bei Präsident Mitterrand unterstützte die französische Regierung in den Vertragsverhandlungen nachdrücklich die Einbeziehung der monetären Politik in den Vertrag so, wie die Kommission es vorgeschlagen hatte.

In Deutschland gab es insbesondere seitens der Bundesbank, aber auch im Bundesministerium der Finanzen Widerstand gegen diese Kommissionsvorschläge für den Währungsbereich. Wir befürchteten, dass die von der Kommission vorgeschlagene Vertragsergänzung zu einer Einschränkung der politischen Unabhängigkeit der Bundesbank und institutionell nur zu einer Europäischen Währungsfonds-Lösung, nicht aber zu einer solide konstruierten Wirtschafts- und Währungsunion führen werde. Minister Stoltenberg und ich konnten in internen Gesprächen auch den Bundeskanzler von unseren Einwänden überzeugen. Der von der Kommission vorgelegte Vertragstext zielte nämlich primär auf eine stärkere Kompetenz der politischen Gemeinschaftsorgane in der Währungspolitik und somit auf eine Einengung der Autonomie der nationalen Notenbanken, ohne jedoch die weitergehende inhaltliche und institutionelle Ausgestaltung der letztlich auch von deutscher Seite angestrebten Wirtschafts- und Währungsunion festzulegen. Die Konkretisierung und Weiterentwicklung der Gemeinschaftspolitik in diesem Bereich sollte nach den Kommissionsvorschlägen vielmehr ausdrücklich künftig dem Beschlussverfahren nach Artikel 235 (interne Weiterentwicklung des Gemeinschaftsrechts durch Beschlüsse des Rates, jedoch ohne Vertragsänderungen mit nationaler Ratifizierung) überlassen bleiben. Die nach Artikel 236 vorgesehene Hürde einer ratifizierungsbedürftigen Vertragsänderung sollte auf diese Weise offenbar umgangen werden.[34] Dass diese Kommissionsvorschläge nicht der schon seit langem vertretenen deutschen Position entsprachen, lag auf der Hand. Einerseits zielten sie nach unserer Ansicht im Währungsbereich auf problematische Zwischenlösungen (z. B. Einrichtung eines Europäischen Währungsfonds) ohne inhaltliche Klärung der Endstufe einer supranationalen Währungsunion und ohne Festlegung auf eine politisch unabhängige Europäische Zentralbank. Und andererseits ermöglichten sie Eingriffe in die Zuständigkeiten und damit in die Unabhängigkeit der nationalen Zentralbanken ohne vorherige Ratifizierung durch die nationalen Parlamente bzw. durch nationale Referenden. Genau diesen Weg hatte die deutsche Seite seit den Verhandlungen über den Bericht der Werner-Gruppe im Jahre 1970 stets abgelehnt. So sehr die Bundesregierung dem Grundanliegen der Einheitlichen Akte, der vollständigen Verwirklichung des Binnenmarktes und insbesondere der Liberalisierung des Waren- und Kapitalverkehrs und der Verbesserung der Zusammenarbeit der Institutionen zustimmte; in diesem Punkte konnte sie den Kommissionsvorschlägen nicht folgen. Auch die unmittelbar vor der abschließenden Gipfelkonferenz in Luxemburg am 3. und 4.Dezember 1985 unternommenen Versuche von Präsident Mitterrand und Außenminister Dumas bei Bundeskanzler Kohl und Außenminister Genscher konnten die Bundesregierung nicht zu einer Zustimmung zu diesem Kommissionsvorschlag bewegen. Umgekehrt konnten allerdings auch die deutschen Einwände die Delors-Kommission im Vorfeld der Luxemburg-Konferenz nicht davon abbringen, in der Substanz an ihrem Vorschlag festzuhalten. Für die abschließenden Beratungen legte sie zunächst nur eine verbal leicht geänderte Fassung vor. Delors setzte offenbar darauf, dass er in der Schlussberatung mit französischer Unterstützung sowohl die grundsätzlichen Einwände der britischen Seite gegenüber einer Weiterentwicklung der Währungsintegration als auch die deutschen Vorbehalte zum hierfür vorgesehenen Verfahren (Artikel 235 statt Artikel 236) überwinden bzw. ausräumen könne.

Wegen dieses noch offenen Punktes hatte Bundeskanzler Kohl mich gebeten, ihn nach Luxemburg zu begleiten. Erwartungsgemäß kam es dort bei den Beratungen der Staats- und Regierungschefs über den Vertragsentwurf schon bald auch zu einer Kontroverse über diesen Punkt. Frau Thatcher lehnte aufgrund ihrer grundsätzlichen Reserve gegen eine Währungsunion gleich zu Beginn jegliche Erwähnung der monetären Dimension im Vertragsentwurf ab. Bundeskanzler Kohl und der niederländische Ministerpräsident Lubbers hatten dagegen keine Einwände, das Ziel der Wirtschafts- und Währungsunion in den Vertrag aufzunehmen und dabei auch das Funktionieren des EWS sowie die Entwicklung der ECU als wichtige Indikatoren auf dem Wege dahin zu erwähnen. Institutionelle Veränderungen und Kompetenzübertragungen im Währungsbereich sollten jedoch einer weiteren formellen Vertragsänderung gemäß Artikel 236 (mit nationalem Ratifikationserfordernis) vorbehalten bleiben. Der Kommissionsvorschlag zielte jedoch trotz leichter Veränderung noch immer auf die Errichtung eines Europäischen Währungsfonds *ohne* eine weitere formelle Vertragsänderung ab. Und was noch wichtiger war: Die konkrete Ausgestaltung der Wirtschafts- und Währungsunion sollte durch Ratsbeschlüsse bestimmt werden können und keinen neuen ratifizierungsbedürftigen Vertrag erfordern. Genau dies konnte die Bundesregierung dem deutschen Parlament und den deutschen Wählern jedoch nicht zumuten.

Nachdem die unterschiedlichen Positionen – auch die prinzipiellen Einwände von Frau Thatcher gegen das Ziel einer Währungsunion – in den Beratungen in Luxemburg erneut deutlich geworden waren, bat der Bundeskanzler mich, mit meinem damaligen britischen Kollegen Geoffrey Littler von der britischen Treasury nach einem Kompromiss zu suchen. In Vorgesprächen in Bonn mit den anderen Ressorts und auch der Bundesbank hatte ich bereits einen Textentwurf für einen neuen Vertragsartikel vorbereitet, der so viel wie möglich vom Kommissionsentwurf übernahm, den entscheidenden Punkt einer institutionellen Neuordnung sowie einer Änderung der Kompetenzen im Währungsbereich jedoch einer weiteren ratifizierungsbedürftigen Vertragsänderung gemäß Artikel 236 EWG-Vertrag vorbehielt. Nach leichten Veränderungen des Textentwurfes konnte ich auch meinen britischen Kollegen von dieser Kompromisslösung überzeugen. Seine Regierungschefin Frau Thatcher zögerte aber noch immer mit der Zustimmung. Auf Wunsch des Bundeskanzlers habe ich der britischen Premierministerin dann in einem persönlichen Gespräch den neuen Entwurf näher erläutert. Dabei konnte ich sie überzeugen, dass Großbritannien mit einem solchen Artikel weder formell dem Ziel einer Wirtschafts- und Währungsunion zustimme, noch sich hinsichtlich eines Beitritts zum Europäischen Währungssystem binde oder gar etwaigen späteren institutionellen Änderungen bzw. einer Kompetenzverlagerung im Bereich der Währungspolitik im Voraus zustimme. Nach diesem, nicht ganz leichten Gespräch erklärte sie sich in der anschließenden multilateralen Runde der Regierungschefs schließlich zu einer Zustimmung zu dem deutschen Änderungsvorschlag bereit. Bei dieser generell zustimmenden Erklärung hatte sie allerdings offensichtlich übersehen, dass nach dem Kommissionsentwurf der neue Artikel in ein Kapitel eingefügt wurde, das die Überschrift trug: »Die Zusammenarbeit in der Wirtschafts- und Währungspolitik (Wirtschafts- und Währungsunion).« Die Erwähnung der Wirtschafts- und Währungsunion in der Kapitelüberschrift – wenn auch in Klammern – hat ihr bei der späteren Behandlung des Vertrages im britischen Unterhaus noch einige Schwierigkeiten bereitet. Ihre Zustimmung auch zu dieser Überschrift hat sie später damit gerechtfertigt, dass die Wirtschafts- und Währungsunion ja schon »unfortunately« zuvor offizielles Ziel der Gemeinschaft seit 1972 (also schon vor ihrer Regierungszeit) gewesen sei.

Nach der Zustimmung von Frau Thatcher gab auch der dänische Ministerpräsident seinen bisherigen Widerstand auf. Auf der anderen Seite sahen jetzt auch Jacques Delors und Präsident Mitterrand keine Chance mehr, auf der ursprünglich angestrebten Zuständigkeitsverlagerung für das Europäische Währungssystem und der Weiterentwicklung der Währungsintegration bis hin zur Währungsunion gemäß Artikel 235 zu beharren. So einigte man sich schließlich darauf, dass folgender neuer Text als Artikel 102a in den neu gefassten Vertrag übernommen wurde:

> (1) Um die für die Weiterentwicklung der Gemeinschaft erforderliche Konvergenz der Wirtschafts- und Währungspolitiken zu sichern, arbeiten die Mitgliedstaaten gemäß den Zielen des Artikels 104 zusammen. Sie berücksichtigen dabei die Erfahrungen, die bei der Zusammenarbeit im Rahmen des Europäischen Währungssystems (EWS) und bei der Entwicklung der ECU gesammelt worden sind, und respektieren die bestehenden Zuständigkeiten.
> (2) Sofern die weitere Entwicklung im Bereich der Wirtschafts- und Währungspolitik institutionelle Veränderungen erforderlich macht, findet Artikel 236 Anwendung. Bei institutionellen Veränderungen im Bereich der Währungspolitik werden auch der Währungsausschuss und der Ausschuss der Präsidenten der Zentralbanken gehört.

Für den weiteren Weg in Richtung auf die Wirtschafts- und Währungsunion war damit eine wichtige Weiche gestellt. Einerseits wurde jetzt das längerfristige Ziel der Wirtschafts- und Währungsunion auch im Vertragstext (wenn auch nur in der Kapitelüberschrift) erwähnt und damit vertraglich bestätigt. Andererseits war zugleich festgelegt, dass für die Weiterentwicklung der Gemeinschaft die notwendige Konvergenz der Wirtschafts- und Währungspolitiken gesichert und dass die im EWS und bei der Entwicklung der ECU gesammelten Erfahrungen berücksichtigt werden müssten. Und vor allem: Bis zu einer erneuten ratifizierungsbedürftigen Vertragsänderung mussten die bestehenden Zuständigkeiten respektiert werden. Veränderungen der Institutionen und der Kompetenzverteilung konnten nur durch eine nach Artikel 236 ratifizierungsbedürftige Vertragsänderung vorgenommen werden.

Damit wurde unmissverständlich klargestellt, dass bis zum Inkrafttreten eines neuen, von allen Mitgliedstaaten ratifizierten Vertrages Eingriffe in die nationale währungspolitische Souveränität sowie den bestehenden Autonomiestatus der Zentralbanken nicht zulässig seien. Die von deutscher Seite seit langem vertretene Position hatte sich damit klar durchgesetzt. Nach dieser Klärung der Rechtslage konnten sich die Bemühungen jetzt zunächst vor allem auf die weitere Stärkung der stabilitätspolitischen Konvergenz im EWS und die Entwicklung der ECU konzentrieren. Die dabei gesammelten Erfahrungen mussten nach dem Wortlaut des neuen Vertragsartikels berücksichtigt werden, bevor es zu den für die Wirtschafts- und Währungsunion erforderlichen Veränderungen kommen konnte.

# KAPITEL 10
# Erneute Forderungen nach mehr Symmetrie

Zu Beginn des Jahres 1986 erweiterte sich die Gemeinschaft durch den Beitritt von Portugal und Spanien auf nunmehr zwölf Mitglieder. Überdies brachten die Märzwahlen in Frankreich eine neue Parlamentsmehrheit, die zu einer »Cohabitation« zwischen dem sozialistischen Präsidenten Mitterrand und einer neuen Regierung unter dem konservativen Premierminister Chirac und mit Finanzminister Balladur führte. Die Devisenmärkte reagierten auf diese innerfranzösischen politischen Veränderungen mit einer schwächeren Bewertung des Franc; der Druck auf die französische Währung blieb jedoch zunächst relativ begrenzt.

Umso überraschender war es für uns, dass die neue französische Regierung kurz vor Beginn des nächsten informellen Treffens der europäischen Wirtschafts- und Finanzminister, zu dem der niederländische Finanzminister Onno Ruding für den 6. und 7. April 1986 nach Ootmarsum (einem Ort in der Nähe der Grenze zu Deutschland und nur wenige Kilometer von meinem westfälischen Geburtsort Metelen entfernt) eingeladen hatte, den Antrag auf ein Realignment der EWS-Paritäten stellte. Ziel dieses Antrages war es, insbesondere die Parität zwischen der D-Mark und dem französischen Franc um rund 8% zu verändern. Erstaunlich für uns war dabei, dass die französische Seite den früher stets beschworenen negativen Prestigeeffekt einer formellen Franc-Abwertung offenbar nicht mehr scheute. Diese neue Einstellung dürfte allerdings damals auch dadurch begünstigt worden sein, dass eine solche Franc-Abwertung unmittelbar nach der Wahl als ein Ergebnis der Politik der gerade abgewählten sozialistischen Regierung dargestellt werden konnte. Ohne dieses frühere französische Prestigeproblem war die Antwort relativ einfach. Nach kurzer Vorberatung im Währungsausschuss, dessen Vorsitz ich in der Nachfolge von Michel Camdessus übernommen hatte, konnte damals in Ootmarsum zwischen den Finanzministern und Notenbankgouverneuren rasch eine Einigung erzielt werden, die zwar hinter dem französischen Antrag zurückblieb, von den Devisenmärkten jedoch positiv bewertet wurde. Der französische Franc wurde um 3% abgewertet, der belgische und luxemburgische Franc sowie die Dänen-Krone um 1%; die D-Mark und der Gulden wurden dagegen um 3% aufgewertet. Gleichzeitig beauftragten die Minister und Gouverneure den Währungsausschuss, weitere Verbesserungen bei der Anwendung des EWS zu prüfen. Bei dieser späteren Prüfung, die sich über mehrere Sitzungen in Brüssel hinzog, hat vor allem das Vorstandsmitglied der niederländischen Zentralbank, André Szász, mit Unterstützung der deutschen Mitglieder immer wieder mit Nachdruck auf die Notwendigkeit hingewiesen, die im EWS geltenden Bandbreiten tatsächlich für Marktbewegungen voll zu nutzen und möglichst nicht intramarginal durch Devisenkäufe oder -verkäufe zu intervenieren. Diese auch von mir befürwortete Position wurde jedoch insbesondere von unserem damaligen französischen Kollegen Daniel Lebèque (Leiter des Trésors)[35] vor allem mit dem Argument des Risikos einer sich selbst beschleunigenden Spekulation abgelehnt. Noch heute empfinde ich es als bedauerlich, dass wir damals im Währungsausschuss keine gemeinsame Empfehlung für weniger intramarginale Interventionen zustande gebracht haben. Selbst wenn die Bandbreite damals mit +/–2,25% relativ eng war, so hätte nach meinem Urteil ein möglichst weit gehender Verzicht auf sogenannte intramarginale Interventionen doch die two-way-risks für die Märkte vergrößert und der Spekulation eher entgegengewirkt, als sie – wie unsere französischen Kollegen damals fürchteten – gefördert.

Erfreulicherweise blieb es jedoch an den Devisenmärkten im Laufe des Jahres 1986 relativ ruhig. Mitten im Sommer – genau am 4. August – musste allerdings das irische Pfund überraschend um 8 % abgewertet werden. Dieses relativ unproblematisch zustande gekommene Realignment ist mir allerdings deswegen in besonderer Erinnerung geblieben, weil es nach Eingang des irischen Antrags ohne besondere Sitzung nur durch telefonische Absprachen beschlossen und dann in Brüssel verkündet werden konnte – ein Verfahren, das es vorher bei Paritätsänderungen im EWS noch nicht gegeben hatte. Als Vorsitzender des Währungsausschusses hatte ich dieses Abstimmungsverfahren persönlich in vielen Telefongesprächen von meinem Ferienort in Bayern aus zu koordinieren – eine Aufgabe, die mir zwar einen Urlaubstag gekostet hat, aber dennoch wegen der weitgehend übereinstimmenden Voten aller Mitgliedstaaten relativ einfach zu bewältigen war. Und was wichtiger war: Diese Entscheidung ist damals auch von den Märkten problemlos akzeptiert worden.

Neue Unruhe im Kernbereich der europäischen Devisenmärkte entstand erst wieder gegen Jahresende, als insbesondere der französische Franc plötzlich – offenbar aufgrund von Zinsspekulationen – erneut zur Schwäche neigte. In den ersten Tagen des neuen Jahres 1987 verschärften sich dann die Spannungen im EWS deutlich. Auf Wunsch der Banque de France erklärte sich die Bundesbank zwar zu einer Beteiligung an Interventionen bereit, lehnte jedoch eine von französischer Seite gewünschte gleichzeitige Zinssenkung in Deutschland ab. Die Banque de France hob dann ihrerseits einseitig die französischen Zinsen leicht an; diese bescheidende Zinsanhebung in Frankreich konnte jedoch die Märkte nicht überzeugen. Dort überwogen offenbar immer noch die Zweifel, ob Frankreich es wirklich ernst meinte mit der internen Stabilitätspolitik, wie sie von Delors 1983 eingeleitet und danach von seinen Nachfolgern Bérégovoy und Balladur – trotz unterschiedlicher Akzentsetzung in Details –

weitgehend fortgeführt wurde. Diese Zweifel verstärkten sich noch, als der damalige Premierminister Chirac öffentlich die deutsche Seite für die neuen Spannungen an den Devisenmärkten verantwortlich machte und für den Fall einer weiteren Ablehnung einer deutlichen Zinssenkung in Deutschland unverhohlen eine erneute Aufwertung der D-Mark forderte. Nach dieser öffentlichen Attacke war die Lage für die deutsche Seite nicht einfach. Mein damaliger französischer Kollege Daniel Lebèque informierte mich darüber, dass seine Regierung dringend an einer konzertierten Zinsaktion der Bundesbank und der Banque de France interessiert sei. Finanzminister Stoltenberg und ich haben damals zunächst Gespräche mit der Bundesbank geführt, die im Hinblick auf die noch bestehenden internen Inflationsgefahren jedoch weiterhin eine Senkung der deutschen Zinsen nicht für vertretbar hielt. Am 8. Januar 1987 flogen Herr Stoltenberg und ich dann zu einem vertraulichen Gespräch mit Finanzminister Balladur und seinen engsten Mitarbeitern nach Paris. Dort wurde unmissverständlich deutlich, dass nach französischer Einschätzung ohne eine substanzielle deutsche Zinssenkung oder eine rasche erneute Paritätsänderung insbesondere zwischen der D-Mark und dem französischen Franc eine sich weiter verschärfende Spekulation an den Devisenmärkten und damit eine erneute Existenzgefährdung des EWS kaum zu vermeiden sei. Schon von Paris aus arrangierten wir für den nächsten Tag ein erneutes Gespräch mit der damaligen Bundesbankspitze in Frankfurt. Bei der internen Lageanalyse plädierten schließlich Präsident Pöhl und Vizepräsident Schlesinger für eine erneute Aufwertung der D-Mark. Minister Stoltenberg schloss sich dieser Position zwar grundsätzlich an, zögerte aber angesichts der kurz bevorstehenden Bundestagswahl 1987 zunächst mit einer sofortigen Entscheidung. Dabei spielten natürlich auch die befürchteten negativen Konsequenzen für die deutsche Agrarwirtschaft eine Rolle. Nachdem ich ihm jedoch schon in der Sitzung selbst deutlich machen konnte, dass eine solche währungspolitisch notwendige Entscheidung wenige Tage vor der Wahl auch als Beweis für die sachbezogene Entscheidungskraft der Regierung dargestellt werden könne, entschied er sich für diesen Schritt. Und er erreichte hierfür am Nachmittag des gleichen Tages in Bonn auch die grundsätzliche Zustimmung des Bundeskanzlers.

So kam es am folgenden Wochenende (11./12. Januar 1987) in Brüssel nach relativ kurzen Beratungen im Währungsausschuss und anschließend zwischen den Ministern und Gouverneuren zu einer moderaten Aufwertung der D-Mark und des holländischen Guldens um 3 %. Der belgische und der luxemburgische Franc, die beide fest aneinander gebunden waren, wurden allerdings – entgegen den Wünschen Luxemburgs – wegen des belgischen Widerstandes nur um 2 % aufgewertet. Dieses Realignment vom Januar 1987 sollte die letzte Paritätsänderung zwischen der D-Mark und dem französischen Franc werden. Trotz gelegentlich erheblicher Spannungen – insbesondere in den Jahren 1992/93 – konnte Frankreich in den folgenden zwölf Jahren die Märkte zunehmend davon überzeugen, dass man es mit der internen Stabilisierungspolitik und der darauf aufbauenden Franc-Fort-Politik doch sehr ernst meinte. Dennoch, der Weg bis zur endgültigen Festschreibung der D-Mark-Franc-Parität Anfang 1999 war noch lang und steinig zugleich. Nach den Erfahrungen in den 70er Jahren und den vielen internen Kontroversen in Frankreich, das bis in die 90er Jahre noch keine von der Politik unabhängige Banque de France mit voller eigener geldpolitischer Entscheidungskompetenz besaß, gab es an den Devisenmärkten noch lange Zweifel an der Nachhaltigkeit der internen Stabilitätsorientierung. Vor allem bei kritischen Nachrichten wurde immer wieder deutlich, dass der Aufbau eines nachhaltigen Vertrauens an den Märkten eine lange Zeit der Erprobung und der Bewährung braucht. Diesen offenbar langen Zeitbedarf hoffte die französische Seite jedoch durch eine möglichst baldige stärkere europäische Einbindung insbesondere der

Deutschen Bundesbank verkürzen zu können. Premierminister Chirac und Finanzminister Balladur griffen deshalb schon bald erneut die traditionelle französische Forderung nach »mehr Symmetrie« im EWS auf und forderten von der deutschen Seite eine weitergehende und vor allem für die Märkte deutlicher sichtbare Kooperation der Notenbanken.

Minister Balladur setzte mit Unterstützung des damaligen belgischen Vorsitzenden des Wirtschafts- und Finanzministerrates, Minister Mark Eyskens, schon bei den Realignment-Verhandlungen am 12. Januar 1987 durch, dass der Währungsausschuss sowie der Ausschuss der Notenbankgouverneure sich erneut des Themas »Stärkung des EWS« annehmen sollten. Bei seinem Besuch im Bundesministerium der Finanzen in Bonn Anfang April verdeutlichte Balladur dann seine Erwartungen. Er betonte, dass Frankreich seinerseits weitere Paritätsänderungen vermeiden und eine nachhaltige interne Stabilitätspolitik betreiben wolle. Nach seinen Vorstellungen sei jedoch darüber hinaus auch eine weitergehende Abstimmung und Koordinierung der Zinspolitik innerhalb des EWS unerlässlich, wobei es zusätzlich zu einem besseren Ausgleich der Anpassungslasten zwischen den von den Märkten als stärker und den als weniger stark eingeschätzten Währungen kommen müsse. Überdies seien großzügigere gemeinsame Finanzierungshilfen für Devisenintervention erforderlich. Zusätzlich halte er es für sinnvoll, wenn die Deutsche Bundesbank neben Gold und Dollarguthaben auch französische Franc in ihren Reservebestand aufnehmen und dies zugleich öffentlich ausweisen würde. Ein solcher öffentlicher Ausweis durch die Bundesbank werde die Position des französischen Franc an den internationalen Märkten stärken. Insgesamt sei bei der konkreten Anwendung der EWS-Regeln »mehr Symmetrie« gefordert, weil sonst die Gefahr einer wachsenden Diskrepanz zwischen den Entwicklungen der Währungen und der Volkswirtschaften in Europa nicht von der Hand zu weisen sei. Minister Stoltenberg zeigte Verständnis für die französischen Sorgen. Die Bewertungsprobleme der EWS-Währungen an den Devisenmärkten müssten jedoch primär durch eine überzeugende interne Stabilitätspolitik in den einzelnen EWS-Ländern überwunden werden. Hilfen von außen dürften jedenfalls nicht zu Lasten der Stabilitätsorientierung der stabileren Währungen und damit letztlich auch des EWS gehen. Überdies dürfe es innerhalb des EWS grundsätzlich keine Privilegierung einzelner europäischer Währungen bei der Reservehaltung geben. Über die Zusammensetzung der Devisenreserven müssten die Notenbanken selbst entscheiden. In Deutschland sei dies ohnehin allein Sache der Bundesbank.

Schon wenige Tage später griff Minister Balladur diese Thematik erneut bei dem informellen Treffen der Wirtschafts- und Finanzminister am 4./5. April 1987 in Knokke (Belgien) auf. Er drängte auf baldige und überzeugende Vorschläge der zuständigen Ausschüsse und ließ seine Position auch in der französischen Presse deutlich werden. Bei den anschließenden Beratungen im Währungsausschuss in Brüssel und ebenso im Ausschuss der Notenbankpräsidenten in Basel traten jedoch die alten Kontroversen erneut hervor. Grundlegende Veränderungen der bisherigen Positionen waren jedenfalls nicht zu erkennen. Die französischen Forderungen waren weder neu, noch deutete sich zu dieser Zeit bereits eine Bereitschaft der französischen Regierung zu grundlegenden institutionellen Veränderungen in Richtung einer ausgebauten Währungsunion an. Der niederländische Finanzminister Onno Ruding kommentierte die Neuauflage dieser Diskussion laut André Szász intern treffend so: »Jetzt laufen wieder eine Reihe von französischen Hobbypferden herum.«[36]

Dennoch: Die stärkere interne Stabilitätsorientierung der französischen Politik begann, das Umfeld in Europa allmählich, wenn auch sehr langsam, zu verändern. Neben Finanzminister Balladur spielte dabei auch der inzwischen vom Internationalen Währungsfonds in Washington – im

Austausch mit Michel Camdessus – nach Paris als neuer Gouverneur der Banque de France zurückgekehrte Jacques de Larosière eine wichtige Rolle. Das galt insbesondere für die Beratungen der europäischen Notenbankgouverneure in Basel. Während sich der Währungsausschuss unter meinem Vorsitz in Brüssel im Laufe des Sommers auf Empfehlungen zur großzügigeren Nutzung der Bandbreiten und – im Falle erkennbarer Spannungen – zu raschen, aber eventuell kleineren Paritätsänderungen verständigte, konzentrierten sich die Verhandlungen bei den Notenbankpräsidenten in Basel stärker auf eine leichtere Finanzierung von Deviseninterventionen. Insbesondere die französische Seite setzte dort neben einer besseren Koordinierung der Zinspolitik vor allem auf großzügigere gemeinsame Finanzierungsfazilitäten. Am 8. September 1987 – drei Tage vor dem informellen Treffen der EG-Wirtschafts- und -Finanzminister in Nyborg (Dänemark) – einigten sich die Notenbankgouverneure auf eine Position, die nach der Zustimmung der Minister öffentlich als das Basel-Nyborg-Abkommen bezeichnet wurde. Dieses Abkommen vom September 1987 blieb einerseits deutlich hinter den ursprünglichen Vorstellungen von Minister Balladur zurück. Weder wurden Verpflichtungen für die nationale Zinspolitik noch für die Aufnahme von EWS-Währungen in die Reservebestände der Zentralbanken festgelegt. Andererseits einigten sich die Zentralbanken jedoch für eine Versuchszeit von zwei Jahren auf eine großzügigere Bereitstellung von gegenseitigen Kreditfazilitäten. Aus dem Bericht des Währungsausschusses wurde in Nyborg gleichzeitig die Empfehlung für eine flexiblere Nutzung der Bandbreiten zur Abwehr von Spekulationen sowie für rechtzeitige und kleinere Realignments von den Ministern übernommen. Größere Wirkungen hat diese Empfehlung jedoch in der praktischen Politik leider nicht entfaltet. In der deutschen Presse wurde das von den Notenbankpräsidenten vorgeschlagene Finanzierungsabkommen teilweise als ein zu weitgehendes Entgegenkommen der Bundesbank an die Banque de France kritisiert. In Frankreich bewertete man das gleiche Ergebnis jedoch eher als noch nicht ausreichend für die gewünschte größere Symmetrie des Systems. Weder in der Umgebung von Präsident Mitterrand noch in der Chirac-Regierung war man deshalb mit dem Ergebnis zufrieden.

Kurz danach bot sich für Frankreich überraschend eine neue Chance, zumindest bilateral mit Deutschland die Zusammenarbeit in der Wirtschafts- und Währungspolitik politisch zu thematisieren. Das Bundeskanzleramt in Bonn hatte im Sommer 1987 der französischen Seite die Anregung zukommen lassen, anlässlich des bevorstehenden 25. Jahrestages des 1963 abgeschlossenen Deutsch-Französischen Vertrages zusätzlich einen bilateralen Verteidigungsrat zur besseren Abstimmung der Verteidigungspolitik zwischen beiden Ländern zu etablieren. Bei dem nächsten, traditionell halbjährlich stattfindenden deutsch-französischen Regierungstreffen am 25. November 1987 in Karlsruhe nutzte Premierminister Chirac in einem persönlichen Gespräch mit Bundeskanzler Kohl diese deutsche Initiative, um seinerseits dann auch einen Deutsch-Französischen Finanz- und Wirtschaftsrat vorzuschlagen. Als der Bundeskanzler Minister Stoltenberg und mich in einer Pause zwischen den verschiedenen separaten Sitzungen in Karlsruhe über diesen Vorschlag informierte, waren wir sehr überrascht. Regelmäßige Expertengespräche, die abwechselnd in Paris oder Bonn stattfanden, gab es auf der Beamtenebene zwischen den Wirtschafts- und Finanzministerien schon seit den 70er Jahren. Offenbar zielte der neue französische Vorschlag jetzt auf politische Beratungen der zuständigen Minister, in die auch die Präsidenten der beiden Zentralbanken einbezogen werden sollten. Der Bundeskanzler und Herr Stoltenberg sahen – trotz aller Überraschung – jedoch keinen Grund, einen solchen Vorschlag grundsätzlich abzulehnen, sofern – und dies wurde auch der französischen Seite gegenüber schon in Karlsruhe klargestellt – dabei die unabhängige Position der Deutschen Bundesbank respektiert werde. Wir im Bundesministerium der Finanzen gingen dabei davon aus, dass ein solcher bilateraler Finanz- und Wirtschaftsrat auf der Grundlage eines zweiseitigen Regierungsabkommens und nicht einer ratifizierungsbedürftigen Änderung des Deutsch-Französischen Vertrages eingerichtet werden solle. Schon in Karlsruhe vereinbarten die Minister Balladur und Stoltenberg, dass Jean-Claude Trichet (damals Leiter des Kabinetts von Minister Balladur) und ich möglichst bald einen gemeinsamen Entwurf für die notwendige Rechtsgrundlage eines solchen Finanz- und Wirtschaftsrates ausarbeiten sollten.

In den folgenden Wochen haben wir uns dann intensiv um einen solchen gemeinsamen Text bemüht. Mir ging es dabei vor allem darum, die Aufgaben des Rates auf die gemeinsame Erörterung von Themen zu konzentrieren und bindende Entscheidungen, wie sie ursprünglich von französischer Seite angestrebt waren, möglichst zu vermeiden. Der in mehreren Gesprächen schließlich ausgehandelte gemeinsame Textvorschlag trug dieser Position voll Rechnung. Bei der Aufgabenbeschreibung war im Schlusstext nur noch von einer gemeinsamen »Erörterung« der Wirtschafts-, Fiskal- und Währungspolitik mit dem »Ziel einer möglichst weit gehenden Abstimmung« die Rede. Und bei der Zielbeschreibung wurde nur von einem »Bemühen um Absprachen« zu Themen gesprochen, die in den Zuständigkeitsbereich der dem Rat angehörenden Minister fallen. Damit wurde zugleich klargestellt, dass etwaige Absprachen nicht die Politik der von der Bundesregierung unabhängigen Deutschen Bundesbank betreffen sollten. Umso erstaunlicher waren für mich später die ersten Reaktionen aus dem Bereich des deutschen Zentralbankrates und auch aus Kreisen des Bundestages, wo man trotz dieser meines Erachtens eindeutigen Textformulierung eine Gefährdung der Unabhängigkeit der Deutschen Bundesbank durch die Arbeit dieses gemeinsamen Finanz- und Wirtschaftsrates nicht ausschließen wollte. Zu diesen Zweifeln kam es jedoch offenbar weniger aufgrund des Textes selbst. Unsicherheit entstand wohl insbesondere deshalb, weil – auch für uns im Bundesministerium für Finanzen überraschend – wenige Tage vor der offiziellen Unterzeichnung des Textes aufgrund einer neuen Absprache zwischen dem Élysée und dem Bundeskanzleramt aus dem ursprünglich als Regierungsabkommen vorgesehenen Text ein vom Parlament zu ratifizierendes Zusatzprotokoll zum schon seit den 60er Jahren bestehenden Deutsch-Französischen Vertrag wurde. In den politischen Schlussberatungen hatte die französische Seite offensichtlich großen Wert auf eine solche formelle Gleichbehandlung mit dem Deutsch-Französischen Verteidigungs- und Sicherheitsrat gelegt.

In der anschließenden Beratung des Bundestages – die auch eine Expertenanhörung einschloss – konnten die in der Bundesbank und Teilen der deutschen Öffentlichkeit aufgenommenen Bedenken jedoch ausgeräumt werden. Sie sind im Übrigen auch durch die praktische Arbeit des Finanz- und Wirtschaftsrates selbst, an der ich persönlich in verschiedenen Funktionen mehr als zehn Jahre lang teilgenommen habe, eindeutig widerlegt worden.[37] Die nicht auszuschließende ursprüngliche Intention der französischen Regierung, die unabhängige Deutsche Bundesbank – ebenso wie die damals noch nicht mit vergleichbarer Unabhängigkeit ausgestattete Banque de France – in etwaige politische Absprachen einzubinden, ist somit sowohl durch die Formulierung des Zusatzprotokolls selbst als auch in der folgenden Praxis eindeutig verhindert worden. Der neue Finanz- und Wirtschaftsrat spielte zwar in der Folgezeit für die Koordinierung der deutsch-französischen Wirtschafts- und Finanzpolitik in mancherlei Hinsicht durchaus eine nützliche Rolle; eine französische Einflussnahme auf die deutsche Geldpolitik hat aber in diesem Gremium nach meiner Erfahrung nie stattgefunden. Neutrale Beobachter kamen deswegen auch später zu dem eindeutigen Urteil, dass die Aufgabenfestlegung für den neuen Rat im Hinblick auf eine etwaige französische Einflussnahme auf die deutsche

Geldpolitik »without any new breakthroughs for France« blieb.[38] Die Deutsche Bundesbank konnte weiterhin ungehindert ihren stabilitätsorientierten Kurs fortsetzen; und die D-Mark blieb die De-facto-Leitwährung im EWS.

Insgesamt haben die Aktivitäten und Diskussionen in den Jahren 1986 und 1987 deutlich gemacht, dass die Forderung nach »mehr Symmetrie« im EWS nicht weiterführen konnte, solange darunter primär eine Einbindung der Bundesbank und eine stärkere Orientierung ihrer Stabilitätspolitik am ECU-Kurs statt an der internen D-Mark-Stabilität verstanden wurde. Eine solche Symmetrie hätte nämlich Orientierung am stabilitätspolitischen Durchschnitt im EWS bedeutet, nicht aber an der bestmöglichen Stabilität. Genau um diese Thematik ging es schon seit Beginn des Wechselkursverbundes in Europa. Die Abwehr einer solchen Symmetrieforderung war deshalb notwendig und zugleich eine wichtige Weichenstellung für die Stabilitätsorientierung der längerfristig angestrebten Wirtschafts- und Währungsunion. Mehr Symmetrie konnte auf Dauer nur durch eine nachhaltig gleichgerichtete interne Stabilitätsorientierung der nationalen Politiken bzw. durch eine Verlagerung der Zuständigkeit für diese Politiken auf eine neue, unabhängige und mit vorrangiger Zielsetzung für die Stabilität versehene Instanz auf Gemeinschaftsebene erreicht werden. So verständlich das französische Interesse nach mehr Symmetrie und nach Irreversibilität der erreichten Fortschritte auch war, vorrangig und vordringlich waren vor allem eine Klärung der Endziele der Wirtschafts- und Währungsunion sowie die Gestaltung des Weges dahin. Die Asymmetrie von Interventionen und Anpassungsprozessen zwischen schwachen und starken Währungen war die Voraussetzung dafür, dass die D-Mark als Anker für die Preisstabilität im EWS wirken konnte.[39] Und die Bedeutung dieser Funktion für die zunehmend erfolgreiche Entwicklung des EWS ist später auch im Bericht der Delors-Gruppe deutlich hervorgehoben worden.

## KAPITEL 11

# Neue Signale im Vorfeld des Hannover-Gipfels

Die hartnäckige Abwehr der Forderungen nach Einbindung der deutschen Geldpolitik durch verstärkten Druck von außen förderte auch in der französischen Politik offenbar zunehmend die Erkenntnis, dass ein dauerhaftes »Mehr an Symmetrie« in der europäischen Geldpolitik letztlich wohl nur in einem gemeinsamen Währungsraum mit einer dauerhaften Übertragung weitergehender Entscheidungskompetenzen auf eine supranationale Zentralbank zu erreichen sei. Nachdem man bis dahin vor allem auf eine innereuropäische Abstimmung der nationalen Geldpolitiken untereinander und die finanzielle Unterstützung durch einen Europäischen Währungsfonds gesetzt hatte, sprachen französische Politiker jetzt auch vorsichtig von der Möglichkeit einer späteren Europäischen Zentralbank. Minister Balladur bezeichnete im Sommer 1987 den bestehenden Fonds für währungspolitische Zusammenarbeit als einen möglichen Embryo für eine Europäische Zentralbank.[40] Und Präsident Mitterrand erwähnte das Ziel einer Europäischen Zentralbank erstmals in einer Pressekonferenz am 22. Oktober 1987.[41]

Offensichtlich unzufrieden mit den bisherigen Ergebnissen seiner Bemühungen hatte Minister Balladur schon im Herbst 1987 seine Mitarbeiter im Trésor gebeten, eine Ausarbeitung mit konkreten Vorschlägen für die Weiterentwicklung der währungspolitischen Zusammenarbeit vorzubereiten. Auf der Grundlage dieser Vorarbeiten legte er am 8. Januar 1988 – im Vorfeld der für Mai vorgesehenen Präsidentschaftswahlen in Frankreich – ein Memorandum vor.

Neben konkreten Vorschlägen für die Weiterentwicklung des EWS befasste es sich auch mit den Zielvorstellungen für die angestrebte einheitliche Währung und die Rolle einer Europäischen Zentralbank. In der Kommentierung gegenüber der Presse sprach Balladur erstmals auch davon, dass eine solche Europäische Zentralbank, die er allerdings erst für das Jahr 2000 als denkbar ansah, auch eine »gewisse Autonomie« erhalten könne.[42] Diese Aussage war für uns in Deutschland umso interessanter, als Präsident Mitterrand dieses Balladur-Memorandum in einem Interview mit einer deutschen Zeitung ausdrücklich positiv bewertete.[43] Wohl zeigte Balladur sich wenige Wochen später noch sehr zögernd, der Banque de France selbst schon bald eine größere Unabhängigkeit einzuräumen, wobei er auf die aus seiner Sicht mit der unabhängigen Position der Bundesbank verbundenen Probleme für die politischen Instanzen in Deutschland hinwies.[44] Trotz dieser Vorbehalte glaubten wir in den Äußerungen aus Paris jedoch eine gewisse Veränderung der bisher in der französischen Politik dominierenden Ablehnung eines supranationalen Zentralbanksystems zu erkennen. Hinzu kam, dass auch der damalige italienische Schatzminister Giuliano Amato am 23. Februar allen EG-Finanzministern eine ausführliche Stellungnahme mit Vorschlägen zur Weiterentwicklung des EWS zuleitete, in der ebenfalls von einer Entwicklung hin zu einem Europäischen Zentralbanksystem die Rede war.

Wenige Tage später, am 26. Februar 1988, überraschte dann der deutsche Außenminister Hans-Dietrich Genscher die deutsche und europäische Öffentlichkeit mit einem »in persönlicher Verantwortung« herausgegebenen Memorandum, das zuvor weder innerhalb der Bundesregierung noch mit der Leitung der Bundesbank erörtert bzw. abgestimmt worden war. Durch diese persönliche Initiative wollte er offensichtlich die zu Jahresbeginn angelaufene halbjährige deutsche Präsidentschaft in der EG für einen neuen Anstoß in Richtung Wirtschafts- und Währungsunion nutzen.

Bereits im Januar hatte er das Thema in der traditionellen Präsidentschaftsrede vor dem Europäischen Parlament – wenn auch noch recht allgemein – angesprochen. Im ressortmäßig für die Währungspolitik zuständigen Bundesministerium der Finanzen und auch in der Führung der Bundesbank rieb man sich ob dieser – offenkundig zuvor bereits mit dem französischen Amtskollegen Roland Dumas abgesprochenen – persönlichen Initiative des deutschen Außenministers zunächst ein wenig die Augen. Inhaltlich schlossen sich die Genscher-Vorschläge zwar für den Währungsbereich selbst und für die Europäische Zentralbank weitgehend an die schon bisher vertretene deutsche Position an. Sie stuften aber die Bedeutung der vorherigen stabilitätspolitischen Konvergenz der nationalen Wirtschafts- und Finanzpolitiken sowie den Zusammenhang mit der Weiterentwicklung der allgemeinen politischen Integration in Europa offenbar geringer ein, als das bisher in Bonn und Frankfurt der Fall war. Diese neue Akzentsetzung veranlasste den ressortmäßig primär zuständigen Finanzminister Gerhard Stoltenberg, schon am 15. März 1988 auch ein eigenes Memorandum zu veröffentlichen, das ausdrücklich von der Leitung der Bundesbank unterstützt wurde. Dieses Stoltenberg-Memorandum plädierte – der traditionellen deutschen Position entsprechend – zunächst vor allem für weitere überzeugende Konvergenzfortschritte in der EG hinsichtlich der Inflationsbekämpfung und der Reduzierung der Budgetdefizite. Die Konvergenz müsse sich außerdem zunächst unter den Bedingungen einer tatsächlichen Liberalisierung des Kapitalverkehrs, wie sie im Binnenmarktprogramm vorgesehen sei, bewähren. Erst wenn diese Bewährungsprobe hinreichend bestanden sei, könne man den Übergang zur Wirtschafts- und Währungsunion wagen, die neben einer unabhängigen Europäischen Zentralbank dann auch eine weitergehende politische und institutionelle Weiterentwicklung der Gemeinschaft erfordere.

Auch Bundeskanzler Kohl unterstützte damals in seinen öffentlichen Stellungnahmen eher die vorsichtigere Position des Stoltenberg-Memorandums, ohne sich allerdings im Detail festzulegen. Neben der unverzichtbaren Stabilitätsgrundlage betonte er damals nachdrücklich auch den Zusammenhang zwischen der Währungsintegration und der politischen Integration Europas und bezeichnete die europäische Zentralbank bei aller zentralen Bedeutung »nicht als eine Sache für morgen« (Pressekonferenz in Brüssel am 11. Mai 1988). Dennoch wollte er – und darin stimmte er mit Genscher offensichtlich überein – die deutsche EG-Präsidentschaft im ersten Halbjahr 1988 zu einer neuen Initiative für die Verwirklichung des von deutscher Seite stets bejahten längerfristigen Ziels der Wirtschafts- und Währungsunion in Europa nutzen.

Für Stoltenberg ging es jedoch zunächst vor allem um eindeutige Fortschritte bei der Kapitalverkehrsliberalisierung, die in einigen Mitgliedsländern damals noch sehr unvollkommen war. Er nutzte das informelle Treffen der EG-Wirtschafts- und -Finanzminister am 13./14. Mai 1988, zu dem er nach Travemünde in Schleswig-Holstein eingeladen hatte, um die Kommission und seine Ministerkollegen von der zentralen Bedeutung einer baldigen und vollständigen Liberalisierung des Kapitalverkehrs zu überzeugen. Erst bei einem tatsächlich und verbindlich liberalisierten Kapitalverkehr könne sich die Konvergenz der Binnenpolitiken auch im Urteil der Märkte bewähren; und nur eine solche Bewährung könne eine wirklich tragfähige Grundlage für den späteren Schritt in eine dauerhafte Währungsunion bieten. Mit Unterstützung von Kommissionspräsident Delors ist es bei diesem Treffen in Travemünde gelungen, sowohl bei den Ministern als auch bei den Zentralbankpräsidenten für diese Position eine weitgehende Unterstützung zu erreichen. Für die deutsche Seite war dabei besonders wichtig, dass jetzt auch Frankreich sich mit diesem zeitlich vorrangigen Liberalisierungskonzept einverstanden erklärte. Und auf der Grundlage dieses Travemünder Konsenses gelang es dann am 24. Juni 1988 in der offiziellen Ratssitzung in Brüssel, die schon lange zur Entscheidung anstehende Richtlinie zur Kapitalverkehrsliberalisierung tatsächlich zu verabschieden. Zum 1. Januar 1990 mussten danach alle bis dahin noch bestehenden nationalen Beschränkungen für den Kapitalverkehr innerhalb der Gemeinschaft abgebaut werden. Wie sich später herausstellte, spielte dieser Termindruck für die Bereitschaft vieler Mitgliedsländer zur baldigen Schaffung der Vertragsgrundlagen für die Wirtschafts- und Währungsunion eine wichtige Rolle.

In Frankreich war es im Mai 1988 erneut zu einem Regierungswechsel gekommen. Nach der Wiederwahl von Präsident Mitterrand und der Veränderung der Mehrheitsverhältnisse im Parlament wurden der bisherige Premierminister Chirac und Finanzminister Balladur abgelöst und durch Rocard und Bérégovoy ersetzt. Zugleich machte Präsident Mitterrand die Weiterentwicklung der europäischen Integration zu seiner ersten Priorität für die neue Amtsperiode. Beim bilateralen deutsch-französischen Treffen in Evian am 2. Juni unterstützte er deshalb auch den Bundeskanzler, als dieser ihn darüber informierte, dass er das Thema Stufenplan für eine Wirtschafts- und Währungsunion auf die Tagesordnung für den Juni-Gipfel in Hannover setzen wolle. Kohl hatte zuvor auch bereits Kontakte mit Kommissionspräsident Delors in dieser Sache aufgenommen. Nach meinen Informationen war es vor allem Delors, der den konkreten Verfahrensvorschlag für die Hannover-Entscheidung wesentlich beeinflusste. Er überzeugte den Bundeskanzler bei einem Besuch in Ludwigshafen, dass ein tatsächlich realisierbarer Stufenplan wohl nur erreicht werden könne, wenn zuvor ein von den Regierungen unabhängiger Expertenausschuss eingesetzt werde, an dem möglichst alle Notenbankpräsidenten der Mitgliedsländer persönlich teilnehmen sollten. Die von Minister Genscher zunächst anvisierte Gruppe mit fünf bis sieben unabhängigen Experten werde dagegen nach seiner Einschätzung angesichts der Sensibilität dieser Themen für die Notenbanken in der Realität kaum weiterführen.

Bei den Gipfelberatungen am 27./28. Juni 1988 in Hannover griff der Bundeskanzler diesen Vorschlag auf, ergänzte ihn noch um drei unabhängige Experten (den früheren spanischen Finanzminister Miguel Boyer, den Generaldirektor der Bank für Internationalen Zahlungsausgleich in Basel Alexandre Lamfalussy sowie den dänischen Professor Niels Thygesen) und schlug als Vorsitzenden dieses Ausschusses Herrn Delors selbst vor. Dieser Ausschuss sollte – ähnlich wie die Werner-Gruppe 1969/70 – konkrete Etappen für die Verwirklichung der angestrebten Wirtschafts- und Währungsunion prüfen und rechtzeitig vor dem Gipfeltreffen im Sommer 1989 in Spanien möglichst konkrete Vorschläge vorlegen. Nachdem die anderen Staats- und Regierungschefs diesem Vorschlag zugestimmt hatten, gab es zwar zunächst bei Präsident Pöhl im Hinblick auf eine mögliche Beeinträchtigung der unabhängigen Position der Bundesbank bei späteren Entscheidungen noch ein gewisses Zögern. Dieses konnte jedoch mit dem Hinweis auf die persönliche Berufung des Präsidenten und die Annahme dieser Berufung auch durch andere unabhängige Notenbankpräsidenten überwunden werden. Für die positive Entscheidung von Herrn Pöhl spielte offenbar auch ein telefonischer Kontakt mit seinem niederländischen Kollegen Duisenberg eine Rolle.[45]

Mit diesem Beschluss von Hannover über die Einsetzung der Delors-Gruppe, wie sie schon bald überall genannt wurde, erhielten die währungspolitischen Integrationsbemühungen in Europa zweifellos einen neuen Anstoß. Jetzt ging es nicht mehr nur um die Verbesserung der bisherigen währungspolitischen Zusammenarbeit zwischen den Mitgliedstaaten oder um die weitere Gestaltung des EWS. Jetzt kam das Gesamtthema der stufenweisen Weiterentwicklung der Gemeinschaft zu einer Wirtschafts- und Währungsunion erneut auf den Prüfstand – ein Thema, das nach der französischen Blockade bei der Umsetzung des Werner-Plans im Jahre 1970/71 in den 70er und 80er Jahren weitgehend auf allgemeine Koordinierungspostulate für die nationalen Politiken, die Wechselkurskooperation und die gegenseitigen Finanzierungshilfen verkürzt worden war. Durch die zwischenzeitliche Erweiterung der Gemeinschaft von sechs auf zwölf Länder und die fortgeschrittene Internationalisierung der Finanzmärkte waren allerdings inzwischen auch neue Bedingungen und Herausforderungen entstanden. Insbesondere in Großbritannien, aber auch in Dänemark traf das Thema Wirtschafts- und Währungsunion noch immer auf erhebliche grundsätzliche politische Widerstände. Man befürchtete dort eine zu weit gehende Einengung der nationalen Souveränität, eine Sorge, die auch heute dort noch sehr verbreitet ist. Trotz dieser Vorbehalte haben aber auch diese Länder damals in Hannover dem Mandat für die Delors-Gruppe zugestimmt.

KAPITEL 12

# Die Delors-Gruppe und ihr Bericht

Schon bald nach der Entscheidung von Hannover nahm die Delors-Gruppe im Sommer 1988 ihre Arbeit auf. Da die EG-Notenbankpräsidenten sich ohnehin regelmäßig zu den Sitzungen ihres Ausschusses im Gebäude der Bank für Internationalen Zahlungsausgleich (BIZ) in Basel trafen, erklärten sich auch der Vorsitzende Delors und die anderen drei Mitglieder bereit, die Beratungen der Gruppe regelmäßig dort stattfinden zu lassen. Zudem einigte man sich, dass alle Mitglieder zunächst die Möglichkeit erhalten sollten, ihre eigenen Vorstellungen und Vorschläge schriftlich einzubringen. Um die Arbeit möglichst effizient zu gestalten, wurde zudem ein Sekretariat mit zwei hauptamtlichen Berichterstattern eingerichtet, und zwar mit dem schon zuvor in der BIZ in Basel tätigen Deutschen Gunther D. Baer sowie dem mit Delors in Brüssel zusammenarbeitenden Italiener Tommaso Padoa-Schioppa.

Die Beratungen selbst und auch die jeweiligen Berichtsentwürfe waren natürlich vertraulich; und die Diskussionen wurden selbstverständlich in persönlicher Verantwortung der Mitglieder geführt. Nichtmitglieder, zu denen ich ja auch gehörte, hatten deswegen mit Recht keinen näheren Einblick in die Arbeit des Ausschusses. Dennoch gab es sowohl in den einzelnen Ländern gelegentliche Kontakte der Mitglieder mit ihren Regierungen als auch zwischen den Regierungen selbst. Darüber hinaus arbeiteten die Mitarbeiter der Zentralbankpräsidenten teilweise sehr eng zusammen. Die entscheidenden Beratungen fanden jedoch bei den Zusammenkünften der Gruppe selbst statt. Dafür sorgten schon die zu Recht auf ihre Unabhängigkeit bedachten Mitglieder. Interessante Hinweise auf den Arbeitsstil, die Positionen der einzelnen Mitglieder sowie den Verlauf der Beratungen der Gruppe geben jedoch einige inzwischen erschienene Publikationen von unmittelbar oder mittelbar Beteiligten.[46] Sie machen deutlich, dass neben Delors vor allem Bundesbankpräsident Karl Otto Pöhl[47] sowie der Gouverneur der Banque de France Jacques de Larosière zentrale Rollen gespielt haben. Präsident Delors wusste, dass er ohne die Zustimmung dieser beiden Zentralbankpräsidenten kein Konzept mit ernsthaften Realisierungschancen werde präsentieren können. Von besonderer Bedeutung für die Schlussredaktion des Berichtes dürfte auch die von Delors durchgesetzte generelle Einstimmigkeitsregel gewesen sein. Von dieser Regel gab es praktisch nur eine Ausnahme: die Aussage zum angemessenen Zeitpunkt für die Errichtung eines Europäischen Reservefonds (ERF), den einige Mitglieder schon als Vorstufe für ein künftiges Europäisches Zentralbanksystem einführen wollten, während andere das nicht für angezeigt hielten. Unterschiedliche Beurteilungen und individuelle Vorschläge wurden ansonsten lediglich in den als Anlagen zum Hauptbericht vorgelegten schriftlichen Beiträgen einzelner Mitglieder veröffentlicht. Die Wirkung einer solchen Einstimmigkeitsregel ist natürlich grundsätzlich ambivalent. Einerseits sind einstimmig verabschiedete Ergebnisse für die politische Umsetzung von erheblich größerer Relevanz als die Darstellung unterschiedlicher Positionen. Andererseits kann der dabei entstehende Kompromissdruck leicht zu unklaren bzw. zu undeutlichen Aussagen sowie zu einer Ausklammerung von kontroversen Themen führen. Dennoch: Jacques Delors hat es als Vorsitzender der Gruppe offenbar verstanden, durch Konzessionen an die eine und die andere Seite ein großes Maß an gemeinsamen Aussagen zu erreichen und so eine wichtige Grundlage für weiterführende politische Entscheidungen zu schaffen. Denn gemeinsame Aussagen aller zwölf EG-Notenbankpräsidenten, auch wenn sie nur in persönlicher Verantwortung am Bericht mitgearbeitet haben, waren für die späteren Entscheidungen der politischen Verantwortungsträger von erheblicher Bedeutung. Beim Delors-Bericht und bei der dort vor allem behandelten Thematik des Weges zur Währungsunion in Europa gilt das wegen der fachlichen Kompetenz der Zentralbanken für diesen Bereich in besonderem Maße. Insofern lastete auf allen Beteiligten in der Gruppe von Anfang an auch eine besondere Verantwortung.

Der im Frühjahr 1989 zeitgerecht vorgelegte Abschlussbericht der Delors-Gruppe hat als Ausgangspunkt für die eigenen Vorschläge zunächst auf den sogenannten Werner-Bericht von 1970 zurückgegriffen und die seitherige Entwicklung der Wirtschafts- und Währungsintegration in der Gemeinschaft analysiert. Danach beschreibt er die aus der Sicht seiner Mitglieder erforderliche Endphase der angestrebten Wirtschafts- und Währungsunion, die »zwei Bestandteile eines Ganzen« seien und daher »parallel zueinander realisiert werden« müssten (Ziffer 21). Dafür müsse ein neuer Vertrag geschaffen werden, in dem die notwendige Übertragung von Entscheidungsbefugnissen von den Mitgliedstaaten auf die Gemeinschaftsebene sowie deren stufenweise Realisierung festzulegen seien. Eine tatsächliche Wirtschafts- und Währungsunion markiere zwar grundsätzlich das Endergebnis der wirtschaftlichen Integration in Europa; aber auch nach ihrer Verwirklichung werde »die Gemeinschaft weiter aus einzelnen Nationen mit unterschiedlichen wirtschaftlichen, sozialen, kulturellen und politischen Merkmalen bestehen. Wegen dieser Pluralität – und um sie zu erhalten – müsste den einzelnen Mitgliedsländern ein gewisser Grad an Autonomie in ihren wirtschaftlichen Entscheidungen belassen sowie zwischen nationalen und gemeinschaftlichen Kompetenzen ein Ausgleich gefunden werden« (Ziffer 17). Mit dieser Grundorientierung griff die Delors-Gruppe den schon von der Werner-Gruppe 1970 herausgearbeiteten Zusammenhang zwischen der Wirtschafts- und Währungsunion sowie der weiteren politischen Integration auf. Sie differenzierte ihn jedoch deutlicher als die Werner-Gruppe im Jahre 1970 von dem Modell eines gemeinsamen Bundesstaates, ohne allerdings den von ihr selbst angedeuteten »völlig neuen, gemeinschaftsspezifischen Ansatz« näher zu erläutern. Der Bericht betont aber nachdrücklich, »dass der Weg zur Errichtung einer Währungsunion nur vorstellbar ist, wenn ein hoher Grad an wirtschaftlicher Konvergenz erreicht wird« (Ziffer 21).

Besonders deutlich fielen im Delors-Bericht die Aussagen zur Aufgabenverteilung sowie zur institutionellen Regelung für die Währungsunion selbst aus, was bei der von den Zentralbankpräsidenten dominierten Zusammensetzung der Gruppe nicht überraschend war. Die Zuständigkeit für die einheitliche Geldpolitik müsse auf ein neu zu schaffendes supranationales »Europäisches Zentralbanksystem« übertragen werden, das vorrangig »dem Ziel der Preisstabilität« verpflichtet und »von Weisungen der nationalen Regierungen und Gemeinschaftsorgane unabhängig sein« müsse (Ziffer 32). Darüber hinaus wurden die »vollständige Liberalisierung des Kapitalverkehrs« sowie die »volle Integration der Banken- und sonstigen Finanzmärkte« (Ziffer 22) als Voraussetzung sowie »die Einführung einer einheitlichen Währung« als Ziel und Beweis für die »Unumkehrbarkeit des Übergangs zur Währungsunion« besonders betont (Ziffer 23).

Im Vergleich hierzu sind die Aussagen des Berichtes zur Wirtschaftsunion allerdings weniger eindeutig. Zwar wurden der weitere Ausbau des Binnenmarktes einschließlich »Lohnflexibilität und Arbeitskräftemobilität« (Ziffer 24) sowie neben der Wettbewerbspolitik auch »gemeinsame Politiken zur Verbesserung der Allokation der Ressourcen« und eine »makroökonomische Koordinierung einschließlich verbindlicher Regeln für die Budgetpolitik« (Ziffer 27) mit »wirksamen Obergrenzen für die Haushaltsdefizite der einzelnen Mitgliedsländer« sowie der Ausschluss des »Zugangs zu Zentralbankkrediten und anderer Formen monetärer Finanzierung« (Ziffer 30) vorgeschlagen. Auf eine weitergehende Konkretisierung der künftigen Kompetenzverteilung zwischen der nationalen und supranationalen Ebene wurde jedoch verzichtet. Eine »neue Institution« für die nichtmonetären Politikbereiche wird sogar ausdrücklich als »nicht unbedingt erforderlich« bezeichnet, wohl aber könne »eine Revision und möglicherweise eine gewisse Umstrukturierung der bestehenden Gemeinschaftsinstitutionen« notwendig werden (Ziffer 31).

Dieses von der Delors-Gruppe erarbeitete Konzept für die Wirtschafts- und Währungsunion mit einer eindeutigen Übertragung der Geldpolitik auf die supranationale Ebene und weitgehend in der nationalen Kompetenz verbleibenden, aber einigen gemeinsamen Regeln zu unterwerfenden Wirtschafts- und Finanzpolitiken wurde zwar in Deutschland von einigen Kritikern als »hinkende Konstruktion« kritisiert,[48] die Kritik blieb aber zumindest zunächst vereinzelt. Überwiegend wurde anerkannt, dass sich im Abschlussbericht der Delors-Gruppe wesentliche Teile der von deutscher Seite schon seit langem vertretenen Konzeption durchgesetzt hatten. Das galt insbesondere für die institutionelle Konstruktion des Zentralbanksystems selbst. Delors und die übrigen Mitglieder hatten sich offenbar überzeugen lassen, dass ein von politischer Beeinflussung unabhängiges und mit einem eindeutigen Stabilitätsmandat ausgestattetes Europäisches Zentralbanksystem in der Währungsunion unerlässlich ist. Wichtig war dabei, dass sich neben Karl Otto Pöhl vor allem auch Jacques de Larosière mit Nachdruck für eine solche Lösung eingesetzt hatte, was ihm in Paris bei den Politikern und auch im Finanzministerium – zumindest anfänglich – auch Kritik eingebracht hat, wie ich später von ihm persönlich erfahren habe. Aufgrund seiner langjährigen Erfahrungen in Frankreich und auch weltweit als Managing Director des Internationalen Währungsfonds war er offenbar zunehmend zu der Überzeugung gekommen, dass ein klares stabilitätspolitisches Mandat und eine vertraglich gesicherte politische Unabhängigkeit der Zentralbank für die Beurteilung der Märkte von großer Bedeutung waren und sind. Deswegen trat er später auch mit Nachdruck und Erfolg dafür ein, dass die Banque de France schon in der Übergangszeit bis zur Währungsunion möglichst früh einen solchen Status erhalten sollte.

Während es über die anzustrebende Endstufe der Wirtschafts- und Währungsunion in der Delors-Gruppe schon relativ bald eine weitgehende Übereinstimmung gegeben hatte, war das bei der Gestaltung der Zwischenstufen und auch bei der Einschätzung der dafür erforderlichen Zeithorizonte keineswegs der Fall. Strittig war und blieb bis zum Schluss in der Gruppe selbst, ob ein »Europäischer Reservefonds« (ERF) als eine Vorstufe zum Europäischen Zentralbanksystem errichtet werden sollte. Diese, besonders von Jacques de Larosière vertretene Position, der dazu auch eine als Anhang zum Abschlussbericht der Gruppe veröffentlichte Ausarbeitung vorlegte und damit eine schon seit Anfang der 70er Jahre von französischer Seite erhobene Forderung aufgriff, fand zwar die Unterstützung eines Teils der Mitglieder; andere lehnten jedoch die damit verbundene partielle Übertragung geldpolitischer Kompetenzen nachdrücklich ab. Wie Erik Hoffmeyer berichtet, war es vor allem Karl Otto Pöhl, der die »Unteilbarkeit der Geldpolitik« verteidigte und hieran auch bis zum Ende der Beratungen festhielt.[49] Im Abschlussbericht wurde dieses unterschiedliche Votum als die Meinung »einiger« und »anderer« Mitglieder festgehalten (Ziffern 53 und 54). Allerdings einigte man sich für den Bericht darauf, dass das Europäische Zentralbanksystem schon in der zweiten Stufe, also vor dem Eintritt in die Endstufe, eingerichtet werden solle. In dieser Phase könne es jedoch im Wesentlichen nur die Aufgaben der schon bisher existierenden Institutionen (des Europäischen Fonds für währungspolitische Zusammenarbeit und der verschiedenen, den Zentralbanken zugeordneten Ausschüsse) übernehmen und so den »Übergang von der Koordinierung unabhängiger nationaler Geldpolitiken« in die »Erarbeitung und Umsetzung der für die Endphase vorgesehenen gemeinsamen Geldpolitik in Gang setzen«. Auf einen Vorschlag für ein »detailliertes Modell für den Übergang« konnte sich die Delors-Gruppe allerdings nicht einigen (Ziffer 57). Genau diese Unklarheit hat die späteren Verhandlungen über den Maastricht-Vertrag noch erheblich belastet. Schlussendlich kam es dort zu einer Einigung über ein auf die zweite Stufe begrenztes Europäisches Währungsinstitut als Vorläuferinstitut des Europäischen Zentralbanksystems (vgl. Kapitel 15).

Weitgehende Einigkeit konnte dagegen schon in der Delors-Gruppe über die Rolle der ECU als Vorläuferin für die spätere gemeinsame Währung erzielt werden. Man wurde sich relativ rasch darüber einig, die im EWS geltenden ECU-Regeln in der Übergangszeit möglichst nicht zu ändern. Mit dem Eintritt in die Endstufe und der unwiderruflichen Festlegung der Paritäten habe die ECU als Währungskorb der europäischen Währungen jedoch »das Potenzial«, zu einer gemeinsamen Währung entwickelt zu werden (Ziffer 46). Ihre Nutzung für eine Parallelwährungsstrategie, wie sie später offiziell auch von britischer Seite vorgeschlagen wurde, hielt die Gruppe jedoch ausdrücklich »für nicht empfehlenswert«, da sich eine solche Parallelwährung als eine zusätzliche Quelle der Geldschöpfung erweisen und die ohnehin schon schwierige Aufgabe der Koordinierung der nationalen Geldpolitiken im Vorfeld der angestrebten Währungsunion komplizieren könne (Ziffer 47). Etwaige noch bestehende administrative Hemmnisse für die »private Verwendung« der ECU als Währungskorb sollten jedoch beseitigt werden (Ziffer 49).

Unterschiedlich waren und blieben in der Delors-Gruppe auch die Vorstellungen für den Zeithorizont bis zum Eintritt in die Endstufe der Wirtschafts- und Währungsunion. Der Abschlussbericht erwähnte diese Unterschiede allerdings nicht konkret. Er sprach nur davon, dass die erste Stufe spätestens am 1. Juli 1990 beginnen solle, hielt aber eine Festsetzung eindeutiger Termine für den Übergang in die Stufen zwei und drei ausdrücklich nicht für »ratsam« (Ziffer 43). Vor allem Karl Otto Pöhl hatte sich dagegen ausgesprochen. Er hat auch nach der Veröffentlichung des Berichtes mehrfach betont, dass es nach seiner Einschätzung bis zur vollen Realisierung der Wirtschafts- und Währungsunion noch ein langer Weg sei.

Einig war sich die Delors-Gruppe dagegen darüber, dass eine Teilnahme der einzelnen Mitgliedstaaten an der Endstufe nicht im Vorhinein festgelegt werden könne. Wohl sollte der schon in der Entschließung von 1971 erstmals von den damaligen sechs Mitgliedstaaten formulierte Konsens über die Endziele der Gemeinschaft und die Beteiligung an ein und demselben System von Institutionen generell »beibehalten werden«, doch sollte eine gewisse Flexibilität hinsichtlich des Zeitpunktes und der Bedingungen der Teilnahme der einzelnen Mitgliedstaaten gelten (Ziffer 44). Vor allem diese Formulierung war es wohl, die auch dem damaligen britischen Notenbankgouverneur Robin Leigh-Pemberton letztlich die Zustimmung zum Gesamtbericht ermöglichte, obgleich britische Regierungsmitglieder ihm angeblich davon abgeraten hatten und seine Zustimmung später auch deutlich kritisiert haben.[50]

Fasst man die Einzelergebnisse des Berichtes der Delors-Gruppe zusammen, so ergibt sich folgendes Gesamtbild[51]: Für den monetären Bereich hat sich in den von allen Mitgliedern getragenen Schlussfolgerungen weitgehend das schon seit der Werner-Gruppe von deutscher und niederländischer Seite vertretene Konzept der »Unteilbarkeit der geldpolitischen Verantwortung« durchgesetzt. Nach diesem Konzept konnte der vorzunehmende Transfer der monetären Souveränität auf ein politisch unabhängiges und eindeutig der Stabilität verpflichtetes Europäisches Zentralbanksystem nur im Zusammenhang mit dem endgültigen Eintritt in die Währungsunion vorgenommen werden. Andere Positionen wurden zwar im Bericht erwähnt, fanden aber offensichtlich keine Unterstützung durch die Gesamtgruppe. Für die sogenannte makroökonomische Wirtschafts- und Finanzpolitik sollte es jedoch – anders als im Werner-Bericht – nach übereinstimmender Meinung aller Mitglieder auch in der Endstufe letztlich bei der Kompetenz der nationalen Instanzen bleiben. Allerdings sollten die Koordinierungsbemühungen möglichst bald und nachhaltig verstärkt werden. Für die öffentlichen Haushalte sollten dabei bindende Regeln mit wirksamen Obergrenzen für die Haushaltsdefizite der Mitgliedstaaten sowie einem Verbot der Finanzierung durch Notenbankkredite und einer Begrenzung von Kreditaufnahmen in außergemeinschaftlichen Währungen festgelegt werden. Der von der Werner-Gruppe 1970 betonte Zusammenhang mit einer politischen Union wurde zwar nicht eindeutig aufgegeben, jedoch deutlich abgeschwächt. Insofern kann man das Ergebnis der Delors-Gruppe als einen gewissen Kompromiss zwischen den bisherigen deutschen und französischen Auffassungen bewerten.[52]

Gänzlich offen blieb im Delors-Bericht allerdings die Frage der Kompetenzverteilung für die Außenvertretung der Währungsunion in internationalen Organisationen wie Währungsfonds und in den Kooperationsgruppen der Industrieländer wie G7/G8 sowie der sogenannten Zehnerbzw. der heutigen Zwanzigergruppe. Vieles spricht dafür, dass diese Thematik angesichts der unterschiedlichen Kompetenzverteilung in den Mitgliedstaaten zwischen Regierung und Zentralbank und der damit verbundenen Problematik eines weiteren Eingriffs in die nationale Souveränität zunächst bewusst ausgeklammert und ihre Lösung den Regierungen für die späteren Vertragsverhandlungen überlassen werden sollte. Aber auch der Maastricht-Vertrag hat, wie noch zu zeigen sein wird, dieses Thema nicht eindeutig geklärt.

## KAPITEL 13

# Europäische Weichenstellungen im Wendejahr 1989/90

Der Bericht der Delors-Gruppe fand nach seiner Publikation am 17. April 1989 rasch eine große öffentliche Aufmerksamkeit. In fast allen Mitgliedsländern und auch auf der europäischen Ebene gab es viel Zustimmung, wenngleich die Reaktionen im Einzelnen bisweilen recht unterschiedlich waren. In Frankreich überwog zwar eindeutig die Zustimmung. Dennoch gab es dort auch Sorgen, dass der Bericht mit der starken Betonung der Preisstabilität, der Unabhängigkeit des Zentralbanksystems und der unterschiedlichen Bewertung des Europäischen Reservefonds als Übergangsinstitution zu sehr die deutsche Position reflektiere. In Deutschland wurden umgekehrt neben viel Zustimmung auch Besorgnisse laut, ob die für notwendig gehaltene Parallelität zwischen monetärer und wirtschaftlicher Gemeinsamkeit auf diese Weise wirklich ausreichend gesichert werden könne. Das insbesondere bei Ökonomen in Deutschland noch immer vorherrschende Denken, das auf der sogenannten Krönungstheorie (»Währungsunion als Schlussstein«) basierte, hatte sich kurz zuvor erneut in einem Gutachten des Wissenschaftlichen Beirates beim Bundesministerium für Wirtschaft vom 21. Januar 1989 gezeigt. Innerhalb der Bundesregierung und in der Bundesbank überwog jedoch die positive Beurteilung des Gesamtergebnisses. Wohl wurde insbesondere im Bundesfinanz- und Bundeswirtschaftsministerium der Verzicht auf deutlichere Aussagen zur institutionellen Gestaltung der Wirtschaftsunion und zum Zusammenhang mit der Entwicklung einer politischen Union teilweise bedauert. Die eindeutigen gemeinsamen Aussagen zur Währungsunion, insbesondere zu ihrer Stabilitätsorientierung und institutionellen Ausgestaltung sowie zur notwendigen Ergänzung durch bindende Regelungen für die nationalen Budgetpolitiken, wurden aber als wichtiger Durchbruch gewertet.

Weitgehend negativ war die öffentliche Reaktion allerdings im Vereinigten Königreich. Das galt insbesondere für die Regierung selbst. Schatzkanzler Lawson hatte das Konzept der Delors-Gruppe schon vor seiner Publikation als »wholly unacceptable« bezeichnet.[53] Er lehnte insbesondere den vorgeschlagenen Transfer an nationaler Souveränität im Währungsbereich ab. Der von ihm dagegen schon seit längerem favorisierte Beitritt des britischen Pfundes zum EWS wurde aber von Frau Thatcher damals noch immer abgelehnt. Im Rückblick auf ihre Regierungszeit schreibt Frau Thatcher, dass sie damals gehofft habe, der Delors-Bericht werde zumindest auch die Aussage enthalten, dass nach Auffassungen einiger Mitglieder die Wirtschafts- und Währungsunion keineswegs für die Vervollständigung des einheitlichen Marktes notwendig sei.[54] Bei einem bilateralen Treffen mit dem niederländischen Ministerpräsidenten Lubbers in Chequers soll sie den Delors-Bericht gar als »sozialistisches Komplott« bezeichnet haben.[55]

Schon bei der ersten politischen Diskussion auf EG-Ebene wurde aber deutlich, dass die britische Seite mit ihrer grundsätzlichen Ablehnung des Konzeptes isoliert war. Die Wirtschafts- und Finanzminister der EG konnten sich wegen des britischen Einspruches zwar auf ihrem informellen Treffen im spanischen S'Agaró am 20. Mai 1989, an dem von deutscher Seite erstmals auch der damals neue Finanzminister Theo Waigel (Nachfolger von Gerhard Stoltenberg) teilnahm, nicht auf eine vorbehaltlose Zustimmung einigen. Sie bezeichneten den Bericht jedoch übereinstimmend als wertvolle und umfassende Grundlage für die weiteren Arbeiten. Außerdem erzielten sie Einvernehmen darüber, dass – dem Vorschlag des Berichts folgend – die erste, auch für die britische Seite akzeptable Stufe der

Wirtschafts- und Währungsunion formell am 1. Juli 1990 beginnen solle. Die operationellen Elemente der zweiten und dritten Stufe sollten allerdings vor der Entscheidung über die Einberufung einer Regierungskonferenz für die notwendigen Vertragsverhandlungen zunächst noch von den zuständigen Fachgremien der Regierungen und der Notenbanken geprüft werden. Dieser, vor allem vom britischen Schatzkanzler Lawson durchgesetzte Verfahrensvorschlag, war für Präsident Delors offensichtlich eine schwere Enttäuschung. Er hatte erwartet, dass die Wirtschafts- und Finanzminister den Staats- und Regierungschefs für deren Treffen im Juni 1989 in Madrid die baldige Einberufung der Regierungskonferenz vorschlagen würden, um möglichst rasch – über den Eintritt in die erste Stufe hinaus – auch die Rechtsgrundlagen für die weiteren Stufen zu schaffen.

Im Vorfeld des Madrid-Gipfels kam es nach dem Treffen der Minister in S'Agaró noch zu einer Reihe von weiteren Gesprächen und Absprachen. Dabei wurde immer deutlicher: Die überwiegende Mehrheit der Regierungen wollte möglichst große Klarheit und Verbindlichkeit für den gesamten Stufenprozess bis hin zur Wirtschafts- und Währungsunion. Deutschland und Frankreich sahen sich jetzt besonders gefordert. Die Bundesregierung drängte zwar zunächst darauf, die Arbeit in den Fachgremien noch weiter voranzutreiben und auch die Perspektiven für eine weitergehende politische Union deutlicher zu klären. Die französische Seite bezeichnete jedoch die Wirtschafts- und Währungsunion als Vorbedingung für eine politische Weiterentwicklung der Gemeinschaft. Man zielte auf eine möglichst baldige Regierungskonferenz zur Verhandlung der für die Wirtschafts- und Währungsunion erforderlichen Vertragsänderungen, hielt eine Weiterentwicklung der allgemeinen politischen Integration jedoch für weniger dringend. Bundeskanzler Kohl und Staatspräsident Mitterrand verständigten sich erst wenige Tage vor Madrid über das weitere Vorgehen. Beide wollten den anderen Staaten vorschlagen, die vorbereitenden Arbeiten der Fachgremien unverzüglich in Gang zu setzen, am 1. Juli 1990 formell die erste Stufe zu beginnen und möglichst bald danach die Regierungskonferenz für die Vertragsverhandlungen einzuberufen. Anders als nach dem Werner-Bericht zu Anfang der 70er Jahre war Frankreich jetzt offenkundig zu den für den Währungsbereich selbst notwendigen institutionellen Änderungen und Kompetenzübertragungen einschließlich der späteren Errichtung eines Europäischen Zentralbanksystems bereit.

Die meisten anderen Länder signalisierten im unmittelbaren Vorfeld von Madrid Zustimmung zu einem solchen Vorgehen. Großbritannien geriet so immer mehr in die Isolierung. Der niederländische Ministerpräsident Lubbers machte zwar nach einem bilateralen Treffen in Chequers zusammen mit den anderen Benelux-Ländern noch einmal den Versuch, einen Kompromissweg zu finden. Als Frankreich und Deutschland mit Unterstützung Italiens jedoch an ihrer Linie festhielten, stimmte der Europäische Rat am 26./27. Juni 1989 in Madrid den von der spanischen Präsidentschaft vorgelegten Schlussfolgerungen für das weitere Vorgehen zu. Mit der Herstellung des freien Kapitalverkehrs solle am 1. Juli 1990 die erste Stufe der Wirtschafts- und Währungsunion beginnen. Der Übergang in die zweite und dritte Stufe mache jedoch eine vorherige Änderung der Verträge notwendig. Die hierfür erforderliche Regierungskonferenz solle zusammentreten, sobald die erste Stufe begonnen habe. Ihr werde jedoch eine umfassende und angemessene Vorbereitung vorangehen. Damit war der politische Wille klar. Der Prozess sollte nicht mit der ersten Stufe enden oder danach offen bleiben. Nach den notwendigen Vorarbeiten sollten die Vertragsgrundlagen für die Zwischenstufe und die Endstufe möglichst bald geschaffen und die Vertragsverhandlungen im Jahre 1990 in Gang gesetzt werden.

Zur Überraschung der anderen Gipfelteilnehmer und auch der politischen Kreise in London stimmte Frau Thatcher in Madrid am Schluss diesen Schlussfolgerungen zu. Ihre spätere Behauptung: »We have conceded absolutely nothing«, blieb selbst den meisten anderen Regierungsmitgliedern in London bei der Lektüre der Schlussfolgerungen unverständlich, wie ich mehrfach in persönlichen Gesprächen erfahren habe. Ja, es gibt bis heute nicht wenige Beobachter, die dieses Verhalten in Madrid als Anfang ihres politischen Endes bewerten. In der Substanz blieb die britische Seite, solange sie von Frau Thatcher geführt wurde, bei ihrem Widerstand gegen jegliche, die Währungsunion betreffende Vertragsänderungen. Die britische Treasury legte stattdessen im Herbst einen Vorschlag für die Weiterentwicklung des EWS vor. Dieser noch von Schatzkanzler Lawson (der am 26. Oktober 1989 wegen unüberbrückbarer Differenzen mit Frau Thatcher zurücktrat) beeinflusste Plan hatte allerdings ebenso wenig Chancen wie der später von seinem Nachfolger John Major präsentierte Vorschlag für die Schaffung einer neuen »Hard-ECU« als gemeinsame Parallelwährung zu den nationalen Währungen in Europa. Ein solches Parallelwährungskonzept war bereits im Bericht der Delors-Gruppe als nicht empfehlenswert bezeichnet worden. Insgesamt hat die britische Seite infolge ihrer grundsätzlich ablehnenden und in wichtigen Details unklaren Haltung den nach Madrid einsetzenden Prozess der konkreten Vorbereitung und Ausgestaltung der zweiten und dritten Stufe wenig beeinflussen können. Wohl saßen die britischen Kollegen in den folgenden zwei Jahren stets mit am Verhandlungstisch. Ihr tatsächlicher Einfluss auf die Entscheidungen selbst blieb aber wegen der oppositionellen bzw. zwiespältigen Haltung der Regierung in London relativ gering. Auch die spätere Einbringung des britischen Pfundes in das EWS änderte daran nichts mehr.

Die im Frühherbst 1989 beginnenden konkreten Vorarbeiten[56] für die spätere Regierungskonferenz zur Verhandlung über den neuen Vertrag wurden durch zwei Vorgänge wesentlich bestimmt. Mit Frankreich übernahm in der zweiten Jahreshälfte ein Land die Präsidentschaft im Rat, dessen Staatspräsident und Regierung die Entwicklung der bisherigen monetären Kooperation möglichst bald zur vollen Realisierung der Wirtschafts- und Währungsunion voranbringen wollten. Man hatte aus den beiden letzten Jahrzehnten gelernt, dass dies ohne einen neuen Vertrag mit entsprechenden institutionellen Neuerungen nicht zu erreichen war. Darüber hinaus – und das war wohl noch wichtiger – kam es im zweiten Halbjahr 1989 überraschend in Deutschland und Europa, ja weltweit zu weitreichenden politischen Veränderungen, die zumindest in dieser Schnelligkeit und Nachhaltigkeit niemand vorausgesehen hatte: die plötzliche Öffnung der Grenzen in Mittel- und Osteuropa, der Fall der Berliner Mauer und die politische Entwicklung in Richtung einer deutschen Wiedervereinigung. Diese historischen Vorgänge veränderten das politische Umfeld auch auf der europäischen Ebene dramatisch.

Die Beratungen zur Vorbereitung der späteren Vertragsverhandlungen begannen zunächst im Kreis der EG-Finanzminister und Notenbankgouverneure sowie in den zuständigen Fachausschüssen. Schon im Vorfeld dieser EG-Konferenzen traf sich der Deutsch-Französische Finanz- und Wirtschaftsrat am 24./25. August auf Einladung von Minister Waigel in Rottach-Egern am Tegernsee. Für die weiteren Beratungen auf Gemeinschaftsebene hatte dieses persönliche Zusammentreffen des noch relativ neuen deutschen Finanzministers Waigel und seines inzwischen schon etwas länger im Amt befindlichen französischen Kollegen Bérégovoy einen nicht zu unterschätzenden Einfluss. Beide Minister waren – wie sie später auch bestätigt haben – bis dahin noch unsicher, ob die Zeit für eine vertragliche Fixierung des Weges zur Wirtschafts- und Währungsunion schon reif sei und ob die beiden Länder sich in ihren Zielvorstellungen tatsächlich bereits hinreichend angenähert hatten. Waigel war zwar schon seit langem ein nachdrücklicher Befürworter einer soliden Weiterentwicklung der Integration in Europa. Die noch immer erkennbaren wirtschaftspolitischen Divergenzen innerhalb der Gemeinschaft und auch so manche Äußerungen aus Frankreich zur Zielsetzung der Wirtschafts- und Währungsunion hatten ihn jedoch vorsichtig gemacht. Andererseits stand Bérégovoy – trotz seiner positiven Grundeinstellung zur europäischen Integration – dem deutschen Stabilitätskonzept und insbesondere einer politisch unabhängigen Zentralbank noch immer reserviert gegenüber. Die vielfältigen und eingehenden Gespräche in bayrischer Umgebung – unter anderem bei einer gemeinsamen Bootstour auf dem Tegernsee – trugen jedoch offensichtlich dazu bei, das wechselseitige Verständnis der Zielvorstellungen zu verbessern und eine Atmosphäre des Vertrauens auch zwischen den beiden Ministern persönlich zu schaffen. Für die schwierigen Verhandlungen in der Folgezeit erwiesen sich die sehr intensiven und vertraulichen Gespräche an und auf dem Tegernsee jedenfalls als sehr förderlich.

Das zeigte sich schon beim nächsten informellen Halbjahrestreffen der EG-Wirtschafts- und -Finanzminister mit den Notenbankgouverneuren, das zwei Wochen später in Antibes, Südfrankreich, stattfand. Die französische Seite lehnte dort – ebenso wie die deutsche – das vom britischen Schatzkanzler Lawson mündlich vorgetragene Konzept für eine Parallelwährung als Alternative zur Entwicklung einer gemeinsamen Währung in der Wirtschafts- und Währungsunion ab. Zwar kokettierte Bérégovoy später gelegentlich noch mit diesem englischen Plan als einem Zwischenschritt, er entsprach aber eindeutig nicht den weitergehenden Vorstellungen des Delors-Konzeptes. Die Einführung einer Parallelwährung hätte nach dem Urteil der Delors-Gruppe infolge der damit verbundenen zusätzlichen Geldschöpfung die Preisstabilität gefährden und die ohnehin schon schwierigen Koordinierungsbemühungen der nationalen Geldpolitiken noch weiter erschwert. Die französische und die deutsche Seite plädierten in Antibes dagegen übereinstimmend für eine sorgfältige fachliche Vorbereitung der auf dem Madrid-Gipfel grundsätzlich beschlossenen Vertragsverhandlungen; und sie fanden dafür auch die Unterstützung der anderen Finanzminister und Notenbankgouverneure. Beide Seiten drängten zugleich nachdrücklich darauf, dass die weitere Vorbereitung und auch die Verhandlungen über den Vertrag selbst entscheidend von den Finanzministern, und zwar in enger Kooperation mit den Notenbanken, geführt werden sollten. Diese gemeinsame französisch-deutsche Position der Finanzminister war umso wichtiger, als die auf Initiative des französischen Außenministers Dumas nach Absprache mit Minister Genscher auf EU-Ebene inzwischen eingerichtete Vorbereitungsgruppe unter Vorsitz von Frau Guigou, die damals noch im Stab des französischen Staatspräsidenten tätig war, offenbar darauf abzielte, die primäre Verantwortung für die Verhandlungen bei den Außenministern anzusiedeln. Zwar sollten in dieser Gruppe, deren Auftrag es vor allem war, die im Vertrag zu regelnden zentralen Themen zu identifizieren, auch die Vertreter der Finanzministerien mitarbeiten. Die Außenministerien sahen sich aber hierfür als die primär verantwortlichen Ressorts. Durch die Entsendung gleichrangiger und fachlich kompetenter Vertreter konnten die Finanzministerien jedoch weitgehend auf die Arbeit dieser Guigou-Gruppe Einfluss nehmen. Innerhalb von wenigen Wochen wurde dort eine umfassende Themen- und Fragenliste für die späteren Verhandlungen zusammengestellt. Der Abschlussbericht lag bereits am 30. Oktober 1989 vor, rechtzeitig vor dem für Anfang Dezember geplanten EU-Gipfel in Straßburg. Präsident Mitterrand wollte dort als Gastgeber und Vorsitzender den Weg für eine möglichst baldige formelle Einberufung der Regierungskonferenz für die Vertragsverhandlungen frei machen.

Seit dem Sommer 1989 begann sich für die deutsche Politik jedoch das innerdeutsche Umfeld zunehmend und weitgehend zu verändern. Nachdem Ende Juni zwischen Ungarn und Österreich der bis dahin trennende Stacheldraht demonstrativ geöffnet worden war, suchten während der Sommermonate immer mehr DDR-Bürger Zuflucht in der Botschaft der Bundesrepublik in Budapest, um eine Ausreisemöglichkeit nach Westdeutschland zu erreichen. Im September wiederholte sich Ähnliches in den deutschen Botschaften in Prag und Warschau. Aber auch in der DDR selbst regte sich zunehmender Widerstand. Im Oktober kam es – insbesondere nach den Feiern zum 40. Jahrestag der Gründung des sozialistischen Staates – zu immer größeren Demonstrationen der Bevölkerung gegen das dortige Regime und auch gegen die Begrenzung der Freizügigkeit durch die weitgehend geschlossene und verminte innerdeutsche Grenze. Der daraufhin betriebene Wechsel in der politischen Führung der DDR von Honecker zu Krenz konnte das dortige System aber nicht mehr retten. Mit der historischen Öffnung der Mauer am 9. November 1989 in Berlin veränderte sich die innerdeutsche Lage grundlegend und nicht mehr revidierbar. Die bisher abgeriegelte Grenze wurde in kürzester Frist überall durchlässig. Zugleich beschleunigte sich die Erosion des politischen Regimes in der DDR. Und im weiteren Verlauf wurde damit auch der Beginn der friedlichen Wiedervereinigung der seit Kriegsende getrennten beiden Teile Deutschlands eingeläutet.

Diese innerdeutsche und auch das Ost-West-Verhältnis anderer Länder betreffende Entwicklung veränderte natürlich auch das Umfeld und die Perspektiven für die Beratungen über die weitere Integration in Europa. Nicht nur in der Presse, sondern auch in politischen Kreisen einiger westeuropäischer Länder wurden schon bald neben der Zustimmung zur Beseitigung der bisherigen Zwangsregime auch Vorbehalte gegen eine mögliche deutsche Wiedervereinigung deutlich. Man fürchtete offenbar, dass ein zu großes Deutschland in Zukunft das in der Nachkriegszeit entstandene Gleichgewicht in Westeuropa stören und die ohnehin durch die Stärke der D-Mark oft als dominant empfundene Position Deutschlands in der EG verstärken könnte. Und als Bundeskanzler Kohl am 28. November 1989 sein zuvor weder mit Frankreich noch mit anderen Partnern abgestimmtes »10-Punkte-Programm zur Deutschen Einheit« im Deutschen Bundestag vortrug, wurden seitens mehrerer Regierungen in Europa deutliche Reserven laut. Vor allem in Paris empfand man es offenbar als nicht angemessen, nicht vorher über einen so wichtigen Vorgang informiert worden zu sein. Inhaltlich kritisiert wurde an dieser Erklärung insbesondere auch das Fehlen einer ausdrücklichen Anerkennung der Oder-Neiße-Grenze. Kritik kam jedoch ebenso aus einigen anderen Hauptstädten wie Rom und Den Haag, am deutlichsten aus London. Vor allem Frau Thatcher machte auch in der Öffentlichkeit keinen Hehl aus ihrer deutlichen Kritik an dem 10-Punkte-Programm Kohls. Die schlussendlich von Kohl anvisierte Wiedervereinigung lehnte sie offenkundig ab.

Die politische Stimmungslage für die weiteren Beratungen über die Wirtschafts- und Währungsunion war jedenfalls im Vorfeld des für den 8. und 9. Dezember vorgesehenen Straßburger Gipfels nicht besonders günstig. In dieser Situation ergriff der Bundeskanzler die Initiative und übermittelte dem französischen Staatspräsidenten mit einem persönlichen Schreiben einen Arbeitskalender für das weitere Vorgehen auf Gemeinschaftsebene in Sachen Wirtschafts- und Währungsunion. Für den Europäischen Rat in Straßburg schlug er eine erste Aussprache über die weiteren institutionellen Reformen auf Gemeinschaftsebene vor. Die vom französischen Vorsitz vorgesehene Regierungskonferenz für die Vertragsgrundlagen der Wirtschafts- und Währungsunion (Regierungskonferenz I. Teil) könne dann »auf der Grundlage der Berichte der fachlich zuständigen Gremien und unter Berücksichtigung der zwischenzeitlichen Erfahrungen« im Dezember 1990 in Rom beschlossen und durch eine zusätzliche Regierungskonferenz

»für die weiteren institutionellen Reformvorhaben« (Regierungskonferenz II. Teil) ergänzt werden. Dieser Vorschlag sollte deutlich machen, dass die Bundesregierung gerade auch im Kontext mit der jetzt aktuell gewordenen Frage der deutschen Wiedervereinigung an ihren Zielen für die Weiterentwicklung der europäischen Integration festhalten wollte, die sie allerdings nicht als auf die Wirtschafts- und Währungsunion begrenzt ansah. Was das Verhältnis der deutschen Wiedervereinigung und der Weiterentwicklung der europäischen Integration angeht, so hat Bundeskanzler Kohl diesen Zusammenhang später oft mit dem Bild von den zusammengehörenden »zwei Seiten einer Medaille« verdeutlicht. Die deutsche Wiedervereinigung müsse verbunden werden mit einer weitergehenden Integration Europas.

Diese deutsche Initiative wurde auf dem Straßburger Gipfel selbst aber nur wenig positiv gewürdigt. Im Vordergrund standen zunächst bei manchen Staats- und Regierungschefs offenbar die politischen Sorgen im Zusammenhang mit einer deutschen Wiedervereinigung. Helmut Kohl sprach später davon, dass er »niemals einen EG-Gipfel in so eisiger Atmosphäre miterlebt habe« und sich einer »fast tribunalartigen Befragung« ausgesetzt gesehen habe.[57] Seine Vorschläge für die weiteren Arbeiten zur Wirtschafts- und Währungsunion wurden zwar am Schluss von Präsident Mitterrand aufgegriffen, aber zunächst nur zum Teil. Zwar stellte dieser am Schluss der Sitzung fest, dass »die erforderliche Mehrheit« (Frau Thatcher hatte nicht zugestimmt) für die Einberufung der Regierungskonferenz für die Vertragsverhandlung zur Wirtschafts- und Währungsunion vor Ende 1990 gegeben sei, die Entscheidung über die vom Bundeskanzler gleichfalls vorgeschlagene Regierungskonferenz für die weiteren institutionellen Reformvorhaben wurde jedoch zunächst vertagt. Präsident Mitterrand wollte offensichtlich die Vertragsverhandlungen zur Wirtschafts- und Währungsunion nicht mit Kontroversen über die politische Union belasten. Er sprach deshalb nur von einer »Perspektive der Konföderation, die noch gefunden werden muss«.[58]

Erst nach mehreren bilateralen Gesprächen zwischen Kohl und Mitterrand kam es für den Gipfel am 25./26. Juni 1990 zu einem gemeinsamen französisch-deutschen Vorschlag für eine zweite Regierungskonferenz, der dann auch von den anderen Teilnehmern akzeptiert wurde. Aus deutscher Sicht war damit – zumindest formal – die sogenannte Parallelität zwischen den Verhandlungen über die Wirtschafts- und Währungsunion und über die politisch-institutionelle Weiterentwicklung der Gemeinschaft gewährleistet. Inhaltlich blieb aber diese Parallelität schon damals weitgehend offen. Hinzu kam, dass die Zuständigkeiten innerhalb der Regierungen für diese Parallelverhandlungen unterschiedlich verteilt waren. Während die Hauptverantwortung für den Wirtschafts- und Währungsteil bei den Finanzministern lag, waren die Außenminister primär für die politisch institutionelle Weiterentwicklung zuständig. Und in diesem Bereich hat es trotz vielfältiger Bemühungen in der Folgezeit nur begrenzte Fortschritte gegeben, wie die Ergebnisse der Gipfel von Amsterdam (1997) und Nizza (2000) deutlich gezeigt haben. Ähnliches gilt leider auch für den jetzt zur Ratifizierung anstehenden sogenannten Verfassungsvertrag.

KAPITEL 14

# Vorentscheidungen für den Vertrag über die Wirtschafts- und Währungsunion

Der Straßburger Gipfel hatte mit der Entscheidung für den Beginn der ersten Stufe der Wirtschafts- und Währungsunion zum 1. Juli 1990 und dem Mehrheitsbeschluss für die Einberufung der Regierungskonferenz zur Ausarbeitung und Änderung des Vertrages für die weiteren Stufen (Regierungskonferenz I) »vor Ende 1990« ein klares Signal für die Intensivierung und Konkretisierung der Vorarbeiten gegeben. Im Bericht der sogenannten Guigou-Gruppe war überdies bereits ein umfassender Fragenkatalog aufgelistet. Für die notwendigen Antworten waren jedoch noch eingehende Beratungen in den fachlich zuständigen Gremien notwendig. Neben vielen Details ging es dabei auch noch um einige wichtige Grundsatzfragen. Die Staats- und Regierungschefs hatten in Straßburg nur den Auftrag erteilt, »den bis zur Eröffnung der Konferenz verbleibenden Zeitraum zu nutzen, um die Konferenz optimal vorzubereiten«.[59]

In der deutschen Öffentlichkeit fand diese Straßburger Grundsatzentscheidung zunächst keinen größeren Widerhall. Verständlicherweise befasste man sich in Deutschland um die Jahreswende 1989/90 vor allem mit den innerdeutschen Themen und der immer stärker aufkommenden Perspektive für eine zunächst ökonomische und dann eventuell auch politische Wiedervereinigung zwischen den beiden seit über 40 Jahren getrennten Teilen Deutschlands. Bundesbankpräsident Karl Otto Pöhl hob jedoch am 16. Januar 1990 in einem öffentlichen Vortrag zu Recht hervor, dass in Straßburg mit der Ankündigung der Vertragsverhandlungen in Europa eine »Entscheidung von großer Tragweite« getroffen worden sei. Persönlich hätte er es zwar vorgezogen, »zunächst einige Jahre Erfahrung mit der ersten Stufe einer Wirtschafts- und Währungsunion zu sammeln«. Abschließend stellte er jedoch fest: »Die Aufgabe, vor der wir jetzt stehen, heißt: Die Weichen richtig stellen, damit der europäische Zug das Ziel erreicht, das wir gemeinsam anstreben.«[60] Und für diese richtige Weichenstellung war noch viel Arbeit nötig.

Im Jahresverlauf 1990 wurde der fachliche Teil dieser Arbeit vor allem in den Dienststellen der Kommission, im Währungsausschuss und im Ausschuss der Notenbankgouverneure sowie bei deren Stellvertretern geleistet. An diesen fachlichen Diskussionen war ich auch persönlich – nunmehr als Vertreter der Bundesbank – unmittelbar beteiligt.[61] Infolge meiner Berufung in das Direktorium der Deutschen Bundesbank zu Jahresbeginn 1990 hatte sich im Währungsausschuss in Brüssel nur mein Mandat verändert (statt bisher für das Bundesfinanzministerium jetzt für die Bundesbank). Seither war ich jedoch auch im Ausschuss der Notenbankgouverneure in Basel als Vertreter von Präsident Pöhl an den dortigen Arbeiten und Beratungen beteiligt. Nur in den beiden Monaten April und Mai 1990, in denen ich für die innerdeutschen Währungsverhandlungen mit der damaligen DDR-Regierung und der DDR-Staatsbank freigestellt war, konnte ich weder in Brüssel noch in Basel direkt mitarbeiten.[62]

Der Hauptteil der fachlichen Vorarbeit für die späteren Regierungsverhandlungen wurde zunächst vor allem im Währungsausschuss in Brüssel geleistet.[63] Horst Köhler und ich haben dabei eng zusammengearbeitet und vor den offiziellen Sitzungen oft klärende Gespräche vor allem mit unseren französischen Kollegen Jean-Claude Trichet (Finanzministerium) und Philippe Lagayette (Banque de France) geführt. Schon in den ersten beiden Monaten des Jahres 1990 kam es im Währungsausschuss zu intensiven Diskussionen. Der Ausschuss konnte bereits im März einen Zwischenbericht vorlegen, der eine Woche später auch die Zustimmung der EG-Finanzminister und Notenbankpräsidenten bei deren informellen Treffen in Ashford-Castle in Irland fand. Selbst die zu diesem Zeitpunkt noch offenen Fragen und strittigen Punkte konnten in dem vier Monate später vorgelegten Abschlussbericht erstaunlich weit gehend und übereinstimmend geklärt werden. Allerdings blieben auch noch einige wichtige Fragen offen. Die möglichen Lösungen zeichneten sich aber in den meisten Punkten bereits ab.

Parallel zu den Beratungen im Währungsausschuss fanden in Basel – zunächst vor allem bei den Stellvertretern der Gouverneure – die Vorarbeiten für ein Statut für eine Europäische Zentralbank bzw. für ein Europäisches System der Zentralbanken statt. Die Wirtschafts- und Finanzminister hatten nämlich den Ausschuss der Notenbankgouverneure um einen konkreten Entwurf für ein solches Statut gebeten. Die Arbeiten an diesem Entwurf wurden dann – sowohl bei den Stellvertretern als auch bei den Gouverneuren selbst – im Sommer und Frühherbst in Basel so intensiv vorangetrieben, dass Karl Otto Pöhl als damaliger Vorsitzender des Gouverneursausschusses schon am 27. November 1990 den Finanzministern einen weitgehend ausgearbeiteten Entwurf übermitteln konnte. Im Frühjahr 1991 gab es nur noch eine Ergänzung zu einigen zunächst noch offen gebliebenen Details.

Insbesondere bei den Beratungen im Währungsausschuss sowie den späteren politischen Entscheidungen auf der Ministerebene spielten natürlich auch die Stellungnahmen der Kommission eine wichtige Rolle. In insgesamt drei Ausarbeitungen bzw. Mitteilungen hat die Kommission im März, Mai und August 1990 die zentralen Themen wie Inhalt und Wege der Politikkoordinierung, Aufbau der Institutionen sowie Termine und Gestaltung der Stufenregelung aufgegriffen und dafür Lösungen vorgeschlagen. So anregend diese Kommissionsvorschläge für die Diskussionen auch waren; sie haben auf der Fachebene und in den anschließenden politischen Beratungen zwischen den Mitgliedstaaten nur teilweise Zustimmung gefunden. Angesichts der unterschiedlichen Erfahrungen und politischen Präferenzen der Mitgliedstaaten war das durchaus nicht verwunderlich. Sowohl in bilateralen Kontakten als auch in den Fachgremien selbst ist damals über viele Detailthemen intensiv diskutiert und zum Teil auch hart gestritten worden. Nach den Grundsatzentscheidungen der Staats- und Regierungschefs von Madrid und Straßburg stand bei diesen Beratungen in den Fachgremien jedoch nicht mehr das Ob, sondern nur noch das konkrete Wie der Gestaltung der Endstufe und des Weges dorthin zur Diskussion.

In diesen Fachberatungen versuchte die britische Seite noch mehrmals ihr von den Ministern bereits mehrheitlich abgelehntes Parallelwährungskonzept (die sogenannte Hard-ECU) ins Spiel zu bringen. Mit der Grundidee einer Härtung der ECU fand sie dabei zeitweilig auch eine gewisse Zustimmung, insbesondere auf französischer und spanischer Seite. Die Vertreter dieser beiden Länder konnten sich zwar eine »gehärtete ECU« als Währungskorbangebot auf dem Wege zur Währungsunion vorstellen, nicht aber als eigenständige Währung und dauerhafte Alternative zu der angestrebten gemeinsamen Währung mit gemeinsamer Zentralbank. Da auch die meisten anderen Länder das britische Parallelwährungskonzept als Alternative zur Wirtschafts- und Währungsunion ablehnten, blieb das britische Werben für die Hard-ECU auch im weiteren Verlauf der Diskussionen ergebnislos. Ein von mir persönlich damals eingebrachter Vorschlag, die ECU als Währungskorb im Falle etwa noch notwendig werdender Realignments durch eine entsprechende Ausweitung des Anteils der aufwertenden Währung zu stärken, fand weder auf britischer noch auf französischer und spanischer Seite Zustimmung. Eine Stärkung der ECU durch eine etwaige Vergrößerung des D-Mark-

Anteils war für die Partnerregierungen offensichtlich nicht attraktiv. Bei der endgültigen Vertragsformulierung wurde später sogar vertraglich festgelegt, dass die Zusammensetzung des ECU-Währungskorbes mit dem Inkrafttreten des Vertrages nicht mehr geändert wird (Artikel 118).[64]

Im Mittelpunkt der damaligen Fachberatungen in den Ausschüssen standen jedoch andere Themen. Eingehend diskutiert und beraten wurden sowohl im Vorfeld als später auch im Verlauf der Regierungsverhandlungen vor allem folgende Fragenkomplexe:

- Aufgabe, Stellung und Struktur der Europäischen Zentralbank bzw. des Europäischen Zentralbanksystems,
- Festlegung von Kriterien für die nichtmonetäre Wirtschaftspolitik der Mitgliedstaaten und ihre Überwachung, wobei es insbesondere um die nachhaltige Sicherung der notwendigen Fiskaldisziplin ging, sowie
- Rolle und Ausgestaltung der zweiten Stufe der Wirtschafts- und Währungsunion.

Zu den Aufgaben, der Stellung und der Struktur des Europäischen Zentralbanksystems (ESZB) hatte der Bericht der Delors-Gruppe die zentralen Eckwerte bereits aufgezeigt: vorrangige Orientierung am Ziel der Preisstabilität sowie Mitwirkung bei der Sicherung der Stabilität des Finanzsystems, politische Unabhängigkeit (abgesichert durch angemessen lange Amtszeiten und verbunden mit einer sinnvollen Rechenschaftslegung) sowie eine föderative Struktur (mit einem Direktorium und einem Zentralbankrat, dem auch die nationalen Zentralbankpräsidenten angehören). Hinter diesen – weitgehend am Modell der Deutschen Bundesbank bzw. der Bank deutscher Länder orientierten – Eckwerten verbarg sich aber bei näherer Betrachtung noch eine Reihe von offenen und zum Teil auch sehr strittigen Detailfragen. So sprach die Kommission in ihrem Arbeitspapier vom 20. März 1990 z. B. nur noch von einem »hohen« bzw. »ausreichenden« Grad an Unabhängigkeit des ESZB und einer »demokratischen Rechenschaftspflicht«. Außerdem verwies sie zu Recht auf die noch zu klärende Zuständigkeit für die äußere Währungspolitik (Wechselkurs und Interventionspolitik gegenüber Drittländern). In den Beratungen des Währungsausschusses haben Horst Köhler und ich nachdrücklich auf eine eindeutige Klärung insbesondere zum Thema Unabhängigkeit des ESZB gedrängt. Dabei genüge es nicht, nur die Europäische Zentralbank selbst mit eindeutiger Unabhängigkeit auszustatten. Auch die nationalen Zentralbanken mussten einen garantierten Unabhängigkeitsstatus erhalten. Auf unseren Vorschlag hin wurde so schon im ersten Zwischenbericht des Ausschusses vom März 1990 dringend empfohlen, die notwendige politische Unabhängigkeit sowohl für die EZB als auch für die am System teilnehmenden nationalen Zentralbanken insgesamt in vierfacher Dimension abzusichern: in institutioneller, operationeller, persönlicher und auch finanzieller Hinsicht. Und zu der in einigen Ländern umstrittenen Frage der demokratischen Legitimität des ESZB wies der Währungsausschuss auf die demokratische Legitimierung der Rechtsgrundlage einschließlich der eindeutigen Zielvorgabe durch die Vertragsratifizierung sowie die notwendige Offenlegung der Gründe für geldpolitische Entscheidungen in den künftigen Berichten der EZB bzw. des ESZB und in etwaigen Parlamentsanhörungen hin. Diese Klarstellungen waren besonders deswegen wichtig, weil es vor allem in Frankreich zu dieser Zeit noch immer Besorgnisse hinsichtlich einer zu weit gehenden Unabhängigkeit des künftigen ESZB gab. Im deutlichen Unterschied zur damaligen Leitung der Banque de France war zu dieser Zeit auch bei Finanzminister Bérégovoy noch immer eine gewisse Reserve gegenüber der politischen Unabhängigkeit der Zentralbank zu spüren. Er drängte mehrfach in Gesprächen mit Minister Waigel auf einen weniger weit gehenden Unabhängigkeitsstatus. Im Herbst 1990 machte er in einer öffentlichen Rede in Paris sogar noch einmal öffentlich deutlich, dass er eine unabhängige EZB »nach dem Bundesbankmodell« nicht akzeptieren wolle,[65] eine Position, die er am Schluss jedoch nicht durchhalten konnte.

Strittig blieb allerdings selbst im Brüsseler Währungsausschuss zunächst noch die Kompetenzverteilung für die äußere Währungspolitik (Wechselkurspolitik gegenüber anderen Währungen). Hierzu hatte sich die Delors-Gruppe leider nicht eindeutig geäußert. Vor allem die französische Seite drängte im Währungsausschuss darauf, dass dieser Themenkomplex primär der Zuständigkeit der Regierungen bzw. des EG-Ministerrates vorbehalten bleiben müsse. Eine rasche Klärung dieser Frage war umso schwieriger, als die letzten Jahrzehnte auch für uns in Deutschland das hier liegende Konfliktpotenzial deutlich gemacht hatten. Wohl hatte die Bundesbank zumindest hinsichtlich etwaiger Interventionsverpflichtungen ihre Zuständigkeit de facto durchgesetzt und dies auch in dem bereits in Kapitel 7 erwähnten Emminger-Brief von 1978 festgehalten.[66] Leitkursänderungen bzw. Bandbreitenfestlegungen waren aber auch in Deutschland formal Entscheidungen der Bundesregierung. Hinzu kam, dass man in der französischen Regierung eine Zeit lang der Meinung war, die Kapitalanteile an der künftigen EZB sollten nicht von den nationalen Zentralbanken, sondern von den an der Währungsunion teilnehmenden Mitgliedsregierungen übernommen und gehalten werden. Diese insbesondere für die Bundesbank nicht akzeptable Forderung wurde allerdings im Laufe der Verhandlungen – wegen des Widerstandes auch anderer Länder und wohl auch auf Einfluss der Banque de France selbst – von französischer Seite aufgegeben. Strittig blieb aber bis zur Schlussverhandlung in Maastricht die Zuständigkeitsverteilung für den Bereich der Wechselkurspolitik im Außenverhältnis.

Weitgehend geklärt werden konnten dagegen zwischen den Notenbanken in den Baseler Beratungen schon bald die meisten anderen Teile des Gesamtstatuts für das ESZB. Wie bereits erwähnt, hatte der Ausschuss der Notenbankpräsidenten schon früh einen im Detail ausgearbeiteten Entwurf vorgelegt. Dieser Entwurf wurde ganz überwiegend von den Stellvertretern der Notenbankpräsidenten bei ihren Treffen in Basel ausgearbeitet, wobei für mich insbesondere die sehr enge Zusammenarbeit mit Philippe Lagayette von der Banque de France und André Szász von der niederländischen Zentralbank sehr nützlich war. Überdies hatten die meisten Stellvertreter der Notenbankpräsidenten den Vorteil, gleichzeitig als Mitglieder des EG-Währungsausschusses unmittelbar an den Beratungen in Brüssel teilzunehmen. Diese Doppelfunktion erleichterte die parallele Ausarbeitung des Entwurfs für das Statut erheblich. Nur in einigen wenigen sowohl im Währungsausschuss als auch bei den Stellvertretern strittig gebliebenen Fragen übernahmen die Notenbankpräsidenten dann am Schluss selbst die Entscheidung für den konkreten Vorschlag. Einer dieser Punkte war die Verteilung der Stimmen im künftigen EZB-Rat – ein Thema, das gerade auch im Zusammenhang mit der vorgesehenen Vergrößerung der Mitgliederzahl der sogenannten Euro-Länder künftig von Bedeutung sein wird. Die Brüsseler Kommission hatte in einem sogenannten institutionellen Vermerk am 16. Mai 1990 eine Gewichtung der Stimmen im Rat der Euro-Fed (wie sie damals das ESZB in Anlehnung an die US-Fed nannte) entsprechend der Stimmgewichtung im Ministerrat vorgeschlagen. Dieser Vorschlag stieß sowohl im Währungsausschuss in Brüssel als auch bei den Zentralbankpräsidenten in Basel jedoch auf deutlichen Widerstand. Insbesondere die Notenbankgouverneure hatten sich – dem Modell der Deutschen Bundesbank entsprechend – schon weitgehend auf den Vorschlag »one person – one vote« festgelegt, jedenfalls für die geldpolitischen Entscheidungen.[67] Und dieses Prinzip hat sich ja auch später im Vertragstext eindeutig durchgesetzt, wie überhaupt die Bundesbankkonstruktion für das ESZB-Statut weitgehend Pate gestanden hat.[68] Dabei war für alle Beteiligten auch von Anfang an klar, dass die gemeinschaftliche Geldpolitik auf Dauer konfliktlos nur funktionieren könne, wenn neben der Entscheidungsstruktur im Europäischen Zentralbankrat auch die Kompetenzverteilung zwischen den nationalen Zentralbanken und der supranationalen Europäischen Zentralbank möglichst eindeutig gestaltet sei. Die geldpolitische Entscheidungskompetenz musste vorbehaltlos auf die Unionsebene übertragen und durch den unabhängigen EZB-Rat wahrgenommen werden. Auf französischen Wunsch haben wir uns bei der Aufgabenverteilung allerdings darauf verständigt, in der Satzung den Grundsatz festzulegen, dass die EZB im Sinne des Subsidiaritätsprinzips bei der Durchführung von ESZB-Geschäften die nationalen Zentralbanken in Anspruch nehmen sollte, »soweit dies möglich und sachgerecht erscheint« (Artikel 12, 1 der Satzung). Das in dieser allgemeinen Formulierung liegende Konfliktpotenzial für die konkrete Kompetenzverteilung war den Beteiligten allerdings schon damals durchaus bewusst.

So kontrovers die Vorarbeiten für die ESZB-Satzung in manchen Details zunächst auch waren, viel schwieriger war die Suche nach einem angemessenen und zugleich wirksamen Orientierungs- und Koordinierungsverfahren für die nichtmonetäre Politik. Während der Werner-Bericht von 1970 noch auf eine supranationale Entscheidungsinstanz für die nichtmonetäre makroökonomische Steuerung in der Wirtschaftsunion abzielte, hatte der Delors-Bericht diesen Vorschlag nicht wieder aufgegriffen. Die Delors-Gruppe plädierte zwar für eine gemeinschaftliche Überwachung der weiterhin in nationaler Verantwortung verbleibenden Wirtschaftspolitik sowie für ein verbindliches Regelwerk mit Obergrenzen für die nationalen Budgetdefizite, den Ausschluss von direkter Finanzierung der Budgets durch Zentralbankkredite sowie für eine Begrenzung der Aufnahme von Fremdwährungskrediten (Ziffer 30). Hinsichtlich der institutionellen Zuständigkeiten verzichtete sie jedoch in ihrem Abschlussbericht auf konkrete Hinweise oder gar

Bild 1: Hans Tietmeyer mit Konrad Adenauer im Jahre 1964

Bild 2: Die »Werner-Gruppe« in Luxemburg 1970

Bild 3: *Giscard d'Estaing und Helmut Schmidt*

Bild 4: *»Sherpa« Tietmeyer erläutert Bundeskanzler Kohl und Finanzminister Stoltenberg den Entwurf der Erklärung von Williamsburg*

*Bild 5: G-7-Treffen in Williamsburg: V. l. n. r.: Außenminister Genscher, Bundeskanzler Kohl, Finanzminister Stoltenberg, Staatssekretär Tietmeyer*

*Bild 6: 1989: Tietmeyer wird Mitglied des Direktoriums der Deutschen Bundesbank. V. l. n. r.: Vizepräsident Schlesinger, Bundeskanzler Kohl, Tietmeyer*

*Bild 7: Vor einer Sitzung des Zentralbankrats der Deutschen Bundesbank 1990. V. l. n. r.: Tietmeyer, Finanzminister Waigel, Staatssekretär Köhler*

*Bild 8: Tietmeyer im Gespräch mit dem früheren Wirtschaftsminister Schiller, 1994*

*Bild 9: Jacques Delors*

*Bild 10: Jean-Claude Trichet und Hans Tietmeyer*

*Bild 11: Bundesbankpräsident Tietmeyer und Finanzminister Waigel 1994*

*Bild 12: Kohl und Mitterrand*

*Bild 13: Treffen in Washington 1997. V. l. n. r.: Notenbankpräsident Greenspan, Finanzminister Rubin, Finanzminister Waigel, Bundesbankpräsident Tietmeyer*

*Bild 14: Zentralbankrat der Deutschen Bundesbank 1996*

*Bild 15: Erster Europäischer Zentralbankrat 1998. Hintere Reihe v. l. n. r.: Rojo, Verplaetse, Mersch, de Sousa, Vanhala, Liebscher, Wellink,*

Vorschläge. Eine zentrale makroökonomische Steuerungspolitik für die nationalen Budgets wurde offensichtlich nicht für notwendig und angemessen gehalten. Angesichts des schon in den 70er Jahren eingeleiteten und inzwischen weithin akzeptierten Paradigmenwechsels weg von der vor allem die gesamtwirtschaftliche Nachfrage beeinflussenden fiskalischen Globalsteuerung hin zur vorrangigen Verbesserung der Angebotsbedingungen durch mehr Freiraum und Flexibilität sowie durch eine nachhaltige und vertrauensfördernde Fiskaldisziplin waren diese veränderten Positionen verständlich und in der Grundlinie auch richtig. Dennoch blieben wichtige Fragen im Delors-Bericht offen: Wie sollte und wie konnte ein solches verbindliches Regelwerk zur Sicherung der Fiskaldisziplin im Einzelnen aussehen? Wie konnte die konkrete Überwachung stattfinden? Und vor allem: Wie konnte eine Realisierung der Regeln auf der nationalen Ebene auch tatsächlich dauerhaft durchgesetzt werden?

Die Suche nach Antworten auf diese Fragen stand nicht nur lange im Mittelpunkt der Arbeiten des Währungsausschusses und später des Ministerrates sowie der Regierungskonferenz. Auch die Kommission hat diese Thematik in verschiedenen Ausarbeitungen mehrfach aufgegriffen, ohne allerdings wirklich überzeugende Lösungen zu präsentieren. Sie hat ihre Vorschläge zunächst vor allem auf die Instrumente allgemeiner wirtschaftspolitischer Richtlinien und Koordinierungsempfehlungen konzentriert. Konkreten Fiskalkriterien mit der Definition von Grenzwerten stand sie dagegen lange Zeit skeptisch gegenüber. Allerdings hat sie schon frühzeitig – ebenso wie die Delors-Gruppe – auf die zentrale Bedeutung einer ausreichenden Lohn- und Preisflexibilität innerhalb des vergrößerten einheitlichen Währungsraums hingewiesen, ein Thema, das in den späteren Verhandlungen leider immer mehr in den Hintergrund geriet. Von Anfang an hat sie jedoch zusätzlich auf eine Verstärkung regionaler Unterstützungsmaßnahmen für die weniger entwickelten bzw. zur Umstrukturierung anstehenden Regionen gedrängt und dafür später auch konkrete Vorschläge für einen zusätzlichen Kohäsionsfonds vorgelegt.

Im Währungsausschuss konzentrierten sich die Diskussionen schon bald auf die Formulierung konkreter Regeln für die dauerhafte Sicherung einer hinreichenden Fiskaldisziplin in den Teilnehmerländern. In voller Übereinstimmung mit dem Bericht der Delors-Gruppe bestand von Anfang an Übereinstimmung darüber, dass übermäßige Haushaltsdefizite und eine übermäßige öffentliche Verschuldung der Mitgliedstaaten die Stabilität der angestrebten Gemeinschaftswährung auf Dauer gefährden und Konflikte zwischen den verschiedenen teilnehmenden Staaten auslösen könnten.[69] Und der Währungsausschuss stimmte auch schon bald darin überein, dass im Vertrag bindende Regeln und Obergrenzen festgelegt werden müssten. Aber wie sollten sie konkret aussehen und wie sollte ihre Einhaltung gesichert werden? Schon in seinem ersten Bericht schlug der Währungsausschuss einige Ansatzpunkte für die Sicherung der Fiskaldisziplin vor und griff dabei auch einige Vorschläge der Delors-Gruppe auf: ein vertraglich festzulegendes Verbot für jegliche geldpolitische Finanzierung der öffentlichen Budgets, ein Verbot der Übernahme von nationalen Schulden durch die Gemeinschaft oder andere Mitgliedstaaten (sogenanntes Bail-out-Verbot)[70] sowie eine Verpflichtung zur Vermeidung übermäßiger Defizite. Lange umstritten war jedoch, wie eine solche Verpflichtung zur Vermeidung übermäßiger Defizite konkretisiert werden könnte. Sowohl über die Möglichkeit, eine allgemein gültige Obergrenze für Haushaltsdefizite festzulegen, als auch über die genauen Überwachungsmöglichkeiten und den etwaigen Einsatz von Sanktionen gab es zunächst im Währungsausschuss deutliche Meinungsunterschiede. Viele denkbare Ansatzpunkte wurden eingehend diskutiert: die Festlegung von Obergrenzen für die von Konjunktureinflüssen bereinigten strukturellen Budgetdefizite, die Einführung der sogenannten goldenen Regel (Kreditfinanzierung nur für investive Ausgaben), verbindliche Vorgaben für die mittelfristige Budgetplanung, ein generelles Verbot der Finanzierung von Haushaltsdefiziten mit Hilfe von Auslandskrediten etc. Immer deutlicher zeigte sich dabei jedoch, dass all diese Indikatoren und Ansatzpunkte zwar nützliche Informationen und auch gewisse Beschränkungen bewirken könnten. Sie wurden aber vor allem wegen der statistischen Ungenauigkeiten aufgrund fehlender präziser Abgrenzungen, der damit verbundenen Manipulierungsmöglichkeiten im Zeitverlauf sowie ihres teilweise limitierten Aussagegehaltes bzw. Verbindlichkeitsgrades als zumindest allein nicht genügend aussagekräftig für die nachhaltige Einhaltung einer ausreichenden und nachhaltigen Fiskaldisziplin der Mitgliedstaaten angesehen. Wie sollten z. B. zyklisch bedingte Mindereinnahmen oder Mehrausgaben von der mehrjährigen Normalentwicklung abgegrenzt werden, zumal erfahrungsgemäß aus zyklischen Einflüssen leicht auch strukturelle Verfestigungen entstehen können? Oder wie sind investive öffentliche Ausgaben im Einzelfall von konsumtiven Ausgaben abzugrenzen? So kann z. B. ein großer Teil der öffentlichen Ausgaben für das Sozial- und Bildungssystem sowohl konsumtiver als auch investiver Natur sein. Und mittelfristige Budgetplanungen haben in den meisten Ländern nur indikativen, nicht aber verpflichtenden Charakter. Angesichts dieser Unklarheiten und Einwände kam im Währungsausschuss damals zunächst nur eine einmütige Empfehlung zustande, die Vermeidung übermäßiger Haushaltsdefizite zu einem zentralen Punkt der gemeinsamen Überwachung der Wirtschafts- und Finanzpolitik der Mitgliedstaaten zu machen. Die Konkretisierung der Kriterien und der Überwachungsverfahren einschließlich der institutionellen Kompetenzregelung blieb jedoch zunächst noch offen.

Eine recht kontroverse Diskussion ergab sich in dieser Phase auch über die Bedeutung und die konkrete Ausgestaltung der zweiten Stufe des vorgesehenen dreistufigen

Prozesses hin zur Wirtschafts- und Währungsunion. Schon die Delors-Gruppe hatte sich wegen der offenkundigen Meinungsunterschiede nur auf einige recht allgemein formulierte Aussagen verständigen können. Zwar bestand dort Einigkeit darüber, dass die Verantwortung für die monetäre Politik in dieser Übergangsstufe noch bei den nationalen Instanzen liegen solle. Aber das neue institutionelle Rahmenwerk solle »schrittweise« bereits »operationelle Funktionen« übernehmen. So war im Schlussbericht der Gruppe für die zweite Stufe von einer »Phase des Übergangs« und einem »Lernprozess« die Rede, wobei die »genauen Verfahrensprozeduren ... im Lichte der vorherrschenden ökonomischen Bedingungen und der in der vorhergehenden Stufe gewonnenen Erfahrungen« entwickelt werden sollten (Ziffer 55). Allerdings wurde an anderer Stelle im Delors-Bericht als ein Hauptmerkmal dieser Phase herausgestellt, »dass das Europäische Zentralbanksystem eingerichtet werden würde« (Ziffer 57). Doch sahen einige Mitglieder der Delors-Gruppe das zumindest zeitweise offensichtlich anders. Karl Otto Pöhl machte jedenfalls schon bei einer Aussprache des Ausschusses für Wirtschafts-, Währungs- und Industriepolitik des Europäischen Parlamentes am 15. Mai 1990 deutlich, dass er sich persönlich unter der zweiten Stufe nichts Konkretes vorstellen könne und dass seiner Meinung nach ein Notenbanksystem »nicht in Etappen« geschaffen werden könne.[71] Insbesondere seine damaligen französischen und italienischen Gouverneurskollegen de Larosière und Ciampi hatten aber in der Gruppe die erwähnte Formulierung zur Einrichtung des Europäischen Zentralbanksystems schon in der zweiten Stufe offenbar durchgesetzt. Soweit es sich dabei nur um technische Vorbereitungen für die spätere gemeinsame Geldpolitik handeln sollte, erschien eine gewisse Institutionalisierung schon vor der dritten Stufe als relativ unproblematisch. Für die deutsche Seite war aber eine zweite Stufe mit einem – wie es offenbar von französischer und italienischer Seite gewollt war – im Verlauf der Stufe progressiv zu entwickelnden Europäischen Zentralbanksystem nicht akzeptabel. Ein solches System hätte nicht nur die Eigenständigkeit der nationalen Geldpolitik schon im Vorfeld der Wirtschafts- und Währungsunion ausgehöhlt. Es hätte auch eine Verführung bedeutet, den Stufenprozess mit dem Eintritt in die zweite Stufe notfalls abzubrechen und auf die mit dem Eintritt in die dritte Stufe verbundene volle Souveränitätsübertragung für die Geldpolitik auf die supranationale Ebene zu verzichten. Genau das hätte dann jene weitgehende Einbindung der deutschen Geldpolitik gebracht, auf die einige europäische Länder schon seit langem drängten, die aber für die deutsche Seite ohne eindeutige Übertragung der geldpolitischen Kompetenz auf eine unabhängige Europäische Zentralbank aus stabilitätspolitischen Gründen nicht akzeptabel war. Diese deutsche Sorge war umso größer, als in Frankreich damals in der parlamentarischen Opposition noch immer gegen eine Gemeinschaftswährung und gegen ein unabhängiges Europäisches Zentralbanksystem eine Reserviertheit bestand. So hatte sich Anfang April 1990 der damalige Oppositionschef Jacques Chirac im französischen Fernsehen ausdrücklich »gegen die dritte Phase des Delors-Planes« und »gegen die Installierung einer Einheitswährung« ausgesprochen.[72] Und der frühere französische Finanzminister Balladur veröffentlichte am 25. Mai 1990 einen Artikel, in dem er formulierte: »Hören wir auf zu träumen. Auf seine Währung verzichtet keiner.«[73] Vor diesem Hintergrund wurde immer deutlicher, wie notwendig eine verbindliche Klärung des Inhaltes der dritten Stufe und des Weges dahin war. Aus deutscher Sicht war der Weg in die Währungsunion nur vertretbar, wenn die Vertragspartner tatsächlich zum Eintritt in die Endstufe politisch gewillt und ökonomisch fähig waren. Eine zweite Stufe, in der die Geldpolitik der Mitgliedstaaten zunehmend eingebunden werden sollte, in der man auf den endgültigen Schritt in die Währungsunion aber möglicherweise ganz verzichtete, war für die Deutsche Bundesbank kein sinnvoller und akzeptabler Weg.

Als Karl Otto Pöhl und ich im Zentralbankrat in Frankfurt über diese im Vorfeld der Vertragsverhandlungen erneut aufgetretene Kontroverse berichteten, hielt dieser es für notwendig, die Position der Bundesbank zu den anstehenden Verhandlungen zusammenfassend darzustellen. Auf Grundlage eines von mir damals vorbereiteten Entwurfes verabschiedete der Zentralbankrat nach eingehender Beratung am 19. September 1990 einstimmig eine ausführliche Stellungnahme zur Errichtung einer Wirtschafts- und Währungsunion in Europa, in der sowohl die Bedeutung einer Währungsunion als auch die dafür zu schaffenden ökonomischen, institutionellen und politischen Bedingungen unmissverständlich dargelegt wurden.[74] Diese zunächst an die Bundesregierung und an die deutsche Öffentlichkeit gerichtete Stellungnahme fand auch in den anderen Ländern Europas eine besondere Aufmerksamkeit, da dort bekannt war, dass die Bundesregierung eine solche formelle Äußerung der Bundesbank nicht unbeachtet lassen konnte. Dies galt umso mehr, als diese Stellungnahme inhaltlich auch die schon bisher von deutscher Seite vertretene Grundsatzposition zusammenfasste: Entwicklung einer Wirtschafts- und Währungsunion in Europa ja, aber im Vertrag müssen die Bedingungen für eine dauerhaft stabile europäische Währung zuvor eindeutig und verbindlich festgelegt werden.

Nach den – bereits erwähnten – intensiven Vorarbeiten in den zuständigen Fachausschüssen begannen im Herbst 1990 erneut die Beratungen in den zuständigen politischen Gremien auf Ministerebene. Bei ihren informellen Treffen am 7./8. September 1990 in Rom bestätigten die EG-Wirtschafts- und -Finanzminister im Wesentlichen das, was in den Fachgremien zuvor als gemeinsame Position erarbeitet worden war. Den gleichzeitig von der Kommission vorgeschlagenen Übergang in die zweite Stufe schon zu Anfang 1993 hielt die Mehrheit der Minister angesichts der noch offenen Fragen allerdings für verfrüht. Zunächst müssten insbesondere der Inhalt der zweiten Stufe sowie das für den Eintritt in die Endstufe erforderliche Auswahl- und Entscheidungsverfahren weiter geklärt werden. Bei diesem Sachstand lud die italienische Präsidentschaft für den 27./28. Oktober 1990 die Staats- und Regierungschefs zu einer Sondertagung nach Rom ein. Sie wollte verständlicherweise den für Dezember vorgesehenen formellen Beginn der Regierungskonferenzen für die konkreten Vertragsverhandlungen auf keinen Fall gefährden. Der damalige italienische Finanzminister Guido Carli hatte für diese Konferenz den Stand der Beratungen bei den Finanzministern und Notenbankpräsidenten in einen Zwischenbericht zusammengefasst (sogenannter Carli-Bericht). Dieser Bericht zeigte: Bis auf das Vereinigte Königreich, das noch immer an seinem Vorschlag für eine Parallelwährung festhielt, bestand zwischen den anderen elf Mitgliedern inzwischen ein weitgehendes Einvernehmen über das Ziel einer einheitlichen Währung in einer supranationalen Währungsunion, die Notwendigkeit einer weitgehenden Vergemeinschaftung der Geldpolitik, die primär am Ziel der Preisstabilität orientiert sein müsse und von einer unabhängigen Zentralbank zu entscheiden sei, sowie über eine dauerhafte Verpflichtung der teilnehmenden Mitgliedstaaten zur Haushaltsdisziplin, verbunden mit einem Verbot der Zentralbankfinanzierung von Haushaltsdefiziten und der Übernahme von Garantien durch andere Mitgliedsländer bzw. die Gemeinschaft. Sowohl über die Zuständigkeitsverteilung hinsichtlich der äußeren Währungspolitik (Festlegung des Wechselkursregimes gegenüber anderen Währungen und etwaiger Interventionen) als insbesondere auch über die konkreten Auswahlkriterien für die teilnehmenden Länder und ihre künftige Überwachung sowie den Beginn und den konkreten Inhalt der zweiten Stufe gab es aber noch deutliche Unterschiede.

Trotz dieser noch offenen Fragen bestätigte der Europäische Rat – allerdings unter britischem Generalvorbehalt –

auf der Sondertagung im Oktober (Rom I) die für Dezember 1990 vorgesehene Einberufung der beiden Regierungskonferenzen. Darüber hinaus wurde auf Vorschlag der Wirtschafts- und Finanzminister auch entschieden, dass die zweite Stufe – anders als von der Kommission vorgeschlagen – nicht Anfang 1993, sondern erst 1994 beginnen sollte. Spätestens drei Jahre nach dem Beginn der zweiten Stufe – also vor Ende Dezember 1996 – sollten dann Berichte über den Stand der Konvergenz erstattet werden, um den Eintritt in die dritte Stufe vorzubereiten. Darüber hinaus erklärte der Europäische Rat, schon zu Beginn der zweiten Stufe für den Währungsbereich auch »die neue Institution« zu schaffen. Diese von italienischer Seite damals ohne erneute Diskussion in die Schlusserklärung eingebrachte Formulierung, löste schon bald nach dem Sondergipfel in Rom erneut Fragen und Kontroversen aus. Wenngleich der Terminus »Europäische Zentralbank« nicht verwandt worden war, interpretierte die italienische Präsidentschaft zusammen mit einer Reihe von Regierungen damals diese Formulierung doch genau in diesem Sinne. Man wollte offensichtlich möglichst bald ein Europäisches Zentralbanksystem schaffen, um auf diese Weise schon vor dem endgültigen Eintritt in die Währungsunion selbst auch gewissen Einfluss auf die Geldpolitik der anderen Notenbanken zu gewinnen. Genau dies war für die Deutsche Bundesbank und auch für die niederländische Zentralbank jedoch nicht akzeptabel. Und in den späteren Vertragsverhandlungen kostete es viel Mühe, diese Vorschattierung von Rom wieder zu korrigieren. Mit dem »Europäischen Währungsinstitut« wurde letztendlich eine für alle akzeptable Zwischenlösung gefunden. Diese 1994 auf der Grundlage des Maastricht-Vertrages gegründete Institution sollte zwar die Zusammenarbeit der Notenbanken verstärken und regelmäßige Konsultationen über den geldpolitischen Kurs führen. Die Souveränität der nationalen Geldpolitik konnte jedoch vor dem Eintritt in die dritte Stufe dadurch nicht tangiert werden. Die geldpolitische Entscheidungskompetenz blieb in der zweiten Stufe eindeutig bei den nationalen Zentralbanken. Das Europäische Währungsinstitut sollte primär nur ein Übergangsinstitut zur Vorbereitung der dritten Stufe sein. Erst nach der Entscheidung über den Eintritt in die Endstufe der Währungsunion selbst sollte es durch die EZB bzw. das ESZB abgelöst werden.

## KAPITEL 15
# Schwieriger Endspurt auf dem Weg zum Maastricht-Gipfel

Die feierliche Eröffnung der beiden für die formellen Vertragsverhandlungen notwendigen Regierungskonferenzen fand in Verbindung mit der zweiten Tagung des Europäischen Rates in Rom (Rom II) am 15. Dezember 1990 statt. Die Regierungskonferenz für die WWU wurde dabei so organisiert, dass der Vorsitz bei den Finanzministern der jeweiligen Ratspräsidentschaft lag, also im ersten Halbjahr 1991 beim luxemburgischen und im zweiten Halbjahr beim niederländischen Finanzminister. Und zwischen den monatlichen Ministerkonferenzen tagten die sogenannten Persönlich Beauftragten der Minister zusammen mit den Experten der verschiedenen Ressorts und Zentralbanken. Minister Waigel benannte als seinen Persönlich Beauftragten Staatssekretär Horst Köhler. Sein Partner auf französischer Seite war Jean-Claude Trichet. Beide hatten an dem erfolgreichen Abschluss der Verhandlungen großen Anteil. Die Zentralbanken waren dagegen an dieser Schlussrunde nur indirekt über den Währungsausschuss bzw. bilaterale Gespräche beteiligt.

Gleich zu Beginn der Arbeit der Regierungskonferenz für die Wirtschafts- und Währungsunion wurden mehrere Textentwürfe vorgelegt. Wie bereits erwähnt, hatten die Notenbankgouverneure schon im Herbst 1990 ihren Entwurf für das Statut des ESZB und der EZB den Regierungen und der Kommission zugeleitet. Die EG-Kommission übernahm diesen Vorschlag weitgehend und präsentierte schon am 10. Dezember 1990 einen umfassenden Entwurf für die Vertragsänderungen. Im Januar und Februar 1991 brachten dann auch die französische und die deutsche Regierung jeweils ihre Vorschläge für den WWU-Teil des vorgesehenen neuen Vertrages ein. Großbritannien hatte zuvor erneut seine bereits bekannten, aber auf weitgehende Ablehnung gestoßenen Vorschläge für die Hard-ECU und einen Europäischen Währungsfonds vorgelegt, diesmal in Form eines Rechtstextes. Bis auf den abweichenden britischen Vorschlag, der – wohl insbesondere aus taktischen Gründen – zeitweilig noch von spanischer Seite unterstützt wurde, wiesen all diese Vorschläge zwar viele Gemeinsamkeiten, aber in den Details ebenso eine Reihe von Unterschieden auf. Das galt – trotz aller vorangegangenen Diskussionen – auch für den französischen und deutschen Entwurf. Während der von den Bonner Ressorts unter Federführung des Bundesministeriums der Finanzen ausgearbeitete deutsche Entwurf die schon zuvor bekannten deutschen Positionen widerspiegelte und auch von der Bundesbank vollinhaltlich unterstützt werden konnte, enthielt der französische Entwurf aus deutscher Sicht nicht nur eine Reihe von Unklarheiten. Er reflektierte auch die bereits bekannten abweichenden Positionen, insbesondere hinsichtlich der Ausgestaltung der zweiten Stufe, der Zuständigkeit für die äußere Währungspolitik sowie auch hinsichtlich der Einrichtung einer gemeinschaftlichen Wirtschaftsregierung als Gegengewicht gegen das ESZB. Darüber hinaus hatte die französische Regierung schon vor Beginn der Regierungskonferenz klargestellt, dass sie grundsätzlich für eine Wirtschafts- und Währungsunion mit möglichst allen zwölf damaligen Mitgliedstaaten sei. Deswegen dürfe kein Land von vornherein ausgeschlossen werden; aber es solle auch kein Mitgliedsland die Entwicklung zur Wirtschafts- und Währungsunion blockieren können. Mit dieser Formel wollte man offenkundig Großbritannien die Zustimmung erleichtern.

In der Regierungskonferenz zur Wirtschafts- und Währungsunion gab es somit noch viel zu tun. Die Verhandlungen dort waren jedoch Sache der Regierungen und nicht der

Zentralbanken. Die Bundesbank war deswegen in der deutschen Delegation selbst nur durch einen fachkundigen Mitarbeiter vertreten. Parallel zu den offiziellen Verhandlungen gab es jedoch eine Vielzahl von vorbereitenden oder begleitenden Diskussionen im Währungsausschuss sowie vertrauliche deutsch-französische Gespräche. Diese bilateralen Gespräche, an denen ich auf Wunsch von Horst Köhler mehrmals persönlich teilgenommen habe, fanden sowohl am Rande der Sitzungen des Währungsausschusses in Brüssel als auch in Paris, Bonn und Berlin statt. Viele der späteren Verhandlungsergebnisse sind in diesen vertraulichen Gesprächen vorbereitet worden. Besonders erinnere ich mich an die intensiven Gespräche über die Formulierung der sogenannten Konvergenzkriterien. Mit unseren französischen Gesprächspartnern waren wir uns weitgehend einig, dass an der Währungsunion selbst nur solche Länder teilnehmen durften, deren wirtschaftliche Ausgangslage und Politikorientierung gegen Ende der zweiten Stufe eine hinreichende Stabilitätskonvergenz aufwiesen und die auch die Gewähr dafür boten, dass sie diese Stabilitätsorientierung nachhaltig durchhalten konnten und wollten. Für eine Wirtschafts- und Währungsunion, in der zwar die Währungspolitik supranational entschieden werden sollte, nicht aber die Wirtschafts- und Finanzpolitik, waren die Auswahl der Länder und die Formulierung der hierfür geltenden Kriterien und Verfahren von zentraler Bedeutung. Sowohl im Währungsausschuss als auch in den bilateralen Gesprächen waren wir uns über die hierfür wichtigen Kriterien relativ schnell einig:

- den Nachweis über einen hohen Grad an tatsächlich erreichter Preisstabilität,
- die Gewährleistung einer auf Dauer tragbaren Finanzlage der öffentlichen Hand,
- die problemlose Teilnahme am Wechselkursmechanismus des EWS über einen hinreichenden Zeitraum sowie

- das Reflektieren der Dauerhaftigkeit der erreichten Konvergenz im Niveau der langfristigen Zinssätze.

Die generelle Einigung über diese Kriterien war dabei der leichteste Teil. Schwieriger waren ihre Konkretisierung in möglichst objektive und nicht manipulierbare Indikatoren sowie auch die Begründung für die letztlich gewählte Lösung. Besonders schwierig war das bei dem Kriterium für die auf Dauer tragbare Finanzlage der öffentlichen Hand. Ähnlich wie in der ersten Diskussionsphase (vgl. Kapitel 14) wurden die Argumente für und gegen bestimmte Indikatoren erneut ausgetauscht und diskutiert: die makroökonomische Bedeutung zyklischer Defizite, die Abgrenzbarkeit und Aussagekraft der sogenannten strukturellen Defizite, die unterschiedliche Wirkung einer Defizitfinanzierung von konsumtiven und investiven Ausgaben, die Bedeutung der gesamtwirtschaftlichen Staats- und Abgabenquote sowie des schon bestehenden Schuldenstandes etc. All diese Argumente wurden vielfach durchdekliniert. Die Diskussionen landeten aber letztlich immer wieder bei der am Ende gemeinsamen Schlussfolgerung: Unstrittig erfassbare Maßstäbe für die Einhaltung der Fiskaldisziplin in der Währungsunion und zugleich hinreichend kontrollierbar sind nur die gesamtstaatlichen Defizite sowie die gesamtstaatlichen Schuldenstände, und zwar jeweils in Relation zum Bruttoinlandsprodukt zu Marktpreisen. Als es dann um eine Konkretisierung durch eine Zahl ging, schlugen – wenn ich mich richtig erinnere – die französischen Kollegen unter Hinweis auf damals eigene Zielvorstellungen in Frankreich die später auch in den Vertrag bzw. das Vertragsprotokoll eingegangenen 3% des Brutto-Inlands-Produkts (BIP) als Referenzwert vor. Und für den Schuldenstand wurde letztlich ein Referenzwert von 60% des BIP für angemessen gehalten, wobei dieser Wert in etwa dem damals ausgewiesenen durchschnittlichen öffentlichen Schuldenstand innerhalb der Europäischen Gemeinschaft entsprach.[75] Natürlich gab und gibt es für diese konkrete Bezifferung, die angesichts der damit verbundenen formalen Egalisierung und Inflexibilität hinsichtlich der bisweilen unterschiedlichen Rahmenbedingungen bewusst relativ großzügig vorgenommen wurde, keine exakte wissenschaftliche Begründung. Allerdings kann man zwischen beiden Referenzwerten einen groben Zusammenhang konstruieren, der in der Diskussion auch mehrfach zur Sprache kam. Eine Schuldenquote von 60% wird bei einem durchschnittlichen nominalen BIP-Wachstum von 5% und entsprechenden Zinsen nicht erhöht, wenn der Referenzwert für das jährliche Fiskaldefizit 3% des BIP nicht überschreitet. Ausschlaggebend für die Wahl möglichst exakt bezifferter Werte für das Defizit und den Schuldenstand war jedoch vor allem die Notwendigkeit handhabbarer und konkret kontrollierbarer Kriterien für den Nachweis einer hinreichenden Fiskaldisziplin beim Eintritt in die Währungsunion und auch für die spätere gemeinsame Überwachung. Denn nur durch solche konkreten und messbaren Referenzgrößen, die natürlich auch im Zusammenhang miteinander bewertet werden müssen, kann der Stand der Fiskaldisziplin vergleichbar gemessen werden. Und bei aller Diskussion über die richtigen Indikatoren und Richtwerte bestand hierüber stets weitgehende Einigkeit: Ein Mindestmaß an nachhaltiger Fiskaldisziplin der ansonsten in ihrer internen Wirtschafts- und Finanzpolitik weitgehend autonom bleibenden Mitgliedstaaten ist in einer Währungsunion unerlässlich als Schutz vor möglichen negativen Spill-over-Effekten für die stabilitätsorientierten Mitgliedsländer und auch als Absicherung der politischen Autonomie des ESZB gegen etwaige destabilisierende Einflüsse der nationalen Politiken. Denn im Innenverhältnis zwischen den Mitgliedstaaten fällt in der Währungsunion das frühere Disziplinierungsinstrument der Märkte, der Wechselkurs der nationalen Währung, endgültig weg. Und das Rating der Kreditwürdigkeit der Nationalstaaten durch Agenturen kann diesen Wegfall nicht ausgleichen. Für die Märkte und ihre Bewertung spielt der Charakter der Solidargemeinschaft einer Währungsunion erfahrungsgemäß eine wichtige Rolle.

Weniger schwierig war die Einigung auf die anderen Beitrittskriterien. Eine mindestens zweijährige Teilnahme am Wechselkursmechanismus des Europäischen Währungssystems ohne Abwertung der eigenen Währung sollte nachweisen, dass der festgelegte Leitkurs tatsächlich den Wettbewerbsverhältnissen des jeweiligen Landes gerecht wird und dass dies auch von den Finanzmärkten so bewertet wird. Darüber hinaus sollte das Urteil der Finanzmärkte vor dem Eintritt auch anhand der langfristigen Zinssätze geprüft werden, wobei eine Abweichung von bis zu 2% gegenüber den drei Best-Performern als tolerierbar angesehen wurde. Insbesondere dieses Zinskriterium hat sich jedoch später nur begrenzt als wirksames Auswahlkriterium erwiesen. Es gelang den davon zuvor betroffenen Kandidatenländern nämlich, die Märkte davon zu überzeugen, dass sie schon aus politischen Gründen von Anfang an beim Eintritt in die Währungsunion dabei sein würden. Und aufgrund dieser Erwartung näherten sich auch die langfristigen Zinssätze dieser Länder schon vor dem Eintritt in die Währungsunion dem Durchschnittswert der anderen Kandidatenländer deutlich an, wie später vor allem der Fall Italien gezeigt hat. Dagegen spielte das Wechselkurskriterium eine nicht unwichtige Rolle bei der Zulassung von Kandidatenländern.

Nachdem die im Währungsausschuss eingehend diskutierten und von der Regierungskonferenz befürworteten Auswahlkriterien auf der informellen Sitzung der Wirtschafts- und Finanzminister am 20./21. September 1991 in Appeldorn, Niederlande, auch die weitgehende Zustimmung der Minister und der Notenbankpräsidenten erhalten hatten, konzentrierten sich die politischen Beratungen bei diesem Treffen zunächst vor allem auf das im Vertrag festzulegende Entscheidungsverfahren für den Eintritt in die dritte Stufe. In der Regierungskonferenz hatte die luxemburgische Präsidentschaft schon Ende Juni gewisse Grundlinien hierfür vorgeschlagen. Da dieser Vorschlag jedoch den potenziellen Nicht-Teilnehmerländern eine Sperrminorität eingeräumt hätte, griff – wie ich danach von Horst Köhler erfuhr – der damalige niederländische Finanzminister Wim Kok namens der niederländischen Präsidentschaft in Appeldorn einen schon früher von Frankreich gemachten Vorschlag auf und schlug eine Kompromissformel vor, die dann auch als Orientierung für die weiteren Beratungen akzeptiert wurde:

- Kein Mitgliedsland darf zur Teilnahme an der Endstufe gezwungen werden.
- Kein Mitgliedstaat darf an der Teilnahme der Endstufe gehindert werden, wenn er die vertraglichen Bedingungen erfüllt.
- Kein Mitgliedstaat darf andere daran hindern, die Wirtschafts- und Währungsunion zu verwirklichen.

Auf der Basis dieser französisch-niederländischen Kompromissformel konnte dann schon relativ bald in der Regierungskonferenz das konkrete Entscheidungsverfahren für die künftige Mitgliedschaft in der Währungsunion vereinbart werden.

Weitgehende Einigkeit erzielte man in der Regierungskonferenz auch schon bald über den Bonner Vorschlag zum Thema Konvergenzprogramme der Mitgliedstaaten und ihrer regelmäßigen Überprüfung durch die Gemeinschaftsorgane. Der französische Vorschlag für eine »gemeinsame Wirtschaftsregierung« der zuständigen Minister fand jedoch damals keine Zustimmung, auch nicht bei der deutschen Delegation. Das Thema wurde jedoch später im Zusammenhang mit dem Stabilitäts- und Wachstumspakt erneut aufgegriffen (vgl. Kapitel 19). Die sogenannten ärmeren Mitgliedstaaten nutzten diesen Verhandlungspunkt jedoch – wie schon bei der Vorbereitung des EWS in den 70er Jahren –, um erneut Forderungen nach mehr finanzieller Gemeinschaftshilfe zur Stärkung des wirtschaftlichen und sozialen Zusammenhaltes für die künftige Währungsunion zu stellen. Unter dem neuen Titel »Sicherung der Kohäsion« meldete eine Reihe von Mitgliedstaaten einen Anspruch auf höhere Finanztransfers an. Die Kommission unter Führung von Jacques Delors war dafür nicht zuletzt deswegen aufgeschlossen, weil sie ohnehin das EG-Eigenmittelsystem umgestalten und erweitern wollte. Diesen weitergehenden Kommissionsforderungen wurde zwar nicht Rechnung getragen. Man einigte sich jedoch darüber, vor Ende 1993 einen Kohäsionsfonds einzurichten, mit dessen Mitteln Vorhaben in den Bereichen der Umwelt und der transeuropäischen Verkehrsinfrastruktur finanziell gefördert werden konnten.

Rechtzeitig vor dem für Dezember 1991 geplanten Abschlussgipfel in Maastricht legte die niederländische Präsidentschaft dann Ende Oktober einen Gesamtentwurf für den Wirtschafts- und Währungsteil des geplanten neuen Vertrages vor. Er enthielt auch die in der Regierungskonferenz II unter der Verantwortung der Außenminister behandelten Vertragsteile zum Thema »Politische Union«. In der Substanz hatten diese Verhandlungen allerdings außer der Formulierung allgemeiner Grundsätze, der Einführung des offiziellen Namens Europäische Union und der Unionsbürgerschaft sowie einiger Kompetenzerweiterungen der Gemeinschaft und einer Einbeziehung der gemeinsamen Außen- und Sicherheitspolitik keine größeren Fortschritte für die weitere Integration gebracht. Insbesondere die institutionelle Struktur wurde praktisch nicht verändert. Im EWU-Teil war das eindeutig anders. Hier waren vor allem im monetären Bereich deutliche Kompetenz- und Strukturänderungen vorgesehen. Dieser Teil des Gesamtentwurfes entsprach in den meisten Punkten den deutschen Vorstellungen. Er legte aber zugleich noch einige offene Fragen auf den Tisch. Neben der definitiven Festlegung der Übergangsbestimmungen für die dritte Stufe und die Sanktionen zur

Durchsetzung einer dauerhaften Haushaltsdisziplin ging es dabei auch noch um zwei für die Bundesbank unmittelbar wichtige Punkte: die konkrete Aufgabenstellung des für die zweite Stufe (d. h. ab Anfang 1994) vorgesehenen Europäischen Währungsinstitutes und dessen Leitung sowie die Kompetenzverteilung in der dritten Stufe für die äußere Währungspolitik (Wechselkursregime und Interventionspolitik). In einer – später auch veröffentlichten Stellungnahme[76] – hat der Zentralbankrat die Bundesregierung damals auf die zentrale Bedeutung dieser beiden Punkte für die Geldpolitik im Übergangsprozess und insbesondere in der Endstufe hingewiesen. In beiden Punkten konnten die Wirtschafts- und Finanzminister in ihrer Ratssitzung im unmittelbaren Vorfeld des Maastricht-Gipfels Anfang Dezember 1991 eine für die Bundesbank noch akzeptable Lösung finden. Das in der zweiten Stufe zu gründende Europäische Währungsinstitut sollte neben der Vorbereitung des ESZB für die dritte Stufe zwar grundsätzlich auch schon in der zweiten Stufe die Möglichkeit erhalten, Währungsreserven der Mitgliedstaaten zu verwalten. Das sollte aber nur dann der Fall sein, wenn einzelne Mitgliedstaaten *freiwillig* schon vor Eintritt in die Endstufe einen Teil ihrer Reserven übertragen wollten. Erwartungsgemäß zeigte sich später, dass keiner der Mitgliedstaaten hierzu wirklich bereit war. Wichtig war auch, dass das Institut zwar einen von außen kommenden Präsidenten erhalten sollte, worauf einige Regierungen großen Wert legten. Doch einigten sich die Minister darauf, dass dessen Ernennung auf Vorschlag der Notenbankpräsidenten erfolgen sollte, womit – dem Anliegen der Bundesbank entsprechend – sichergestellt wurde, dass er von Anfang an auch das Vertrauen der Notenbanken hatte. Und was die Zuständigkeitsverteilung für die äußere Währungspolitik angeht, so sollte in der dritten Stufe die Kompetenz für die Festlegung des Wechselkursregimes nach außen zwar letztlich dem Ministerrat und damit den Regierungen vorbehalten bleiben, eine Kompetenzverteilung, die ja für Deutschland bisher schon der Aufgabenteilung zwischen Regierung und Bundesbank entsprach. Der Ministerrat sollte jedoch bei fehlendem formellem Wechselkursregime auch das Recht haben, sogenannte »allgemeine Orientierungen« für die Wechselkurspolitik zu geben. Diese Formulierung war für die Bundesbank allerdings erst akzeptabel, als Minister Waigel nach Intervention von Präsident Schlesinger, der nach dem Rücktritt von Karl Otto Pöhl im Laufe des Jahres 1990 das Präsidentenamt übernommen hatte, durchsetzen konnte, dass solche »Orientierungen das vorrangige Ziel der ESZB, die Preisstabilität zu gewährleisten, nicht beeinträchtigen« dürfen (Artikel 111, Ziffer 2).[77]

Auf dem Maastricht-Gipfel selbst am 9. und 10. Dezember 1991 ging es nach der Einigung der Minister über die anderen strittigen Textpassagen in der Hauptsache nur noch um die Fixierung einer Sonderregelung für das Vereinigte Königreich und die Einigung über das genaue Beschlussverfahren für den Eintritt in die dritte Stufe und den dafür festzulegenden Terminplan. Die Staats- und Regierungschefs einigten sich schon bald mit dem Nachfolger von Frau Thatcher, dem neuen britischen Premierminister John Major, über die Formulierung einer auf Großbritannien zugeschnittenen einseitigen »Opting-out-Klausel« in einer Protokollerklärung zum Vertrag. Dagegen war die Realisierung des sogenannten No-Veto-Prinzips schwieriger. Schlussendlich wurde aber auch hierfür in Maastricht eine Lösung gefunden. Bei der ersten Konvergenzprüfung (zum 31. Dezember 1996) sollte ein Eintritt in die dritte Stufe nur möglich sein, wenn mit qualifizierter Mehrheit festgestellt werde, dass eine Mehrheit der Mitgliedstaaten die notwendigen Voraussetzungen erfülle. Falls diese Voraussetzung 1996 nicht gegeben sei, solle zwei Jahre später neu entschieden werden. Auch mit einer solchen Regelung blieb jedoch letztlich der Termin für den Eintritt in die dritte Stufe noch offen.

Genau dieser Punkt machte schon im Vorfeld von Maastricht insbesondere Präsident Mitterrand, aber wohl auch dem damaligen italienischen Regierungschef Andreotti und dem deutschen Bundeskanzler Kohl Sorge. Über die in den Tagen zuvor und in Maastricht selbst hierzu stattgefundenen politischen Gespräche gibt es inzwischen viele Presseberichte und auch manche Spekulationen. Da ich selbst an diesen Gesprächen nicht beteiligt und auch in Maastricht nicht anwesend war, habe ich hierüber kein eigenes Wissen. So viel scheint mir aber sicher zu sein: Vor allem Präsident Mitterrand und Bundeskanzler Kohl waren sich in einem seit längerem schon einig. Der Weg in die Wirtschafts- und Währungsunion sollte zwar sorgfältig vorbereitet und die Union selbst auch solide konstruiert sein. Der Eintritt in die Endstufe sollte aber nach vertraglicher Festlegung der institutionellen Strukturen und des Auswahlverfahrens anhand von festgelegten Auswahlkriterien nicht erneut auf unbestimmte Zeit vertagt werden können. Deswegen wollten beide einen festen Termin für den Beginn der Währungsunion festlegen, und zwar unabhängig davon, welche und wie viele Länder dann tatsächlich teilnehmen konnten. So wurde dann in Maastricht mit dem Protokoll über den Übergang zur dritten Stufe der Wirtschafts- und Währungsunion als spätester Termin für den unwiderruflichen Eintritt in die dritte Stufe der 1. Januar 1999 verbindlich festgelegt. Und zur angemessenen Vorbereitung der gemeinsamen Geldpolitik sollte die Europäische Zentralbank spätestens sechs Monate früher, nämlich zum 1. Juli 1998, eingerichtet werden, allerdings erst, nachdem die Entscheidung über die Teilnehmer an der dritten Stufe getroffen war. Ob und inwieweit bei dieser Terminfixierung auch, wie später oft spekuliert wurde, eine Initiative des damaligen italienischen Ministerpräsidenten Andreotti eine Rolle gespielt hat, ist mir nicht bekannt. Mit dieser, die meisten Beobachter der Konferenz überraschenden Festschreibung des finalen Eintrittstermins wurde in Maastricht zweifellos ein entscheidender Meilenstein für den weiteren Weg der Währungsintegration in Europa festgelegt. Jetzt waren nicht nur die

Weichen gestellt, jetzt lag auch der Fahrplan mit einem verbindlichen Termin für einen endgültigen Eintritt in eine neue Qualität der wirtschaftlichen und politischen Integration in Europa fest.

Als ich durch einen Anruf von Horst Köhler aus Maastricht von dieser in den Fachgremien zuvor nicht diskutierten Terminfixierung erfuhr, war ich zunächst überrascht und besorgt zugleich. Besorgt nicht deswegen, weil ich die unwiderrufliche Festlegung des Weges in die Währungsunion fürchtete. Von der Nützlichkeit, ja der Notwendigkeit des Weges hin zu einer nachhaltig stabilen Währungsunion war ich nach mehr als 25-jähriger Befassung mit diesem Thema mehr denn je überzeugt. Ich hatte auch Verständnis für den Wunsch der verantwortlichen Politiker, mit einem festen Termin den notwendigen politischen Druck für die tatsächliche Umsetzung der im Vertrag festgelegten Bedingungen und Voraussetzungen in Gang zu setzen. Meine Sorge bezog sich jedoch darauf, dass die jetzt festgelegte Einbahnstraße mit absolut fester Terminierung des Einmündens in die Währungsunion leicht zu missbräuchlicher Interpretation und Verfahrensanwendung bei der endgültigen Zulassungsentscheidung führen konnte. Denn die Währungsunion war ja gerade für die bisher weniger stabilitätsorientierten Länder ein besonders attraktives Ziel, das sie möglichst bald erreichen wollten. Das Risiko bei einer solchen absoluten Terminfestlegung war, dass die notwendigen Vorbereitungen nicht mehr ernst genug genommen wurden nach dem Motto: Der Termin ist wichtiger als die Erfüllung der Kriterien. Meine persönliche Schlussfolgerung nach diesem Anruf war: Jetzt wird die genaue Einhaltung der Kriterien und Verfahren umso wichtiger. Gerade weil die Währungsunion ein nachhaltiger politischer und ökonomischer Erfolg werden muss, ist die exakte Umsetzung des Vertragswerkes im Vorfeld und in der Wirtschafts- und Währungsunion selbst unerlässlich.

Nach sorgfältiger Analyse der Maastrichter Beschlüsse zur Wirtschafts- und Währungsunion kam der deutsche

Zentralbankrat in seiner Stellungnahme von Anfang 1992[78] zu einer ähnlichen Gesamtbewertung. Die im Vertrag vorgesehene institutionelle Ausgestaltung der Endstufe sowie die Regelungen für die Übergangsphase stehen weitgehend im Einklang mit den Vorstellungen und Empfehlungen der Bundesbank. Die Terminvorgaben für den Eintritt in die Endstufe stellen allerdings hohe Anforderungen an die Stabilitätspolitik der Mitgliedstaaten und die auf Gemeinschaftsebene konkret zu treffenden Entscheidungen. Die Erfüllung der Eintrittskriterien bzw. der Konvergenzbedingungen darf nicht durch die Terminvorgaben eingeschränkt werden. Überdies wies der Zentralbankrat darauf hin, dass eine Einigung über die künftige Struktur der angestrebten politischen Union noch nicht erkennbar sei. Die weitere Entwicklung im Bereich der politischen Union sei jedoch für den dauerhaften Erfolg der Währungsunion von zentraler Bedeutung, ein Ceterum censeo, das die Deutsche Bundesbank schon mehrfach vorgebracht hatte.

Neben den Grundsatzfragen im Zusammenhang mit der politischen Weiterentwicklung Europas blieben in Maastricht zunächst auch noch einige für die Wirtschafts- und Währungsunion selbst zu klärende praktische Fragen offen. Wo sollten das 1994 zu errichtende Europäische Währungsinstitut und später die Europäische Zentralbank ihren Standort haben? Welchen konkreten Namen sollte die ECU nach ihrer Umgestaltung vom bisherigen Währungskorb zur eigenständigen gemeinsamen Währung erhalten? Und ebenso wurden alle künftig fällig werdenden Personalentscheidungen vorerst zurückgestellt. Trotz dieser noch offen gebliebenen Fragen markierte die Einigung über den neuen Vertrag zweifellos die wichtigste politische Weichenstellung für den Schritt in die Währungsunion, der noch vor der Jahrtausendwende vollzogen werden sollte. In Maastricht ist in diesen Tagen zweifellos ein wichtiges Kapitel europäischer Geschichte geschrieben worden.

# KAPITEL 16
# Monetäres Beben von 1992

Nach der rechtlichen und redaktionellen Überarbeitung der Beschlüsse vom Dezember 1991 wurde der neue »Vertrag über die Europäische Union« am 7. Februar 1992 in Maastricht in feierlichem Rahmen unterzeichnet. Er konnte jedoch nach den geltenden Vorschriften des bisherigen Vertrages (Artikel 236 EWG-Vertrag) erst in Kraft treten, nachdem er von allen Mitgliedstaaten »gemäß ihren verfassungsrechtlichen Vorschriften ratifiziert worden« war. Genau dieser Ratifizierungsprozess erwies sich jedoch in einigen Mitgliedsländern schon bald als recht schwierig. Während in der Mehrzahl der damaligen zwölf Mitgliedstaaten eine Zustimmung der nationalen Parlamente ausreichte, war in drei Staaten (Dänemark, Frankreich und Irland) zusätzlich ein spezielles Referendum der Wähler erforderlich bzw. wurde aus politischen Gründen für notwendig erklärt. Aber auch in einigen anderen Ländern entwickelte sich schon bald nach Maastricht eine intensive und teilweise sehr kontroverse politische Diskussion.

Besonders intensiv und kritisch war diese Auseinandersetzung in Deutschland. Das hatte sicher mehrere Gründe. Einerseits war die emotionale Bindung der Bevölkerung an die Nachkriegswährung D-Mark besonders stark. Die D-Mark galt allgemein als Symbol des Wiederaufbaus und auch als Ausdruck der wirtschaftlichen Stärke und Stabilität der Bundesrepublik. Und die Deutsche Bundesbank wurde als ihr Garant angesehen. Andererseits hatte sich die öffentliche politische Diskussion in den letzten beiden Jahren vor allem auf Themen im Zusammenhang mit der innerdeutschen Vereinigung konzentriert. Anders als z.B. in Frankreich und vor allem in Großbritannien, wo schon vor den Beschlüssen von Maastricht heftige politische Kontroversen in der Öffentlichkeit stattfanden, beschränkte sich die Diskussion in Deutschland in den Jahren 1990 und 1991 zunächst vor allem auf fachlich und politisch besonders interessierte Kreise. Aufgrund der bisherigen Erfahrungen dominierte in dieser Zeit offenbar auch die Erwartung, dass die Europäische Wirtschafts- und Währungsunion erst in ferner Zukunft Wirklichkeit werde. Diese Erwartung wurde dadurch unterstützt, dass die Bundesregierung lange Zeit hindurch stets den engen Zusammenhang von Wirtschafts- und Währungsunion und politischer Union betont hatte. Eine Bereitschaft zu einer substanziellen Weiterentwicklung der Gemeinschaft in Richtung einer politischen Union war aber in den meisten Mitgliedstaaten Anfang der 90er Jahre kaum zu erkennen. Allerdings hat der frühere dänische Notenbankgouverneur Erik Hoffmeyer in seiner rückschauenden Wertung der Verhandlungen im Vorfeld von Maastricht wohl auch Recht, wenn er darauf hinweist, dass die deutsche Verhandlungsdelegation hinsichtlich der politischen Union keine sehr klaren Vorstellungen zu haben schien, was sie nun wirklich wollte.[79] Das hatte sicher auch damit zu tun, dass das politische Meinungsbild hinsichtlich des anzustrebenden Zieles der europäischen Integration im Laufe der Zeit in der Bundesrepublik – nicht zuletzt wegen der zwischenzeitlichen Erweiterung der Gemeinschaft – inzwischen differenzierter geworden war.

Mit der Unterzeichnung des Maastricht-Vertrages und vor allem der unwiderruflichen Festlegung des Termins für den Eintritt in die Endstufe änderte sich jedoch schlagartig auch die öffentliche Diskussion in Deutschland. Die Europäische Wirtschafts- und Währungsunion wurde plötzlich ein zentrales Thema. Am Vorabend der Maastricht-Konferenz beklagte die *Bild*-Zeitung in großer Aufmachung die künftige Abschaffung der D-Mark. Diese Währung, die zum Symbol für den Wohlstand in Deutschland geworden war und noch kurz zuvor die deutsche Vereinigung gefördert und beschleunigt hatte, solle demnächst »auf dem Altar Europas geopfert« werden. Auch in vielen anderen Kommentaren von Presse und Fernsehen rückte nach Maastricht die europäische Währungsthematik stark in den Vordergrund. Im Juni 1992 veröffentlichten überdies 60 deutsche Wirtschaftswissenschaftler ein Memorandum, in dem sie sich in einigen zentralen Punkten gegen den im Maastricht-Vertrag festgelegten Weg zu einer Europäischen Wirtschafts- und Währungsunion wandten und vor einer »überhasteten Einführung einer europäischen Währungsunion« warnten. Wenige Tage später distanzierten sich allerdings die sogenannten Chef-Volkswirte der drei größten deutschen Banken von einigen der in diesem Memorandum vorgebrachten Argumente. Anfang Juli 1992 publizierte zudem eine Gruppe europäischer Wirtschaftswissenschaftler eine kritische Gegenstellungnahme zu dem Memorandum und erklärte die mit der Währungsunion verbundenen Risiken als »berechenbar«. Hinter dieser Ökonomendebatte verbargen sich allerdings sehr unterschiedliche Positionen und Thesen, von voraussichtlichen Konvergenz- und Flexibilitätsmängeln in der Ausgangslage, nicht ausreichender Konvergenz- und Flexibilitätssicherung in der Währungsunion selbst bis hin zu institutionenökonomisch begründeten Defiziten im künftigen Zentralbanksystem sowie vielen divergenten Vorstellungen hinsichtlich der künftigen Struktur einer politischen Union. Auch international entspann sich damals eine intensive Fachdebatte, die bis heute nicht beendet ist. Insbesondere amerikanische Ökonomen wie Martin Feldstein und Milton Friedman haben sich mehrfach skeptisch geäußert. Dabei ging und geht es letztlich fast immer um die Frage, ob und inwieweit Europa auf Dauer ein »optimaler Währungsraum« sein könne, ein Konzept, das in den 60er Jahren von Robert A. Mundell, Ronald A. McKinnon und Peter Kenen entwickelt worden war· Wie bereits im Kapitel 3 erwähnt, hatte vor allem Mundell ursprünglich eine hinreichende Mobilität der Arbeitskräfte und eine angemessene Flexibilität der Lohnkosten als zentrale Kriterien für die Absorptionsfähigkeit von sogenannten asymmetrischen Schocks in den Mittelpunkt seiner Definition gestellt,[80] diese These später aber eher relativiert.

Der Ratifizierungsprozess für den Maastricht-Vertrag zog sich allerdings ohnehin noch länger hin. Am längsten dauerte er in Deutschland. Erst nach einem klärenden Urteil des Bundesverfassungsgerichtes konnte hier der Vertrag endgültig ratifiziert werden und danach zum 1. November 1993 in Kraft treten. Bis dahin erlebte Europa jedoch zunächst noch mehrere schwere monetäre Beben. Sie waren teilweise von solchem Ausmaß, dass viele Kommentatoren in Europa und auch weltweit, insbesondere in den Jahren 1992 und 1993, das Gesamtprojekt bereits als gescheitert ansahen. Erste Anzeichen für eine möglicherweise erneut aufkommende Unruhe an den Devisenmärkten wurden schon gegen Ende Dezember 1991 erkennbar, als die Bundesbank sich insbesondere wegen der übermäßigen Kreditausweitung im neu vereinigten Bundesgebiet und eines drohenden starken Preisanstiegs gezwungen sah, den Diskont- und den Lombardsatz um 0,5 Prozentpunkte auf 8 % bzw. 9,7 % anzuheben. Da die US-Fed umgekehrt wegen der damaligen Wachstumsschwäche in den Vereinigten Staaten schon im Laufe des Jahres ihren geldpolitischen Kurs expansiver ausgerichtet und das dortige Zinsniveau deutlich abgesenkt hatte, reflektierte sich diese unterschiedliche Zinsentwicklung bald auch deutlich im Außenkurs der D-Mark. Zunächst war jedoch im Wesentlichen nur der D-Mark-Dollar-Kurs betroffen. Innerhalb Europas blieb es – jedenfalls vorerst – an den Devisenmärkten noch relativ ruhig. In den fünf Jahren seit dem letzten Realignment im EWS Anfang 1987 hatten sich allerdings inzwischen wieder gewisse Preisniveaudivergenzen zwischen einigen europäischen Währungen aufgebaut. Auf die damit verbundenen Risiken für das weitere Funktionieren des EWS hatte

Bundeskanzler Kohl bereits im Herbst 1989 in einem Brief an Präsident Mitterrand hingewiesen. Die insbesondere durch die Verhandlungen im Vorfeld von Maastricht und den Vertragsabschluss im Dezember 1991 an den Märkten verbreitete Festkurserwartung ließ aber zunächst im Jahre 1992 keine Anpassungserwartungen aufkommen.

Die Lage änderte sich erst, als in Dänemark das dort für die Annahme des Vertrages erforderliche Referendum am 2. Juni 1992 – wenn auch nur knapp – ein negatives Resultat erbrachte. Jetzt setzten schlagartig an den Devisenmärkten auch Zweifel an der Haltbarkeit des bisherigen Paritätengefüges innerhalb des EWS ein. Auch die schon am Tag danach von Bundeskanzler Kohl und Präsident Mitterrand in einer gemeinsamen Verlautbarung bekräftigte Entschlossenheit, trotz dieses ablehnenden Referendums den Maastricht-Vertrag konsequent und unbeirrbar zu verwirklichen sowie Dänemark die Tür für die Teilnahme offen zu halten, konnte die aufkommenden Zweifel nicht mehr zurückhalten. Wohl brachten schon zwei Wochen später das nächste Referendum in Irland und kurz darauf auch die Parlamentsentscheidung in Luxemburg eindeutige Zustimmung. Der Ausgang des von Präsident Mitterrand angesichts der kontroversen Diskussion in Frankreich für notwendig gehaltenen und auf den 20. September 1992 datierten französischen Referendums galt aber noch als unsicher. Die Umfragen signalisierten jedenfalls keine eindeutige Zustimmung. Hinzu kam, dass die Märkte angesichts der Konjunkturschwäche in Großbritannien und auch des im Vergleich zu Deutschland damals schwächeren Wachstums in Italien und Frankreich den Handlungsspielraum für wechselkursorientierte Zinssenkungen zunehmend geringer einschätzten. Die verantwortlichen Politiker in den betroffenen Ländern registrierten zwar die zunehmenden Spannungen, sie weigerten sich aber, selbst die erforderlichen Konsequenzen zu ziehen bzw. ihren Zentralbanken hinreichenden Spielraum für eine überzeugende

Verteidigung des Wechselkurses durch monetäre Gegenmaßnahmen zu geben.

Stattdessen versuchte zunächst vor allem der britische Premierminister John Major, der das britische Pfund nach langen Jahren des Zögerns seiner Vorgängerin Margret Thatcher im Oktober 1990 in den Wechselkursmechanismus des EWS eingebracht hatte, über den Bundeskanzler Druck auf die Bundesbank in Richtung einer deutlichen deutschen Zinssenkung auszuüben.[81] Bundeskanzler Kohl hat sich hierfür aber nicht einspannen lassen. Auch Minister Waigel warnte bei seinem Besuch im Zentralbankrat am 17. Juni 1992 vor jeglicher Hektik und Dramatik und unterstrich ausdrücklich, dass die Bundesbank »jetzt nicht zum Besitz der Partner werden dürfe«. In der inzwischen als historisch eingestuften Sitzung des Zentralbankrates am 16. Juli 1992 kam es dann zwar nach eingehender Beratung und sorgfältiger Abwägung aller Risiken zu einer Mehrheitsentscheidung für eine Anhebung des Diskontsatzes auf den Höchststand von $8^3/_4$%. Der bereits seit Ende 1991 auf $9^3/_4$% angehobene Lombardsatz wurde jedoch – auch auf meine Bitte hin – nicht weiter erhöht. Natürlich gab und gibt es für eine solche Diskontanhebung immer positive und negative Argumente. Die damalige Mehrheitsentscheidung wurde aber – und ich erinnere mich gut an den Verlauf der Sitzung – nicht nur mit Blick auf die notwendige Stabilisierung der D-Mark nach innen, sondern zugleich aus Verantwortung gegenüber der künftigen Stabilität in Europa getroffen. Das gilt auch für den damaligen Bundesbankpräsidenten Helmut Schlesinger, der nicht nur unmittelbar nach der damaligen Entscheidung insbesondere von der britischen Presse, sondern sogar auch in späteren Memoiren von britischen Politikern wegen dieser und anderer Entscheidungen scharf angegriffen worden ist.[82] In der Bank of England selbst war dagegen das Urteil offensichtlich abgewogener. Mervyn King, damals Chefökonom der Bank und heute ihr Gouverneur, erklärte jedenfalls damals, dass er es für falsch halte, Deutschland und die Bundesbank wegen der gegenwärtigen monetären Politik in Europa zu kritisieren. Trotz verbaler Attacken aus den politischen Kreisen einiger Nachbarländer gegen die Bundesbank blieben die Märkte allerdings in den Sommermonaten noch relativ ruhig. Der Dollar fiel zwar im Laufe des August erstmals gegenüber der D-Mark unter 1,40; und die anderen EWS-Währungen konnten teilweise nur knapp ihre Bandbreite gegenüber der D-Mark einhalten. Aber dramatische Zuspitzungen gab es im August 1992 noch nicht.

In dieser Situation lud der neue französische Finanzminister Michel Sapin (sein Amtsvorgänger Bérégovoy war zuvor Premierminister geworden) für den 24. August abends seine britischen, deutschen und italienischen Kollegen zusammen mit den Notenbankgouverneuren sowie den Ministerstellvertretern zu einem vertraulichen Treffen in das neue französische Finanzministerium nach Bercy in Paris ein. Diese Sitzung, die vor allem der Vorbereitung der für September geplanten G7-Sitzung in Washington dienen sollte und an der ich damals in Vertretung von Präsident Schlesinger teilgenommen habe, ist mir in lebhafter, wenn auch leider nicht positiver Erinnerung. Zunächst berichtete der damalige britische Schatzkanzler Lamont über seine jüngsten Kontakte mit dem amerikanischen Finanzminister Brady. Dieser habe ihm keinerlei Hoffnungen machen können, dass die US-Federal Reserve ihre Zinssenkungspolitik nicht eventuell noch weiter fortsetzen werde. Lamont schlug deshalb vor: Um weitere Spannungen an den Devisenmärkten zu begrenzen, sollten sich die europäischen Partner ihrerseits auf eine koordinierte Zinssenkung in Europa verständigen und dies auch öffentlich herausstellen. Entscheidend sei vor allem eine öffentliche Erklärung der Deutschen Bundesbank, dass sie ihre »restriktive« Zinspolitik nicht fortsetzen, sondern diese möglichst bald korrigieren werde. Zusammen mit einer Aktivierung der im sogenannten Basel-Nyborg-Abkommen vereinbarten Finanzierungsmöglichkeiten für etwaige zusätzliche Interventionen könnten so nach seiner Meinung die Spannungen zwischen den europäischen Währungen ohne Leitkursänderungen abgebaut werden. Nachdem auch auf französischer und italienischer Seite – wenn auch weniger eindeutig – für eine Änderung der deutschen Zinspolitik plädiert wurde, verwies Minister Waigel auf den vorrangigen Stabilitätsauftrag der Bundesbank sowie auf die Möglichkeit von Zinsanhebungen in den Schwachwährungsländern. Ich selbst habe dann deutlich gemacht, dass eine nachhaltige überzeugende Lösung wohl nur über ein die bereits entstandenen innereuropäischen Stabilitätsdivergenzen korrigierendes Realignment der Währungsparitäten zu erreichen sei. Dafür sei gerade jetzt – im Sommermonat August – der Zeitpunkt günstig. Aus der Sicht der Bundesbank – hierüber gäbe es allerdings noch keine Absprache mit der Bundesregierung – solle dabei auch eine unilaterale Aufwertung der D-Mark gegenüber allen oder den meisten anderen EWS-Währungen nicht ausgeschlossen werden. Dieses damalige informelle Angebot, dem Minister Waigel nicht widersprach, wurde leider von den anderen drei Finanzministern unverzüglich abgelehnt. Sie wollten eine Abwertung ihrer Währungen unbedingt vermeiden. Heute weiß ich, dass man sowohl in Großbritannien als auch in Italien damals die Möglichkeit einer Paritätskorrektur schon im Vorfeld dieses Treffens geprüft, sich aber auf eine Ablehnung festgelegt hatte. Da Frankreich auf keinen Fall mehr eine Änderung der Franc-Parität zur D-Mark hinnehmen wollte, waren auch die anderen beiden Länder dazu – nicht zuletzt aus politischen Prestigegründen – damals nicht bereit. Dabei war die insbesondere gegenüber der Lira in den letzten Jahren aufgelaufene deutliche Stabilitätsdivergenz ebenso unverkennbar wie gegenüber dem britischen Pfund, das 1990 – entgegen dem ausdrücklichen Rat der Bundesbank – zu einem eindeutig überhöhten Leitkurs in den Wechselkursmechanismus des EWS eingetreten war. Mit der britischen und italienischen Ablehnung einer Abwertung für das

Pfund und die Lira sowie dem französischen Nein zu einer D-Mark-Aufwertung wurde damals beim Geheimtreffen in Bercy leider die Möglichkeit für eine rechtzeitige und undramatische Korrektur der Leitkurse nicht genutzt. Stattdessen glaubten unsere Partner, durch gemeinsamen Druck in Richtung einer deutlichen Zinssenkung durch die Bundesbank dieser Korrektur aus dem Wege gehen zu können. So wurde an diesem späten Abend im August 1992 eine große Chance vergeben, deren Nutzung zweifellos einen großen Teil der anschließenden Probleme und Zuspitzungen hätte vermeiden können.

Wenige Tage danach erfuhren wir in der Bundesbank durch einen Telefonanruf vom Bundeskanzler, dass inzwischen ein neuer Brief von Premierminister Major eingetroffen sei. Außerdem habe soeben der italienische Ministerpräsident Amato schriftlich den Wunsch übermittelt, die Bundesbank möge doch bald ihre Zinsen deutlich senken. Vor einer Beantwortung dieses Schreibens würde er eine gemeinsame Erörterung der Lage mit dem Bundesfinanzminister und der Bundesbankleitung begrüßen. Am 2. September 1992 frühmorgens fand dann im Kanzleramt in Bonn ein Gespräch im kleinen Kreis zusammen mit Herrn Waigel, Herrn Schlesinger und Herrn Köhler statt. Präsident Schlesinger und ich legten zunächst erneut die Gründe dar, warum eine Zinssenkung der Bundesbank gegenwärtig weder stabilitätspolitisch vertretbar sei noch eine Lösung der Spannungen im EWS bringen könne. Nachdem diese Position von Minister Waigel unterstützt wurde, zeigte sich auch der Bundeskanzler hiervon überzeugt. Er wolle dem britischen und italienischen Ministerpräsidenten eine entsprechende Antwort zukommen lassen. In Anbetracht der stark kontroversen öffentlichen Diskussion in Europa sowie insbesondere im Hinblick auf das bald anstehende Referendum in Frankreich bat er allerdings alle Beteiligten um eine vorsichtige Wortwahl bei öffentlichen Äußerungen. Auch der am nächsten Tag zu seiner regulären Sitzung zusammengekommene Zentralbankrat hielt eine deutsche Zinssenkung nicht für angemessen. Die fragile Lage im europäischen Währungssystem könne nicht einseitig durch eine Zinssenkung in Deutschland gelöst werden. Wenn überhaupt, so sei ein solcher Schritt nur im Zusammenhang mit einer überzeugenden Leitkurskorrektur im EWS vertretbar.

Das zwei Tage später im britischen Seebad Bath stattfindende informelle Treffen der EG-Wirtschafts- und -Finanzminister zusammen mit den Notenbankgouverneuren (4./5. September 1992) zeigte jedoch erneut, dass dazu bei den betroffenen Partnern offenbar keinerlei Bereitschaft bestand. Der den Vorsitz führende britische Schatzkanzler Norman Lamont versuchte stattdessen – mit Unterstützung einiger anderer Minister – Druck auf Helmut Schlesinger auszuüben, um ihn zur öffentlichen Ankündigung einer baldigen deutschen Zinssenkung zu bewegen. Über den dramatischen Sitzungsverlauf und die einseitige Verhandlungsführung durch den britischen Schatzkanzler ist damals in der internationalen Presse viel berichtet und kritisch geschrieben worden. Auch in den bereits erwähnten Memoiren von John Major und Norman Lamont ist darüber manches zu lesen. John Major berichtet z. B., dass er kurz nach dem Treffen in Bath von einer Übersetzerin erfahren habe, dass die Sitzungsleitung durch Herrn Lamont »very bad« gewesen sei und die Gereiztheit der Diskussion gefördert habe.[83] Auch von einem sehr erfahrenen Notenbankkollegen eines anderen Landes habe ich später mehrfach gehört, dass er nie zuvor eine derart einseitige Verhandlungsführung erlebt habe wie an diesem Wochenende in Bath.

Nach dem Verlauf dieses Wochenendtreffens und den vielen Berichten darüber war es nicht verwunderlich, dass die Lage an den Märkten weiterhin fragil blieb. Ich selbst war in den folgenden Tagen zu verschiedenen Sitzungen in Basel sowie bei der OECD in Paris, wo ich in der Working Party 3 (Währungs- und Finanzfragen) damals den Vorsitz innehatte. Obwohl es dort nach der Tagesordnung vor allem um die Vorbereitung der bevorstehenden Jahresversammlung des IWF in Washington ging, konzentrierten sich die Gespräche schon bald auf die Probleme innerhalb des Europäischen Währungssystems. Die Stellvertreter der Minister und Notenbankgouverneure konnten aber die immer deutlicher werdenden Probleme nicht lösen. Ihre Regierungen waren damals zu substanziellen Korrekturen noch nicht bereit.

In der zweiten Wochenhälfte nahmen dann die Spannungen an den Devisenmärkten plötzlich dramatisch zu. Nachdem die obligatorischen Interventionen gegenüber der italienischen Lira schon im Laufe der Woche täglich mehrere Milliarden D-Mark ausgemacht hatten, stiegen sie im Laufe des Freitags auf rund 8,5 Milliarden D-Mark. Als Helmut Schlesinger hierüber die Bundesregierung in Bonn informierte, schlug der Bundeskanzler für den Abend in Frankfurt ein gemeinsames Gespräch mit Minister Waigel und seinen engsten Mitarbeitern vor. In diesem vertraulichen Gespräch, das im Gästehaus der Bundesbank stattfand, erklärte sich die Bundesregierung auch offiziell zu einer Initiative für eine substanzielle Aufwertung der D-Mark bereit. Helmut Schlesinger und ich signalisierten unsererseits die Bereitschaft, nach einem über das Wochenende zustande kommenden Realignment den Zentralbankrat schon am Montag in einem Sonderverfahren auch um eine gewisse Zinssenkung in Deutschland zu bitten. Horst Köhler und ich erhielten dann als deutsche Vertreter im EG-Währungsausschuss den Auftrag, am nächsten Tag zunächst nach Paris und dann nach Rom zu fliegen, um dort in bilateralen Gesprächen die Bereitschaft zu einem Realignment zu klären. Am Sonntag könnten dann im Währungsausschuss die notwendigen Entscheidungen beraten und mit den Regierungen der EWS-Länder abgestimmt werden.

Der folgende Samstag brachte dann wichtige Vorentscheidungen. Zunächst flogen Horst Köhler und ich mit einer Bundeswehrmaschine nach Paris und trafen dort mit Finanzminister Sapin sowie unseren Kollegen Trichet (Trésor) und Lagayette (Banque de France) zusammen. Schon bald bestätigte sich unsere Erwartung, dass Frankreich auch weiterhin eine Änderung des Leitkurses für den französischen Franc ablehnte. Minister Sapin machte auch klar, dass man in Paris am liebsten jede Leitkursänderung im EWS bis nach dem französischen Referendum am kommenden Wochenende (20. September 1992) zurückstellen möchte. Man würde sich aber einer begrenzten Abwertung des Leitkurses der Lira und, sofern Großbritannien dazu bereit sei, auch des britischen Pfundes nicht widersetzen. Man wolle aber von französischer Seite beide Länder nicht drängen. Für wichtig halte man jedoch in jedem Falle eine das Realignment begleitende deutsche Zinssenkung. Nach diesem Gespräch in Paris flogen Horst Köhler und ich weiter nach Rom. Dort trafen wir mit Minister Barruci, Notenbankpräsident Ciampi sowie unseren Kollegen im Währungsausschuss Draghi (Schatzministerium) und Dini (Banca d'Italia) zu eingehenden Beratungen zusammen. In Sitzungspausen kontaktierte Minister Barrucci mehrfach telefonisch auch Ministerpräsident Amato, der sich an diesem Tag außerhalb von Rom befand. Die italienische Seite war sich offenbar der bedrohlichen Lage für die Lira und das gesamte Europäische Währungssystem bewusst. Insbesondere Carlo Ciampi machte intern deutlich, dass er – wie auch wir – ein breiter angelegtes Realignment im EWS für angemessen halte. Eine Abwertung der Lira allein werde die entstandene Problematik im System kaum hinreichend lösen. Man verstehe aber, dass ein breiter angelegtes Realignment vor dem französischen Referendum kaum zu erreichen sei. Andererseits verlange die an den Märkten entstandene Lage eine rasche Lösung. Nach einer internen Beratung erklärte sich die italienische Seite schließlich zu einer sofortigen Abwertung der Lira bereit, nannte aber folgende Bedingungen: Der Antrag für das Realignment müsse von

Deutschland und Italien gemeinsam gestellt werden, und zwar für eine gleichzeitige Aufwertung der D-Mark und eine Abwertung der Lira von jeweils 3,5 %, so dass sich eine Neuadjustierung von insgesamt 7 % ergebe. Überdies hoffe man auf eine Zinssenkung seitens der Bundesbank schon zu Beginn der Woche. Nachdem Helmut Schlesinger mir telefonisch bestätigte, dass nach seiner Umfrage bei den Zentralbankratsmitgliedern unter einer solchen Voraussetzung eine entsprechende Entscheidung schon am Montag wahrscheinlich sei, konnten wir uns auf eine solche Lösung verständigen. Gemeinsam verabredeten wir, dass die italienische Seite möglichst bald mit London Verbindung aufnehme, um dort noch einmal auf eine Beteiligung des britischen Pfundes an dem Realignment zu drängen. Außerdem sollte der damalige Vorsitzende des EG-Währungsausschusses Jean-Claude Trichet unverzüglich informiert werden, damit er den Ausschuss eventuell für den nächsten Tag nach Brüssel zur gemeinsamen Beratung und Entscheidung einberufen könne. Horst Köhler und ich flogen danach unverzüglich nach Frankfurt zurück, wo wir kurz nach Mitternacht landeten.

Bereits von Rom aus hatte ich die zuständigen Mitarbeiter in der Bundesbank informiert und sie um die erforderlichen Vorbereitungen für die voraussichtliche sonntägliche Sitzung in Brüssel gebeten. Am Sonntagvormittag erreichte mich dann zu Hause zwar eine Vielzahl von Telefongesprächen, die erwartete Einberufung des Währungsausschusses nach Brüssel blieb jedoch aus. Nachdem die britische Seite am frühen Sonntagvormittag bei einem Telefongespräch zwischen den beiden Premierministern Amato und Major ihren Widerstand gegen eine Pfund-Abwertung ohne gleichzeitige Abwertung des französischen Franc bestätigt hatte[84] und offenbar auch andere Regierungen vor weitergehenden Realignment-Verhandlungen gewarnt hatten, verzichtete der Vorsitzende Jean-Claude Trichet nach Umfrage bei den Ausschussmitgliedern darauf, den Ausschuss zu einer Sondersitzung einzuladen. Um etwaige neue Spekulationen zu vermeiden, entschied er sich stattdessen – nach Konsultation mehrerer Ausschussmitglieder – für das bereits in den 80er Jahren (bei der Abwertung des irischen Pfundes) einmal angewandte telefonische Abstimmungsverfahren. Dabei bestätigte sich, dass zu dieser Zeit kein anderes Land bereit war, seine Währung abzuwerten. Am Abend des 13. September 1992 wurde dann in Brüssel das bei einem Realignment übliche Kommuniqué veröffentlicht, wonach auf Antrag der deutschen und italienischen Seite neue Leitkurse für die italienische Lira (–3,5 %) sowie für alle anderen am System teilnehmenden Währungen (+3,5 %) festgelegt worden seien. Die gleichzeitige Aufwertung der anderen Währungen ging dabei über den deutschen Antrag hinaus. In Wirklichkeit war es jetzt eine einseitige Abwertung der Lira. Obgleich der Zentralbankrat in seiner Sondersitzung am folgenden Montag die deutschen Notenbankzinsen um de facto 0,5 % senkte, blieben die Märkte allerdings weiter unter Spannung. Insbesondere das britische Pfund kam schon am Montagmorgen erneut unter Druck, der sich in den nächsten Tagen zunehmend weiter verschärfte. Jetzt musste allerdings nach der Lira-Abwertung zunächst vor allem die Banca d'Italia das britische Pfund durch obligatorische Interventionen stützen. Die Märkte hatten jedoch Blut gerochen.

In den folgenden Tagen geschahen dann jene Vorgänge, die für die britische Öffentlichkeit damals den 16. September 1992 zum vielzitierten »Black Wednesday« machten. Vor allem in der britischen Presse, aber leider auch in der politischen Diskussion in Großbritannien, sind über diese Vorgänge später so viele Einseitigkeiten, Halbwahrheiten und auch Vorurteile veröffentlicht worden, dass die gesamte Thematik hier kurz in ihrer Substanz dargestellt werden soll. Helmut Schlesinger hatte, wie er dem Direktorium am folgenden Tag berichtete, dem *Handelsblatt* am 15. September ein Interview gegeben, das offenbar – entgegen der Absprache – ohne Freigabe und teilweise verzerrt schon am selben Tag an den Märkten bekannt wurde. Daraufhin setzte eine Spekulation ein, dass die Bundesbank weiterhin auf eine Abwertung des britischen Pfundes setze. Auch die im Auftrag von Schlesinger von der Pressestelle der Bundesbank herausgegebene Mitteilung, dass es sich um einen »nicht autorisierten« Text handele, konnte die an den Märkten offenbar bereits vorherrschenden Erwartungen nicht mehr korrigieren, zumal vor allem die britische Morgenpresse die angeblichen Schlesinger-Äußerungen am 16. September in breiter Aufmachung aufgriff und verbreitete. Jedenfalls kam es an den Märkten zu einer Spekulationswelle gegen das britische Pfund, wie wir sie in dieser Stärke bis dahin noch nicht erlebt hatten. So musste die Bank of England bereits vom frühen Morgen an in von Stunde zu Stunde zunehmenden Dimensionen Reserven verkaufen, um die Bandbreite von 2,25% im EWS einzuhalten. In London fanden auf Initiative des Premierministers und des Schatzkanzlers mehrere kurzfristig zusammengerufene Konferenzen statt, deren Abläufe in den bereits erwähnten Memoiren von John Major und Norman Lamont ausführlich beschrieben werden.[85] Zunächst glaubte man, mit einer starken eigenen Zinsanhebung von 2% die Markterwartungen noch korrigieren zu können. Der Verlust an Devisenreserven nahm jedoch stündlich zu. Aufgrund dieser eskalierenden Entwicklung setzte sich dann auch bei den verantwortlichen britischen Politikern die Einsicht durch, dass der Leitkurs des britischen Pfundes im EWS nicht mehr zu halten sei. Nach mehreren telefonischen Konsultationsrunden zwischen den Notenbankgouverneuren in Europa entschied sich die britische Regierung gegen Abend, die Interventionen an den Devisenmärkten einzustellen. Aber statt, wie es die Regeln des EWS vorsahen, in einer solchen Lage eine Änderung des Leitkurses für das Pfund zu beantragen, gab Schatzkanzler Lamont in London in einer kurzen öffentlichen Erklärung einseitig bekannt, die britische Mitgliedschaft im Wechselkursmechanismus des Europäischen Währungssystems werde ab sofort ausgesetzt. Zwar wurde für den späten Abend noch eine Sitzung des EG-Währungsausschusses beantragt, den Ausstieg aus dem System hatte Großbritannien mit der Bekanntgabe seiner Entscheidung jedoch bereits unwiderruflich getroffen. Als kurz vor Mitternacht der Währungsausschuss in Brüssel unter Vorsitz von Jean-Claude Trichet zusammentrat, waren für das britische Pfund damit die Weichen bereits gestellt. Der Bericht unseres britischen Kollegen aus der Treasury, Nigel Wicks, beleuchtete noch einmal die dramatische Entwicklung im Tagesverlauf. Aufgrund der gewaltigen Interventionen hatten sich die britischen Devisenreserven in wenigen Stunden von einem Plus von über 20 Milliarden Dollar in ein beträchtliches Minus verwandelt. Wie die italienischen und spanischen Ausschussmitglieder berichteten, seien auch ihre Währungen von dem Einbruch des britischen Pfundes in Mitleidenschaft gezogen worden und befänden sich in einer labilen Situation. Die meisten Kollegen bedauerten jetzt, dass es nicht rechtzeitig zu einem breiter angelegten Realignment gekommen sei. Die allerletzte Chance dafür sei offenbar im Zusammenhang mit der Lira-Abwertung am vergangenen Wochenende vertan worden. Um einen drohenden Zusammenbruch des gesamten Systems zu vermeiden, waren jetzt weitere Entscheidungen unausweichlich. Der italienische Vorschlag, die Märkte in Europa bis nach dem französischen Referendum am kommenden Wochenende vorübergehend zu schließen, fand allerdings keine Unterstützung. Ihm wurde vor allem entgegengehalten, dass dadurch weltweit die Unsicherheiten an den Märkten eher noch vergrößert würden. Nach eingehender Beratung erwies sich nur folgende Einigung als möglich: Zusätzlich zu der bereits vor Sitzungsbeginn getroffenen britischen Entscheidung entschied sich jetzt auch Italien, »vorübergehend auf Interventionen an den Devisenmärkten zu verzichten«. Mit dieser Formulierung wollte man sich bewusst von der weitergehenden britischen Entscheidung zur Suspension der

Teilnahme am EWS-Wechselkursmechanismus abgrenzen. Außerdem wurde auf spanischen Antrag hin der Leitkurs der Peseta um 5 % abgewertet, wobei schon in dieser Nachtsitzung im Währungsausschuss intern Zweifel geäußert wurden, ob dieser Schritt tatsächlich ausreichend sei. Noch in den frühen Morgenstunden des 17. September 1992 bin ich von Brüssel zurück nach Frankfurt gefahren, um den Zentralbankrat in der Vormittagssitzung über die jüngste Entwicklung zu informieren. Dort wurde die nächtliche Entscheidung in Brüssel als eine notwendige und den Umständen entsprechende Antwort auf die entstandenen Herausforderungen gewertet. Dennoch, die Märkte kamen auch an den nächsten Tagen nicht zur Ruhe. Neben einigen kleineren europäischen Währungen geriet insbesondere der französische Franc zunehmend unter Druck, wobei offensichtlich die noch immer bestehende Unsicherheit über den Ausgang des französischen Referendums eine besondere Rolle spielte.

Als Helmut Schlesinger und ich zwei Tage später zur Jahresversammlung des IWF und dem damit in Zusammenhang stehenden G7-Treffen nach Washington flogen, war uns bewusst, dass der französische Franc in den letzten Tagen nur durch großdimensionierte intramarginale D-Mark-Verkäufe seitens der Banque de France innerhalb der damals geltenden Bandbreiten von +/–2,25 % gehalten worden war. Deshalb war es für uns auch keine Überraschung, dass wir schon bei unserer Ankunft in Washington zusammen mit Minister Waigel und Horst Köhler eine Einladung der französischen Delegation zu einem bilateralen Gespräch vorfanden. Angesichts der noch bestehenden Unsicherheit über den Ausgang des unmittelbar bevorstehenden Referendums in Frankreich und der Nervosität an den Devisenmärkten wurde in diesem Gespräch für die nächsten Tage in Washington ein besonders enger deutsch-französischer Kontakt vereinbart. Am Sonntag (20. September) erreichten uns aufgrund der Zeitverschiebung schon in einer um die Mittagszeit einberufenen Sondersitzung des EG-Währungsausschusses die ersten Hochrechnungsergebnisse aus Frankreich. Nachdem sich diese Hochrechnungen in dem Endresultat von knapp über 50% Zustimmung zum Maastricht-Vertrag in den folgenden Stunden bestätigten, verabschiedeten die EG-Finanzminister zusammen mit den EG-Notenbankpräsidenten in einer Sondersitzung auf Vorschlag des Währungsausschusses eine Erklärung, in der sich alle erneut gemeinsam für das Europäische Währungssystem als Schlüsselfaktor für die wirtschaftliche Stabilität und Prosperität in Europa aussprachen. So sinnvoll diese Vertrauenserklärung nach den turbulenten Wochen und vielen Dissonanzen der letzten Tage auch war, die Märkte ließen sich dadurch allein aber nicht beruhigen. Sie begannen, die Stabilität des Systems weiter zu testen, und sie setzten jetzt primär beim französischen Franc an.

Nachdem die ersten Marktberichte über den Verlauf des Montags (21. September) aus Europa vorlagen, trafen sich die französische und deutsche Delegation gegen Mittag amerikanischer Zeit in der französischen Botschaft in Washington zu einer vertraulichen Beratung über die Lage und etwaige Handlungsmöglichkeiten. Teilnehmer waren die beiden Finanzminister Sapin und Waigel, die beiden Notenbankpräsidenten de Larosière und Schlesinger sowie die jeweiligen Vertreter Trichet und Lebèque, Köhler, Haller und ich. Freimütig wurden die denkbaren Aktionsparameter diskutiert. Von französischer Seite wurde jedoch sogleich klargestellt, dass auch nach dem Referendum eine Veränderung des Leitkurses für den französischen Franc gegenüber der D-Mark nicht in Frage komme. Umgekehrt machten Schlesinger und ich deutlich, dass nach der deutschen Zinssenkung vom vergangenen Montag für eine weitergehende Reduzierung der Bundesbankzinsen angesichts der Stabilitätsrisiken kurzfristig kein weiterer Spielraum mehr bestehe. Deswegen fokussierte sich die Diskussion schon bald auf die Bedeutung sogenannter koordinierter intramarginaler Interventionen. Nach eingehender Diskussion über das Für und Wider erklärten Schlesinger und ich uns bereit, auf Antrag der Banque de France auch seitens der Bundesbank – für die Märkte sichtbar – zugunsten des französischen Franc zu intervenieren, falls die Kreditkosten hierfür von Frankreich übernommen würden. Die Bundesbank sollte lediglich nach außen in Erscheinung treten, in der Sache selbst aber im Auftrag und zu Lasten der Banque de France handeln. Sofern erforderlich, sei die Bundesbank auch bereit, der Banque de France eine größere Kreditlinie einzuräumen. Dieses Angebot wurde von französischer Seite akzeptiert. Man erhoffte sich durch solche, sichtbar von der Bundesbank getätigte Interventionen eine gewisse vertrauensfördernde Wirkung zugunsten des französischen Franc. Denn die interne Finanzierungsregelung sollte nicht bekannt gegeben werden.

Die europäischen Marktnachrichten vom Dienstag (22. September) gaben aber noch keinerlei Entwarnung. Im Gegenteil, der Druck auf den französischen Franc hielt trotz der Bundesbankinterventionen an, ja, es zeigte sich im Laufe des Tages sogar eine neue Zuspitzung der Lage. Auf Wunsch von Jean-Claude Trichet, der nach der vorzeitigen Rückreise von Minister Sapin und Gouverneur de Larosière nach Paris jetzt die französische Delegation bei den Washingtoner Treffen leitete, trafen wir uns schon bald nach der offiziellen Eröffnung der Jahresversammlung des IWF und der Weltbank erneut, und zwar dieses Mal in den Räumen der deutschen Delegation im Tagungshotel Sheraton. Das dort nach schwierigen Gesprächen letztlich zustande gekommene Ergebnis bewerte ich noch heute – im Rückblick nach mehr als einem Jahrzehnt – als einen Vorgang, der für die deutsch-französische Währungskooperation und den späteren Weg in die Wirtschafts- und Währungsunion von besonderer Bedeutung war. Der Sitzungsverlauf war an Dramatik kaum zu überbieten. Jean-Claude Trichet wurde während der Sitzung mehrfach direkt von Paris angerufen und berichtete dabei über den Verlauf unserer Gespräche.

Auch Bundeskanzler Kohl, der zur gleichen Zeit bei Staatspräsident Mitterrand im Élysée zu Besuch war, rief von Paris aus Theo Waigel und Helmut Schlesinger an. Er hatte offenbar schon am Abend zuvor von Premierminister Bérégovoy schriftlich die dringende Bitte um deutsche Unterstützung zur Verteidigung der Parität des französischen Franc erhalten. Der Bundeskanzler bat um sorgfältige Prüfung des französischen Anliegens, machte aber zugleich deutlich, dass die Entscheidung selbstverständlich allein Sache der Bundesbank sei. In Washington selbst haben wir dann im weiteren Gesprächsverlauf gemeinsam alle Aktionsmöglichkeiten noch einmal diskutiert und geprüft. Eine von Helmut Schlesinger und mir angebotene zusätzliche Ausweitung des Kreditvolumens für Interventionen wurde von französischer Seite dankbar angenommen. Lange strittig war dagegen eine von der französischen Politik gewünschte öffentliche Erklärung der Bundesbank zur Angemessenheit der Parität zwischen der D-Mark und dem französischen Franc. Insbesondere Helmut Schlesinger zögerte lange, nicht zuletzt aus Sorge vor einem Präjudiz für andere Fälle. Im weiteren Gesprächsverlauf stimmte er aber im Hinblick auf die Sondersituation des französischen Franc und die deutlichen stabilitätspolitischen Konvergenzfortschritte Frankreichs in den letzten Jahren einer solchen Erklärung zu. Zusammen mit Otmar Issing, den Schlesinger zu diesem Gespräch mit eingeladen hatte, haben wir dann an einer gemeinsamen Erklärung gefeilt, die auch für uns in der Bundesbank akzeptabel und sinnvoll erschien. So einigten wir uns am Ende auf folgenden Text: »Im Hinblick auf die Entwicklung an den Devisenmärkten haben die Regierungen und Zentralbanken Frankreichs und Deutschlands die Grunddaten ihrer Volkswirtschaften überprüft. Sie kamen zu dem Schluss, dass die geltenden Leitkurse zwischen ihren Währungen die zugrunde liegende Situation ihrer Volkswirtschaften richtig widerspiegeln und dass keine Änderung ihrer Leitkurse gerechtfertigt ist. Sie werden im

Einklang mit den Regeln des Europäischen Währungssystems handeln.«

Die Reaktion der Märkte auf diese gemeinsame Erklärung war zunächst abwartend. Offensichtlich von der Erklärung überrascht – insbesondere von der Zustimmung der Bundesbank –, versuchten sie, den tatsächlichen Gehalt zu testen. Als aber die Banque de France noch zusätzlich ihrerseits den Geldmarktzins anhob, ebbte die Spekulation gegen den französischen Franc – vielen anders lautenden Prognosen zum Trotz – langsam ab. Insbesondere die gemeinsame Vertrauenserklärung hat damals zweifellos dem französischen Franc in einer sehr schwierigen Situation geholfen. Aber auf Dauer gesichert war seine Stellung an den Märkten damit noch nicht. Auch in den folgenden Wochen und Monaten gab es immer wieder Schwächephasen für den französischen Franc. Die Spekulationen verlagerten sich jedoch in den nächsten beiden Monaten zunächst vor allem auf die spanische Peseta und auf den portugiesischen Escudo. Beide Währungen waren schon im Kontext mit den drei großen Spekulationswellen im September – zunächst gegen die Lira, dann gegen das Pfund und zuletzt gegen den französischen Franc – erheblich unter Druck geraten. Wohl war der Leitkurs der spanischen Peseta schon am »Black Wednesday« (16. September) um 5% abgewertet worden. Diese Korrektur erwies sich in den folgenden Wochen jedoch immer deutlicher als nicht ausreichend. So blieb den spanischen Behörden nichts anderes übrig, als zum Wochenende am 21./22. November 1992 – dieses Mal zusammen mit der portugiesischen Regierung – eine weitere Abwertung von 6% zu beantragen. Nach etwa zehnstündigen Verhandlungen mit vielen Telefonkontakten in die Hauptstädte konnte sich der Währungsausschuss in Brüssel in den frühen Morgenstunden des Sonntags über diesen Antrag verständigen. Irland und Dänemark, deren Währungen damals ebenso unter Druck geraten waren, lehnten jedoch eine gleichzeitige Abwertung ihrer Währungen ab.

Mit diesen Entscheidungen hatte das Europäische Währungssystem innerhalb von drei Monaten ein weitgehend verändertes Paritätengitter erhalten. Zunächst war die Lira im Ergebnis um 7% abgewertet worden. Schon zwei Tage später war der Leitkurs des britischen Pfundes ganz aufgekündigt worden; und die italienische Regierung folgte dieser Entscheidung mit der vorläufigen Aufgabe des Leitkurses für die Lira. Beide Währungen wurden danach zu erheblich niedrigeren Kursen gehandelt. Die spanische Peseta war in zwei Schritten um insgesamt 11% abgewertet worden und der portugiesische Escudo um 6%. Der französische Franc konnte dagegen die alte Parität halten, allerdings nur mit erheblicher finanzieller und verbaler Hilfe von außen. Das so weitgehend veränderte Wechselkursgefüge in Europa entsprach zweifellos mehr den wirtschaftlichen Realitäten als zuvor. Vielfach kritisch bewertet wurden in der Öffentlichkeit jedoch manche Vorgehensweisen bei den Entscheidungsprozessen. Insbesondere in der britischen Presse und Politik gab es längere Zeit hindurch viel emotionale und den Tatsachen nur teilweise gerecht werdende Kritik, die erst sehr allmählich abflaute und vor allem in der britischen Öffentlichkeit noch lange nachwirkte. In diesem Zusammenhang sollte auch erwähnt werden, dass das Treasury and Civil Service Committee des britischen Unterhauses, das auch die Bundesbank besucht hatte, der deutschen Seite keinerlei Vorwürfe gemacht hat[86]. Wichtiger als die zeitweilig starke Kritik an der Politik der Deutschen Bundesbank waren jedoch die an den Märkten und auch in der internationalen Öffentlichkeit entstandenen Zweifel an der Fähigkeit vieler EU-Länder, die für den im Maastricht-Vertrag vorgesehenen Eintritt in die Währungsunion erforderlichen Konvergenzkriterien zu erfüllen. Das monetäre Erdbeben im Herbst 1992 hatte nicht nur die zuvor aufgelaufenen Divergenzen aufgedeckt; es hatte vor allem auch die zwischen einer Reihe von Ländern noch bestehenden Unterschiede in der stabilitätspolitischen Orientierung der Politik offen gelegt.

Diese Unterschiede zeigten sich auch in den anschließenden Beratungen des EG-Währungsausschusses über mögliche Konsequenzen und Verbesserungen des Systems. Es gab zwar eine weitgehende Einigkeit über die Kritikwürdigkeit mancher Vorgehensweisen und Verfahren der letzten Monate. In der Sache selbst zeigten sich aber noch immer nicht zu unterschätzende Meinungsdivergenzen. Sie betrafen insbesondere die Verteilung der Anpassungslasten bei sich abzeichnenden ökonomischen Divergenzen. Während Horst Köhler und ich mit Unterstützung der niederländischen Vertreter die Stabilisierungsaufgabe vor allem bei den von Kapitalabflüssen bedrohten Ländern sahen, vertraten die Vertreter mancher anderer Länder noch immer die These einer symmetrischen Aufgabenverteilung. Auch die Länder mit den stabilsten Währungen sollten nach ihrer Meinung dadurch zur Funktionsfähigkeit des Systems beitragen, dass sie an der eigenen Stabilitätspolitik entsprechende Abstriche machten. Genau das war für uns nicht akzeptabel. Das Europäische Währungssystem als Vorläufer für die künftige Wirtschafts- und Währungsunion mit einer einheitlichen Währung war von Anfang an bewusst asymmetrisch angelegt worden, um so eine Orientierung an den höchsten Stabilitätsansprüchen und nicht am Durchschnitt zu verankern. Diese schon in den 80er Jahren zeitweise heftig diskutierte Kontroverse trat jetzt erneut hervor. Und sie konnte auch in dieser Phase noch nicht beendet werden.

Letztlich ging es um den Vorrang: Interne Preisniveaustabilität oder Stabilität des Wechselkurses? Zwischen den Notenbanken bestand zwar eine weitgehende Übereinstimmung hinsichtlich der Priorität für die interne Stabilität, nicht aber zwischen den Regierungen. Im Maastricht-Vertrag war diese Kontroverse für die Geldpolitik in der Währungsunion selbst allerdings vertragsrechtlich mit dem Mandat für die künftige Europäische Zentralbank entschieden worden. Ihr vorrangiges Ziel war eindeutig festgelegt, »die Preisstabilität zu gewährleisten« (Artikel 105). Über das Verhalten der nationalen Notenbanken auf dem Wege zur Währungsunion gab es aber insbesondere zwischen den Regierungsvertretern noch immer Meinungsverschiedenheiten. Das monetäre Beben hatte diese unterschiedlichen Prioritäten aber erneut aufgedeckt. Wichtig für die künftige Währungsunion war jedoch, dass es bei der Lösung der aufgestauten Probleme im Herbst 1992 trotz starken Druckes nicht zu einer falschen Weichenstellung in Richtung des Symmetriepostulates gekommen war. So wenig der Wechselkurs gegenüber anderen Währungen vernachlässigt werden darf, maßgebend für die monetäre Politik muss vor allem die nachhaltige interne Stabilitätsentwicklung der Währung sein und bleiben. Um dieses zentrale Thema ging es letztlich bei der Krise und ihrer Bewältigung. Selbst in den internen Beratungen des Währungsausschusses konnte hierzu damals leider noch keine übereinstimmende Antwort gefunden werden. Bei den Notenbankgouverneuren lagen die Positionen zwar näher zusammen. Aber auch dort gab es noch Meinungsunterschiede darüber, wie die Lastenverteilung zwischen den Ländern sein sollte, solange es noch keine endgültige Währungsunion gebe. In ihren offiziellen Erfahrungsberichten für die EG-Wirtschafts- und -Finanzminister stimmten beide Ausschüsse jedoch darin überein, dass die Hauptursache für die Herbstkrise 1992 in der mangelnden wirtschaftlichen Konvergenz zwischen den Mitgliedsländern gelegen hatte. Ob diese mangelnde Konvergenz nicht besser durch rechtzeitige Paritätsänderungen hätte ausgeglichen werden sollen, darüber gab es allerdings – zumindest in offiziellen Dokumenten – auch im Nachhinein keine gemeinsamen Aussagen.

KAPITEL 17

# Schweres Nachbeben 1993 und allmähliche Beruhigung

Nach dem – wenn auch knappen – positiven Ausgang des Referendums in Frankreich im Oktober 1992 machte der Ratifizierungsprozess für den Maastricht-Vertrag deutliche Fortschritte. In fast allen Ländern stimmten die Parlamente zu, trotz oder gar wegen der aktuellen Schwierigkeiten an den Devisenmärkten. Auch in Deutschland befürworteten der Bundestag und der Bundesrat nach sorgfältigen Ausschussberatungen und einer öffentlichen Anhörung, bei der ich noch einmal die Position der Bundesbank zur Wirtschafts- und Währungsunion darlegen konnte, das Vertragswerk mit großer Mehrheit im Dezember 1992. In einer gemeinsamen Resolution unterstrichen beide Häuser dabei die zentrale Bedeutung der Stabilität für die künftige gemeinsame Währung, der politischen Unabhängigkeit der Europäischen Zentralbank und des Zentralbanksystems, der engen und strikten Anwendung der Stabilitätskriterien bei der Auswahl der Länder und ihrer künftigen Politik sowie des mit der Wirtschafts- und Währungsunion verbundenen Schrittes zur Vertiefung der europäischen Integration, »die sobald wie möglich zur politischen Union ausgestaltet werden sollte«. Der Vollzug des deutschen Ratifizierungsgesetzes konnte allerdings erst am 15. Oktober 1993 erfolgen, nachdem das Bundesverfassungsgericht wenige Tage zuvor den Maastricht-Vertrag mit ausführlicher Begründung als verfassungskonform erklärt hatte. Erst nach diesem Verfassungsgerichtsurteil wurde die deutsche Ratifizierung wirksam. Der Maastricht-Vertrag konnte danach am 1. November 1993 in Kraft treten.

Zuvor mussten aber auch in zwei anderen Ländern noch Hindernisse überwunden werden. Großbritannien hatte zwar im Vertrag selbst ein sogenanntes Opting-out-Recht für die dritte Stufe für sich durchgesetzt. Dennoch gab es über den Vertrag und seine Ziele auch in der britischen Politik noch weiterhin kontroverse Diskussionen. Insbesondere nach dem Black Wednesday 1992 wurden immer wieder starke Emotionen gegen Europa und insbesondere gegen eine weitere währungspolitische Zusammenarbeit und Integration geschürt. Die britische Regierung unter dem an sich europafreundlichen Premierminister Major tat sich schwer, ihre eigenen Fehleinschätzungen bei der Festlegung des Eintrittskurses für das Pfund in das EWS im Herbst 1990 und bei der Absage an ein rechtzeitiges Realignment 1992 zuzugeben. Sie machte stattdessen primär andere Länder für die weitgehend durch sie selbst verursachten Probleme und Zuspitzungen verantwortlich. Die Schuldigen waren für sie und einen Großteil der britischen Öffentlichkeit insbesondere die »uneinsichtigen« Deutschen, insbesondere in der Bundesbank. Dass Großbritannien selbst – ohne wirkliche vorherige Verhandlungen – mit einem überhöhten Leitkurs in das EWS eingetreten und nicht rechtzeitig zu einer Korrektur seines Leitkurses bereit gewesen war, wurde auch im Nachhinein weder anerkannt noch als Grund für die späteren Probleme akzeptiert. Sicherlich war die expansive deutsche Fiskalpolitik nach der Wiedervereinigung und die dadurch entstandene Überlastung der deutschen Geldpolitik ein Problem auch für die europäischen Partner. Im Verhältnis zu Großbritannien und zu einigen anderen Ländern hatten sich zu Beginn der 90er Jahre aber auch beträchtliche Wechselkursprobleme entwickelt durch die zu hohe Pfund-Parität im EWS und die unterschiedlichen Wirtschaftsentwicklungen. Insbesondere der überhöhte Leitkurs des britischen Pfundes hatte im Herbst 1992 zu der kritischen Zuspitzung an den Devisenmärkten sowie zu dem das britische Selbstbewusstsein hart treffenden Reserveverlust und anschließenden Ausstieg aus dem Europäischen Währungssystem geführt. Dieses emotionale Umfeld machte die Ratifizierung des Maastricht-Vertrages im britischen Unterhaus selbst mit der von Premierminister Major durchgesetzten Sonderregelung für Großbritannien nicht leicht. Dass es dennoch im ersten Halbjahr 1993 dazu kam, ist wohl vor allem der Einsicht der Mehrzahl der Abgeordneten zu verdanken, dass die Mitwirkung Großbritanniens an der weiteren Kooperation in Europa und die Einflussnahme auf etwaige künftige Entscheidungen letztlich wichtiger seien als eine Blockade des Integrationsprozesses. In diesem Sinne hat die britische Seite sich während ihrer EG-Präsidentschaft im zweiten Halbjahr 1992 auch bemüht, für Dänemark nach dem ersten negativen Referendum einen Weg zur Ratifizierung des Maastricht-Vertrages durch ein zweites Referendum zu finden. Beim Europäischen Rat in Edinburgh am 11./12. Dezember 1992 wurde – nicht zuletzt durch die geschickte Vorbereitung der damaligen britischen Präsidentschaft – ohne formelle Änderung des Vertrages – eine Lösung gefunden, die es Dänemark letztlich freistellte, ob und wann es an der dritten Stufe der Währungsunion teilnimmt (sogenannte Opting-in-Regelung). Diese Edinburgher Beschlüsse haben auch die Grundlage dafür geschaffen, dass die dänischen Wähler in einem zweiten Referendum im Mai 1993 der Ratifizierung zustimmen konnten. Damit wurde auch diese dänische Blockade beseitigt.

Der mühselige Ratifizierungsprozess überwand so im Laufe des Jahres 1993 die formellen rechtlichen und politischen Hürden für das Inkrafttreten des Vertrages. Die Lage im Europäischen Währungssystem blieb aber auch nach dem Ausscheiden des britischen Pfundes und der Lira sowie der Abwertung von Peseta und Escudo weiter fragil. Insbesondere bis zum positiven Ausgang des zweiten dänischen Referendums tendierte die Dänen-Krone immer wieder zur Schwäche. Das irische Pfund hatte zwar zunächst die mit dem Übergang Großbritanniens zum Floaten verbundene starke Abwertung des Pfundes relativ gut überstehen können. Ende Januar 1993 wurde dann aber doch eine Leitkursabwertung von 10% für das irische Pfund unausweichlich. Und als im Vorfeld der spanischen Nationalwahlen dort eine substanzielle Zinssenkung gefordert wurde, mussten Mitte Mai auch die spanische Peseta erneut um 8% und der portugiesische Escudo um 6,5% abgewertet werden. Das alles geschah, obgleich die Bundesbank Anfang Februar mit einer deutlichen Diskont- und Lombardsatzsenkung von einem halben Prozent sowie einer weiteren Senkung des Diskontsatzes Mitte März die im Herbst 1992 begonnene Politik der schrittweisen Zinssenkung kontinuierlich fortsetzte. Gewiss, auch innerhalb des Zentralbankrates gab es damals Diskussionen, ob die Politik nicht stärker forciert werden könne. Die überwiegende Mehrheit war aber überzeugt: Insbesondere die noch immer bestehenden internen Stabilitätsgefahren aufgrund der expansiven deutschen Fiskal-, Sozial- und Lohnpolitik im Gefolge der Wiedervereinigung lassen nur langsame Zinssenkungsschritte zu. Während die Bundesregierung und der Bundeskanzler – auch in internen Gesprächen – Verständnis für diese vorrangige Sorge um die innere Stabilität der D-Mark zeigten, nahm im Laufe des Frühjahrs allerdings aus dem Ausland – insbesondere seitens der französischen Politik – das Drängen auf eine forciertere deutsche Zinssenkungspolitik wieder zu. Trotz der verbalen und finanziellen Unterstützung von deutscher Seite im Herbst 1992 tendierte der französische Franc nämlich noch immer zur Schwäche. In Frankreich erhoffte man sich eine Besserung insbesondere durch deutliche Zinssenkungen in Deutschland. Schon bei einem bilateralen Sondertreffen der Finanzminister und Notenbankpräsidenten kurz vor Weihnachten 1992 war dies erneut zur Sprache gekommen. Auch in den folgenden Monaten wurde dieses Thema in vielen bilateralen Gesprächen immer wieder angesprochen. Dabei spielte sicher auch der damalige Wahlkampf im Vorfeld der Neuwahl des Parlamentes in Frankreich eine Rolle. Die Bundesbank konnte und musste ihre Entscheidungen aber vor allem an den internen deutschen Stabilitätserfordernissen orientieren. Sie setzte die im Herbst 1992 begonnene und im Februar/März weitergeführte Politik der schrittweisen Zinssenkung auch im Juni und Juli 1993 vorsichtig weiter fort. Diese Politik reduzierte auch – zumindest zeitweise – die Spannungen im EWS, die nach dem Mai-Realignment der spanischen Peseta und des portugiesischen Escudo zeitweise auch die dänische Krone und den belgischen und luxemburgischen Franc erfasst hatten. Angesichts des immer größer werdenden öffentlichen Finanzierungsbedarfs für die deutsche Wiedervereinigung und des damit verbundenen kräftigen Lohnkostenanstiegs musste die Bundesbank mit einer weiteren Zinssenkungspolitik jedoch vorsichtig sein, wollte sie nicht die Stabilität der D-Mark selbst gefährden.

In Frankreich verloren im März 1993 die Sozialisten die Mehrheit im Parlament. Es kam zu einer neuen Regierung unter Premierminister Balladur und mit Herrn Alphandéry als Finanzminister. Nachdem der neue Premierminister das Ziel der sogenannten Franc-Fort-Politik ausdrücklich öffentlich unterstützte und auch seinen früheren Widerstand gegen die Endstufe der Währungsunion erkennbar korrigierte, kam es trotz der in vielen kleinen Schritten fortgesetzten französischen Zinssenkungspolitik zunächst auch zu einer besseren Bewertung des Franc an den Märkten. Ja, gegen Ende Mai und zu Anfang Juni wurde sogar erstmals seit längerer Zeit eine leichte Schwäche der D-Mark im Vergleich zum Franc und zu anderen EWS-Währungen erkennbar. Größtenteils war das wohl Ausdruck einer Normalisierung, da nach den starken Aufwertungen innerhalb des Europäischen Währungssystems ein Teil des spekulativen Kapitals wieder zurückfloss. Diese zeitweilige D-Mark-Schwäche, wenn man sie so nennen will, ermöglichte kurzfristig sogar eine leichte Umkehr der bisherigen Zinsdifferenzen. Nicht nur in den Niederlanden, sondern auch in

Belgien und Luxemburg sowie erstmals auch in Frankreich sanken die Geldmarktzinsen leicht unter das Niveau von Deutschland. Diese Entwicklung löste insbesondere in politischen Kreisen in Frankreich kurzzeitig eine geradezu euphorische Diskussion aus. Es kam sogar zu öffentlichen Spekulationen über eine bevorstehende Veränderung hinsichtlich der Rolle der künftigen Ankerwährung im EWS, wobei diese Rolle jetzt eher dem französischen Franc als der D-Mark zugeschrieben wurde.[87] Eine gewisse Schadenfreude über die zeitweilige Schwäche der D-Mark war jedenfalls vor allem in Frankreich, aber auch in Großbritannien nicht zu übersehen. In der *Financial Times* erschien sogar ein Artikel unter der Überschrift »Dethronement of the D-Mark«.[88] Doch diese Einschätzung erwies sich rasch als falsch oder zumindest als übertrieben. An den internationalen Märkten sah man das nämlich schon bald überwiegend anders. Schon wenige Tage später musste die Banque de France den französischen Franc wieder stützen. Und als nach einer ungeschickten Ankündigung des neuen und noch unerfahrenen französischen Finanzministers Alphandéry[89] die für den 3. Juli in Paris geplante Sitzung des Deutsch-Französischen Finanz- und Wirtschaftsrats von Minister Waigel einseitig abgesagt wurde, geriet der französische Franc noch stärker unter Druck. Selbst die Entscheidung des Zentralbankrates der Bundesbank am 1. Juli, den Diskont- und Lombardsatz weiter zu senken, konnte die Position des französischen Franc nicht verbessern. Neben den zuvor wohl zu sehr forcierten französischen Zinssenkungen und einzelnen problematischen Statements spielten wohl auch die unterschiedlichen Konjunkturperspektiven eine Rolle. Während die Konjunkturdaten für Deutschland auf eine allmähliche Besserung hindeuteten, verhießen die neuen Prognosen für Frankreich noch keine Besserung.

Im weiteren Verlauf des Monats Juli 1993 spitzte sich dann die Lage plötzlich extrem zu. Als die Banque de France am 22. Juli innerhalb von wenigen Stunden über 20 Milliarden D-Mark für intramarginale Interventionen zur Verteidigung des französischen Franc eingesetzt hatte, bat die französische Seite dringend um ein bilaterales Gespräch. Die beiden Finanzminister, die Notenbankvertreter und die engsten Mitarbeiter trafen sich noch am selben Abend in einem Hotel am Stadtrand von München. Präsident Schlesinger konnte aus verkehrstechnischen Gründen allerdings erst nach Mitternacht dazustoßen, so dass ich ihn bis dahin vertreten musste. Bei diesem Treffen in München drängte die französische Seite vor allem auf eine rasche koordinierte und ziffernmäßig möglichst symmetrische Zinsaktion (Senkung der deutschen Zinsen bei gleichzeitiger Anhebung der französischen Zinsen). Gleichzeitig bat sie um einen weiteren Kredit für Devisenmarktinterventionen. Während Letzteres schon bald zugesagt wurde, konnten Schlesinger und ich hinsichtlich der deutschen Zinspolitik nur auf unsere eigenen Überlegungen verweisen, die wir in der nächsten Woche dem Zentralbankrat vortragen wollten. Mit nachträglicher Unterstützung von Helmut Schlesinger habe ich jedoch schon zu Beginn des Gespräches in München deutlich gemacht, dass nach meiner Einschätzung eine dauerhafte Lösung der Spannungen im EWS nach den erfolgten Realignments der meisten teilnehmenden Währungen wohl nur durch eine substanzielle Erweiterung der Bandbreiten für die Interventionsverpflichtungen erreicht werden könnte. Nur so könne der kurzfristigen Spekulation der Märkte wirksam entgegengewirkt und gleichzeitig die Verantwortung der nationalen Politik für die eigene Währung deutlich gemacht werden. Eine solche Lösung wurde jedoch in diesem Gespräch von französischer Seite mit Nachdruck abgelehnt. Man drängte vor allem auf eine weitere substanzielle deutsche Zinssenkung.

Die zum folgenden Wochenbeginn zunächst eintretende Beruhigung dauerte jedoch nur vier Tage. Als am Donnerstagnachmittag (29. Juli 1993) bekannt wurde, dass der Zentralbankrat nur den Lombardsatz um ein halbes Prozent gesenkt hatte, den Diskontsatz aber unverändert gelassen hatte, brach der französische Franc erneut ein. Selbst intramarginale Interventionen der Banque de France von über 18 Milliarden D-Mark konnten die erneute Schwäche nicht aufhalten. Frankreich lud daraufhin dringlich für den nächsten Morgen zu einem weiteren Treffen zwischen den Ministern und Notenbanken nach Paris ein. Am Freitagvormittag begann dann im französischen Finanzministerium in Bercy in Paris eine Konferenzserie, die ich nicht leicht vergessen werde. Schon die Atmosphäre und der Verlauf dieses vertraulichen bilateralen Treffens der Finanzminister und Notenbankpräsidenten unterschieden sich deutlich von dem bisherigen freundschaftlichen Stil zwischen den Regierungs- und Notenbankvertretern beider Länder. Insbesondere der französische Finanzminister Alphandéry kam gleich zur Sache. Er wollte die deutsche Seite ganz offensichtlich unter Druck setzen. Entweder solle die Bundesbank sofort die Zinsen substanziell senken oder man werde den Kurs des französischen Franc so weit fallen lassen, dass die Bundesbank nach den geltenden EWS-Regeln zu obligatorischen Interventionen ohne jegliche Limitierung mit der Folge einer entsprechenden Liquiditätsaufblähung in Deutschland gezwungen sei. Wenn die deutsche Seite diese Konsequenz vermeiden wolle, könne die D-Mark ja kurzfristig – ähnlich wie das Pfund und die Lira – aus dem gemeinsamen System ausscheiden. Alle Einwände unsererseits konnten den französischen Minister nicht zu einer anderen Position bringen. Er lehnte auch erneut eine Bandbreitenerweiterung ab. Während der Sitzung kamen immer neue Nachrichten, dass der Kurs des französischen Franc weiter sinke. Bald hieß es dann auch, der Kurs habe inzwischen die untere Bandbreite erreicht und damit seien ab jetzt auch obligatorische Interventionen seitens der Bundesbank fällig. Ganz offenkundig hatte Herr Alphandéry sich schon vorher auf dieses Vorgehen festgelegt, um die deutsche Seite unter Druck zu setzen. Selbst unseren Vorschlag, unter diesen Umständen für das bevorstehende Wochenende *gemeinsam* eine Sitzung zunächst des Währungsausschusses sowie anschließend der Minister und Notenbankpräsidenten in Brüssel zu beantragen und damit ein Realignment der Paritäten einzuleiten, fand auf französischer Seite keine Zustimmung. So sehr wir Verständnis dafür hatten, dass die französische Seite eine Franc-Abwertung möglichst vermeiden wollte, so wenig konnten wir ihr Vorgehen verstehen. Der Minister wollte ganz offensichtlich die deutsche Seite als die für die Spannungen allein verantwortliche herausstellen und notfalls die D-Mark – wenigstens zeitweise – aus dem System herausdrängen.

Nach telefonischer Rücksprache mit dem Bundeskanzler entschied Minister Waigel sich dann für eine einseitige deutsche Initiative zur Einberufung des Währungsausschusses und der Ministerkonferenz für den folgenden Tag nach Brüssel. Minister Alphandéry ließ auf diese Ankündigung hin zunächst sogar noch offen, ob er persönlich an der folgenden Ministersitzung am Sonntag in Brüssel teilnehmen werde. Zwischen Minister Waigel und Bundeskanzler Kohl wurde daraufhin telefonisch für den Nachmittag ein Gespräch mit dem Bundeskanzler an dessen Urlaubsort in Österreich vereinbart. Die deutsche Delegation flog schon kurz nach Mittag nach Salzburg. Von dort ging es per Auto – nach einem Kurzbesuch im Schloss Fuschl, wo sich am Abend die Finanzminister Österreichs, der Schweiz und Deutschlands mit ihren Delegationen ohnehin zum regelmäßigen Meinungsaustausch treffen wollten – weiter zur Ferienwohnung des Bundeskanzlers nach St. Gilgen am Wolfgangsee. Der Bundeskanzler nahm die Berichte der Herren Waigel und Schlesinger erstaunlich gelassen zur Kenntnis und bestätigte die bisherige Linie der deutschen Delegation. Nach einer kurzen Aussprache über die möglichen Reaktionen der anderen EWS-Mitgliedstaaten empfahl er, in den bevorstehenden Verhandlungen in Brüssel vor allem auf eine temporäre Bandbreitenerweiterung für das gesamte

System hinzuarbeiten. Notfalls könne auch ein befristetes Floaten einzelner Währungen akzeptiert werden, wobei es allerdings nicht zu einer singulären Freigabe für die D-Mark (z. B. ohne den niederländischen Gulden) kommen dürfe.

Mit dieser – auch unserer Position in der Bundesbank entsprechenden – Orientierung sind Staatssekretär Gert Haller[90], der inzwischen im BMF die Nachfolge von Horst Köhler angetreten hatte, und ich dann am folgenden Samstag zunächst zur Sitzung des Währungsausschusses nach Brüssel gefahren. Dort habe ich meinerseits zunächst auf den beträchtlichen bisherigen Beitrag der Bundesbank zur Vermeidung der Krise hingewiesen (mehrfache Zinssenkungen sowie beträchtliche bilaterale Finanzierungshilfen und obligatorische Interventionen von insgesamt mehr als 55 Milliarden D-Mark). Die anhaltende Schwäche einzelner Währungen habe aber offensichtlich ihre Ursache vor allem in den an den Märkten bisher bestehenden Defiziten an Überzeugungskraft der dahinterstehenden nationalen Politiken. Diesen Defiziten könne aber nicht durch Schuldzuweisungen an die Länder mit höher bewerteten Währungen, sondern nur durch den Aufbau von mehr Glaubwürdigkeit für die Politik in den Ländern mit unter Druck geratenen Währungen überwunden werden. Mit einer zumindest temporären Bandbreitenerweiterung von derzeit +/–2,25 % auf +/–6 % oder mehr könne einerseits wegen der damit verbundenen größeren Unsicherheiten die Spekulation der Märkte erheblich erschwert und andererseits eine stärkere Verlagerung der Verantwortung auf die jeweilige nationale Politik erreicht werden. Diese Argumentation fand bei einer Reihe von Kollegen durchaus Zustimmung. Die französischen Ausschussmitglieder erkannten die Argumente zwar teilweise an, lehnten jedoch einen solchen Weg noch immer als zu riskant ab. Sie plädierten demgegenüber für weitergehende Zinssenkungen in den sogenannten Starkwährungsländern sowie für zusätzliche gegenseitige Finanzierungshilfen. Überdies griffen sie den Vorschlag vom damaligen

Minister Balladur aus dem Jahre 1986 wieder auf. Die Bundesbank solle durch die Aufnahme von französischen Franc in ihre Währungsreserven die Stärke dieser Währung auch nach außen hin demonstrieren. Nachdem ich deutlich gemacht hatte, dass eine solche Privilegierung einer europäischen Währung gegen das Prinzip der Gleichbehandlung verstoße, war die französische Antwort die gleiche wie am Tag zuvor in Paris: Dann bleibe nur noch der Weg eines zeitweiligen Ausscheidens der D-Mark und eventuell auch des holländischen Guldens aus dem Wechselkursmechanismus übrig. In der Tat: Am Schluss der intensiven Ausschussberatungen, die auch am Sonntagmorgen noch fortgesetzt wurden, schien nur noch dieser Ausweg eine Chance zu haben, den sonst drohenden Kollaps des gesamten Systems zu vermeiden. Die holländischen Kollegen hatten jedoch im Verlauf der Beratungen mit unserer Unterstützung unmissverständlich klargestellt: Wenn es zu einem vorübergehenden Floaten der D-Mark komme, dürfe davon die erfolgreiche Bindung zwischen Gulden und D-Mark nicht betroffen werden. Genau eine solche Sonderregelung für den Gulden ohne Einbeziehung des belgischen und luxemburgischen Franc war jedoch für die belgische und luxemburgische Seite nicht akzeptabel.

Bei diesem Diskussionsstand im Währungsausschuss war nur schwer voraussehbar, ob eine und gegebenenfalls welche Lösung in der für den folgenden Tag einberufenen Sondersitzung der Minister und Notenbankgouverneure erreicht werden könne. Schon in einem Vorgespräch mit den deutschen und französischen Währungsausschussmitgliedern machte der belgische Vorsitzende, Minister Maystadt, deutlich, dass für Belgien eine unterschiedliche Regelung zwischen belgischem Franc und holländischem Gulden keineswegs akzeptabel sei. Die gleiche Position wurde in der Sitzung selbst auch vom damaligen luxemburgischen Finanzminister Juncker für den luxemburgischen Franc vertreten. In den anschließenden fast zehnstündigen Beratungen auf Minister- und Gouverneursebene, die mehrfach für bilaterale und trilaterale Einzelberatungen unterbrochen wurden, kam es zunächst zu einer Wiederholung aller Argumente und Vorschläge, die zuvor schon in den Beratungen des Währungsausschusses zur Sprache gekommen waren. Dabei wurde immer deutlicher, dass es einen Lösungsvorschlag, der von allen getragen werden konnte, offensichtlich nicht gab. Die von uns vorgeschlagene Bandbreitenerweiterung wurde von französischer Seite mehrfach weiterhin abgelehnt. Umgekehrt erwies sich auch, dass das von Frankreich offenkundig angestrebte vorübergehende Ausscheiden der D-Mark und des holländischen Guldens aus dem Wechselkursmechanismus weder für Belgien und Luxemburg noch für Dänemark akzeptabel war. Alle diese Länder fürchteten, dass die Märkte eine Aufgabe der Bindung ihrer eigenen Währung an die D-Mark letztlich negativ bewerten würden. Diese Position der Benelux-Länder und Dänemarks brachte die französische Delegation in eine schwierige Lage. Ein vorübergehendes Ausscheiden der D-Mark aus dem Wechselkursmechanismus des Europäischen Währungssystems würde de facto zwei Wechselkursverbünde schaffen: den bisherigen mit dem französischen Franc als Referenzwährung sowie einen neuen Verbund um die D-Mark herum, wobei noch unklar war, welche sonstigen Währungen neben den Benelux-Währungen und der Dänen-Krone sich diesem D-Mark-Verbund anschließen würden. Und über die voraussichtliche Bewertung dieser beider Wechselkursverbünde durch die internationalen Märkte gab es unter den Teilnehmern kaum Meinungsverschiedenheiten. Der D-Mark-Verbund würde sich als stärker erweisen.

Als der Vorsitzende, Minister Maystadt, dann spätabends im Plenum die pessimistische Schlussfolgerung zog, dass er auch nach vielen Einzelgesprächen keine Chancen mehr für eine gemeinsame Lösung und damit für den Erhalt des EWS sehe, kam es zu einem bemerkenswerten Vorgang.

Der damalige britische Schatzkanzler Kenneth Clarke, dessen Land nach dem EWS-Austritt des britischen Pfundes ein Jahr zuvor eigentlich an den Verhandlungen gar nicht mehr beteiligt war, appellierte mit Nachdruck an seine Ministerkollegen, einen solchen Zusammenbruch des Systems nicht zuzulassen. Diese überraschende britische Intervention des überzeugten Europäers Clarke löste dann eine neue Serie von Gesprächen und Verhandlungen aus. Dabei ging es zunächst vor allem darum, wie der eventuelle D-Mark-Gulden-Block organisiert werden könne und wie er für den französischen Franc und die anderen Währungen offen gehalten werden könne. Bei diesem Diskussionsstand kam es dann kurz nach Mitternacht zu einer überraschenden Wende. Nachdem Minister Maystadt unter Hinweis auf die in der nächsten Stunde anstehende Eröffnung der Märkte in Fernost auf die Dringlichkeit einer baldigen Entscheidung hingewiesen hatte, präsentierte die französische Seite plötzlich eine neue Position. Offenbar nach telefonischer Absprache mit Ministerpräsident Balladur in Paris schlug der französische Notenbankpräsident Jacques de Larosière (zunächst in einem bilateralen Gespräch mit der deutschen Delegation und dann im Plenum) unter Beibehaltung der bisherigen Paritäten eine sofortige Bandbreitenerweiterung für alle am EWS teilnehmenden Währungen von derzeit +/–2,5 % bzw. +/–6 % (Spanien und Portugal) auf +/–15 % vor. Diese völlig veränderte Position Frankreichs begründete er damit, dass die von deutscher Seite zuvor vorgeschlagene Erweiterung auf +/–6 % nicht ausreichend sei, um die Spekulationen der Märkte zu entmutigen. Minister Waigel hatte zwar zuvor schon mit Zustimmung von Präsident Schlesinger und mir angedeutet, dass die deutsche Seite auch eine Erweiterung auf +/–10 % oder mehr akzeptieren könnte. Aber das war jetzt nicht mehr wichtig. Frankreich hatte sich auf die bisher stets abgelehnte, nach unserer Meinung jedoch einzig sinnvolle Lösung einer substanziellen Bandbreitenerweiterung eingelassen.

Nach dieser überraschenden Kehrtwendung waren alle froh, dass es in letzter Minute (kurz vor zwei Uhr in der Nacht) doch noch zu einer gemeinsamen Lösung gekommen war. Das System war damit gerettet.

In der anschließenden Pressekonferenz sprach Minister Waigel von einem »Befreiungsschlag«. Um jedoch etwaigen Missverständnissen hinsichtlich der Realisierung des Maastricht-Vertrages vorzubeugen, betonten die Minister und Notenbankgouverneure im Abschlusskommuniqué erneut »ihre Entschlossenheit, den EU-Vertrag umzusetzen«, sowie ihre »Unterstützung für die im Vertrag festgelegten Prozeduren und Kriterien hinsichtlich eines hinreichenden Maßes an Konvergenz, um die Realisierung der Wirtschafts- und Währungsunion zu ermöglichen«. Wie ich später erfahren habe, hatte die zeitweilig unklare und widersprüchliche französische Position in dieser schwierigen Phase auch damit zu tun, dass es zwischen den damaligen Kohabitationspartnern Präsident Mitterrand und Ministerpräsident Balladur unterschiedliche Beurteilungen gab. Letztlich wollte jedoch keine Seite die Verantwortung für die Zerstörung des EWS übernehmen.

In der Öffentlichkeit wurden die Ergebnisse von Brüssel allerdings zunächst überwiegend anders bewertet. Nicht nur auf dem Kontinent, sondern insbesonders auch in der angelsächsischen Presse erschienen viele Kommentare, die von einem Ende des Europäischen Währungssystems sprachen und die im Maastricht-Vertrag festgelegte Weiterentwicklung zur Wirtschafts- und Währungsunion jetzt deutlich bezweifelten. Wenn man schon nicht die normale Bandbreite des bisherigen Europäischen Währungssystems einhalten könne, wie sollte es dann zu einer glaubwürdigen Erfüllung der Konvergenzkriterien kommen? Vereinzelt gab es auch Stimmen, die auf eine vorzeitige Realisierung einer Währungsunion mit einer kleinen Gruppe von Ländern um Deutschland und Frankreich herum drängten. Diese Vorstellungen hatten aber schon deswegen keine realistische

Chance, weil zunächst mehr dauerhafte Gemeinsamkeit zwischen Deutschland und Frankreich erreicht werden musste und vor allem auch, weil im Maastricht-Vertrag ein Terminkalender festgelegt war, der allen EU-Ländern die Chance der Teilnahme gab, sofern sie die im Vertrag festgelegten Konvergenzvoraussetzungen erfüllten. Insgesamt überwog jedoch auch in der deutschen Öffentlichkeit zunächst eine starke Skepsis gegenüber einer Realisierung des in Maastricht vereinbarten Vertrages. Für viele Kommentatoren – insbesondere diejenigen, die schon bisher dem gesamten Konzept kritisch gegenüberstanden – war die Perspektive für eine baldige Wirtschafts- und Währungsunion zusammengebrochen oder doch weitgehend unrealistisch geworden.

Diese pessimistische Einschätzung habe ich schon damals nicht geteilt. In Wirklichkeit waren durch den Brüsseler Beschluss nur Illusionen beseitigt worden. Zugleich war eine neue realistischere Grundlage für das EWS geschaffen worden. Die Spekulation der Märkte war erschwert und der Druck auf Eigenanstrengungen der Länder verstärkt worden. Aus meiner Sicht bedeutete die Erweiterung der Bandbreiten nämlich weder eine Aufgabe des Systems der festen Paritäten zwischen den teilnehmenden Währungen noch einen Verzicht auf weitergehende Bemühungen zur Konvergenz der nationalen Politiken. Im Gegenteil. Diese Bandbreitenerweiterung verlagerte nur die Verantwortung für die notwendigen Fortschritte im wirtschaftspolitischen Konvergenzprozess. Jetzt war klar, dass die für die Sicherung der Paritäten erforderliche Konvergenz der Politik vor allem Sache der stabilitätspolitisch schwächer eingeschätzten Länder war. Sie konnten im Schwächefall nicht mehr wie bisher auf obligatorische Devisenmarktinterventionen der Starkwährungsländer setzen. An den Märkten stand nunmehr vor allem ihre eigene Politik täglich auf dem Prüfstand. Und die bisherigen Schwachwährungsländer mussten jetzt die Märkte durch eine eigene glaubwürdige Politik überzeugen. Diese Verlagerung und Klarstellung der einzelstaatlichen Verantwortung war gerade auch im Rückblick eine der wichtigsten Weichenstellungen für den weiteren und in den Folgejahren für viele überraschend fortschrittlichen Konvergenzprozess. Auch die Märkte reagierten schon bald viel gelassener als zuvor. Es gab zunehmend weniger kurzfristige spekulative Bewegungen. An den Märkten spielte jetzt stärker als bisher der Grundkurs der in den einzelnen Ländern verfolgten Stabilitätspolitik eine Rolle für die Beurteilung. Jetzt mussten die einzelnen Länder selbst stärker als bisher für eine glaubwürdige Politik und deutliche Fortschritte in Richtung stabilitätspolitischer Konvergenz sorgen. Frankreich hat das insbesondere dadurch getan, dass man in der Folgezeit der monetären Politik einen größeren Freiraum eingeräumt hat. Abweichend von der langen Tradition der Einordnung in die Regierungspolitik erhielt die Banque de France zur Jahreswende auch formell den Status der politischen Unabhängigkeit. Für die Bundesbank bedeutete diese stärkere Betonung der eigenständigen Stabilitätspolitik der Partnerländer, dass sie ihre eigene vorsichtige Politik der Zinssenkung jetzt ohne Druck von außen fortsetzen und entscheiden konnte. Und die folgenden Jahre haben gezeigt: Insgesamt waren die Krisenerfahrungen der Jahre 1992 und 1993 wohl für alle Beteiligten – auch für die Bundesbank selbst – ein schwieriger, aber zugleich auch fruchtbarer Lernprozess.

KAPITEL 18

# Eintritt in die zweite Stufe 1994

Am 1. Oktober 1993 fand im Palmengarten in Frankfurt mit Reden des Bundeskanzlers und des Bundesministers der Finanzen die Übertragung des Präsidentenamtes der Bundesbank auf mich statt. Mein Amtsvorgänger Helmut Schlesinger wurde dabei zu Recht für seine langjährigen Verdienste um die Stabilitätspolitik in Deutschland und Europa sehr gelobt. In meiner Antrittsrede habe ich damals die vor uns liegenden europäischen Aufgaben so beschrieben: »Die im Maastricht-Vertrag angestrebte künftige monetäre Architektur Europas erfordert in den nächsten Jahren vor allem den geduldigen Aufbau tragfähiger Fundamente. Neben der strikten Orientierung an den Vertragskriterien gehört dazu insbesondere auch die institutionelle und instrumentelle Vorbereitung in den Mitgliedstaaten einschließlich der Entwicklung eines dauerhaften stabilitätspolitischen Grundkonsenses.«

Schon im Vorfeld der endgültigen Vertragsratifizierung im Oktober 1993 waren die für den Beginn der zweiten Stufe zum 1. Januar 1994 erforderlichen Standort- und Personalentscheidungen in vielen Gesprächen vorbereitet worden. Zunächst ging es insbesondere um den Standort für das neu zu errichtende Europäische Währungsinstitut, dessen Aufgaben neben einer Verstärkung einer Zusammenarbeit zwischen den nationalen Zentralbanken vor allem in der organisatorischen und institutionellen Vorbereitung der Arbeit des künftigen Europäischen Zentralbanksystems bestehen sollten. Dabei war jedoch von Anfang an klar, dass die für das Europäische Währungsinstitut fällige Standortwahl letztlich auch für die Europäische Zentralbank selbst gelten sollte. Für den Sitz der neuen monetären Institution in Europa gab es eine Vielzahl von konkurrierenden Bewerbungen. Schon bald nach der feierlichen Unterzeichnung des Vertrages in Maastricht meldeten verschiedene Länder und Städte ihre Wünsche an und leiteten teilweise sogar öffentliche Werbekampagnen ein. Neben Frankfurt signalisierten insbesondere die Städte Amsterdam, Luxemburg, Paris und London, aber auch Mailand, Barcelona und Lyon ein deutliches Interesse. Sie wurden hierbei zumeist auch von ihren nationalen Regierungen unterstützt. Hinter den Kulissen gab es gar ein bisweilen hartes Gerangel. Der von einzelnen Zentralbankgouverneuren angeregte neutrale Standort Basel, wo sich die Gouverneure ohnedies regelmäßig zu den Sitzungen der BIZ trafen, schied schon wegen der fehlenden Mitgliedschaft der Schweiz in der Europäischen Union rasch aus dem Bewerberkreis aus. Die Entscheidung über den Standort hatten sich die Staats- und Regierungschefs ohnehin von Anfang an selbst vorbehalten. Der Bundeskanzler hatte mir schon kurz nach dem Maastrichter Gipfel vertraulich mitgeteilt, dass er keinen anderen Standort als Frankfurt akzeptieren werde. Er habe sich stets mit Nachdruck für eine nachhaltig stabilitätsorientierte Währungsunion eingesetzt. Mit der Entscheidung für den Standort Frankfurt könne der offenbar noch immer skeptischen deutschen Bevölkerung am besten die angestrebte Anknüpfung der künftigen Gemeinschaftswährung an die Stabilitätstradition der D-Mark deutlich gemacht werden. Wir in der Bundesbank haben ihn natürlich von Anfang an bei dieser klaren Positionierung unterstützt. Das Verdienst, diesen Standort letztlich auch durchgesetzt zu haben, gebührt jedoch vor allem ihm persönlich. Selbst in der deutschen Diskussion zeitweilig aufgetauchte Alternativen wie Bonn oder Mainz kamen für ihn nicht ernsthaft in Frage. Für uns in der Bundesbank war es natürlich eine besondere Freude, als wir von der gemeinsamen Entscheidung des Europäischen Rates am 29. Oktober 1993 erfuhren. Die Staats- und Regierungschefs hatten sich im Rahmen einer Paketlösung für die Standorte mehrerer Gemeinschaftsinstitutionen für Frankfurt als Standort für das Europäische Währungsinstitut und die künftige Europäische Zentralbank entschieden.

Bei der für die Leitung des Europäischen Währungsinstitutes (EWI) fälligen Personalentscheidung lag die Initiative zunächst beim Ausschuss der Zentralbankgouverneure selbst. Nach dem Vertrag hatten die Gouverneure einen Kandidaten für das Präsidentenamt zu empfehlen, der »aus dem Kreis der in Währungs- und Bankfragen anerkannten und erfahrenen Persönlichkeiten« stammen musste (Artikel 117). Die letzte Entscheidung lag allerdings – nach Anhörung des Europäischen Parlamentes und des Ministerrates – bei den Staats- und Regierungschefs selbst. Sie musste zudem einstimmig erfolgen. Nach mehreren informellen Vorgesprächen einigten wir uns im Kreis der nationalen Notenbankpräsidenten darauf, den bisherigen Managing Director der BIZ in Basel, Alexandre Lamfalussy, als Präsidenten des neuen Währungsinstitutes zu empfehlen. Aufgrund der regelmäßigen Treffen in Basel sowie seiner Mitgliedschaft in der sogenannten Delors-Gruppe kannten ihn alle und schätzten seine Kenntnisse und Erfahrungen sehr. Als gebürtiger Ungar mit belgischer Staatsangehörigkeit war er zudem ein überzeugter Europäer. Nachdem das Europäische Parlament und der Ministerrat gegen diesen Vorschlag keine Einwände erhoben hatten, ernannten die Staats- und Regierungschefs den unzweifelhaft »in Währungs- und Bankfragen anerkannten und erfahrenen« Alexandre Lamfalussy zum ersten Präsidenten des Europäischen Währungsinstitutes. Den Vertragsvorschriften entsprechend, bestimmte danach der EWI-Rat selbst in der konstituierenden Sitzung den damaligen Gouverneur der irischen Zentralbank Maurice F. Doyle zum Vizepräsidenten. Nach dessen Ausscheiden aus dem Gouverneursamt in Irland übernahm dieses Amt jedoch schon im Juli 1994 der Gouverneur der Banco de España, Luis-Angelo Rojo. Auch das

Personal des neuen Institutes wurde zunächst vor allem aus dem bisherigen Sekretariat des Gouverneursausschusses sowie den nationalen Zentralbanken berufen. So konnte das neu gegründete EWI unmittelbar auch an die bisherigen Vorarbeiten der Zentralbanken anknüpfen.

Die ersten Sitzungen des EWI-Rates fanden zwar Anfang 1994 noch im Gebäude der BIZ in Basel statt. Schon nach wenigen Monaten konnte der Großteil des neuen Stabes und der Sitzungen der Expertengremien jedoch in das neu angemietete Hochhaus nach Frankfurt verlagert werden. Den damaligen Empfehlungen der Stadt Frankfurt, als Standort für das Währungsinstitut und später die EZB das heute von der Universität genutzte frühere IG-Farben-Gebäude zu wählen, wurde – auf meinen dringenden Rat hin – glücklicherweise nicht gefolgt. Die Wahl dieses Gebäudes hätte sich wegen seiner Verbindung zur Holocaust-Historie leicht emotional gegen die neue europäische Institution missbrauchen lassen können. Das vom EWI-Rat dann gewählte Hochhaus, bald auch schon »Euro-Tower« genannt, bot zwar eine architektonisch weniger attraktive, aber dafür in der Öffentlichkeit auch weniger angreifbare Lösung.

Dem vertraglich festgelegten Auftrag entsprechend, konzentrierte sich die Arbeit des neuen Währungsinstitutes – neben den Konsultationen über die von den einzelnen Zentralbanken aktuell verfolgten Politiken – schon bald auf die konkreten Vorbereitungen für den späteren Eintritt in die Endstufe der Währungsunion. Wohl gab es bei den monatlichen Sitzungen des EWI-Rates auch regelmäßige Aussprachen über die Konvergenzlage innerhalb der Union. Der Maastricht-Vertrag hatte aber die Entscheidung und Durchführung der Geld- und Währungspolitik in der zweiten Stufe aus guten Gründen noch eindeutig in der nationalen Kompetenz belassen. Lediglich die Gewährung von Notenbankkrediten an staatliche und öffentliche Stellen sowie jeglicher privilegierte Zugang dieser Stellen zu den Finanzinstituten waren seit dem Eintritt in die zweite Stufe verboten

(Artikel 101 und 102), eine Regelung, die in der Bundesrepublik schon seit langem galt. Überdies musste das Europäische Währungsinstitut nach seiner Gründung zu allen Vorschlägen für nationale und gemeinschaftliche Rechtsakte, die den Zuständigkeitsbereich der Zentralbanken betrafen, gehört werden. Das Hauptgewicht der schon bald sehr umfangreich werdenden Arbeiten des Europäischen Währungsinstitutes lag jedoch von Anfang an bei den konkreten Vorarbeiten für die spätere Währungsunion und die Gestaltung der Europäischen Zentralbank bzw. des Europäischen Zentralbanksystems. Zugleich wurde immer deutlicher, dass nicht nur die Entwicklung eines von allen nationalen Zentralbanken mitzutragenden Konzeptes für die geldpolitische Strategie, sondern mindestens ebenso auch die erforderliche Harmonisierung der statistischen Informationen und insbesondere des geldpolitischen Instrumentariums außerordentlich schwierig waren. In den einzelnen Ländern hatten sich aufgrund unterschiedlicher historischer Strukturen, Präferenzen, Rechtssysteme und auch Traditionen teilweise erhebliche Unterschiede entwickelt. In einer Vielzahl von Ausschüssen, Unterausschüssen und Expertengruppen mussten deshalb zunächst detaillierte Bestandsaufnahmen vorgenommen und dann Vorschläge für die notwendige Harmonisierung der Statistiken, der Instrumente und der Rechtsstrukturen entwickelt werden. Bei diesen Arbeiten hat sich gerade auch in der Bundesbank eine Reihe von Mitarbeitern und Direktoriumsmitgliedern damals große Verdienste erworben.

Die Aufgabe des EWI-Rates selbst – also der Notenbankpräsidenten – war es hierbei, Prioritäten zu setzen und Orientierungen für die Suche nach gemeinsamen Lösungen zu geben. Da die Zahl der beteiligten Notenbanken durch den für 1995 bevorstehenden Beitritt von Österreich, Schweden und Finnland zur Europäischen Union inzwischen auf 15 angewachsen war und Lösungen primär nach dem Konsensprinzip gefunden werden mussten, waren Fortschritte in Richtung Harmonisierung alles andere als leicht. Bei einigen Themenkomplexen konnten zunächst nur Alternativlösungen erarbeitet werden, über die dann erst später – nachdem der Teilnehmerkreis für den Eintritt in die Endstufe feststand – im EZB-Rat, wo ja vermehrt auch Mehrheitsentscheidungen möglich wurden, entschieden wurde. Bei den meisten der sogenannten organisatorischen und logistischen Themen war eine solche Vertagung jedoch schon aus praktischen Gründen nicht möglich. Gerade bei der konkreten Gestaltung der Statistik, der Berichts- und Informationssysteme, der Rechnungslegung und der Zahlungsverkehrssysteme musste es wegen der erforderlichen Vorbereitungen möglichst bald zu einheitlichen oder zumindest kompatiblen Lösungen kommen. Das galt natürlich weitgehend auch für das künftige im ESZB anzuwendende geldpolitische Instrumentarium, das sich im Laufe der Zeit in den einzelnen Ländern teilweise sehr unterschiedlich entwickelt hatte. Gerade hier waren zusätzlich zur Arbeit der Experten bald auch schon erste Entscheidungen im EWI-Rat selbst notwendig.

So war auf allen Ebenen im Europäischen Währungsinstitut und in den nationalen Zentralbanken viel harte und schwierige Arbeit erforderlich. Hinzu kamen die notwendigen Klärungen und Abstimmungen über die künftige organisatorische Gestaltung der EZB und die Details der Zusammenarbeit mit den nationalen Zentralbanken im Rahmen des ESZB. Wenn auch die zentralen Punkte im vertraglich vereinbarten Statut festgelegt waren, so mussten doch viele Detailregelungen noch geklärt werden. Eine gemeinsame Tradition gab es nur in begrenztem Maße. Zusätzlich mussten natürlich auch Eckpunkte für den Übergang der Geldpolitik bis hin zur technischen Einführung der künftigen neuen Gemeinschaftswährung und dem Umtausch der nationalen Währungen geklärt und festgelegt werden. Über den Verlauf dieser Arbeiten und über wichtige Zwischenergebnisse hat die Deutsche Bundesbank damals regelmäßig in einer besonderen Publikationsreihe unter dem Titel »Informationsbriefe zur Europäischen Wirtschafts- und Währungsunion« berichtet. Wohl mussten die endgültigen Entscheidungen hinsichtlich der geldpolitischen Strategie der späteren EZB und dem dann erst in seiner Zusammensetzung feststehenden EZB-Rat vorbehalten bleiben; aber die Vorarbeiten sollten so weit vorangetrieben werden, dass nach der Gründung der EZB dann kurzfristig entschieden werden konnte. Denn die EZB selbst hatte nach dem Vertrag vor dem Eintritt in die Währungsunion nur eine Vorlaufzeit von wenigen Monaten.

Insgesamt waren die Vorarbeiten des EWI für die spätere gemeinsame Geldpolitik der EZB bzw. des ESZB zweifellos erfolgreich. Der spätere Übergang im Jahre 1999 konnte jedenfalls insgesamt ohne größere Probleme vollzogen werden. Und wie sich seither auch in der praktischen Arbeit des Europäischen Zentralbanksystems zeigt, ist dabei insbesondere in konzeptioneller und institutioneller Hinsicht das bewährte Konzept der Bundesbank weitgehend zum Tragen gekommen, eine Weichenstellung, die gerade unter stabilitätspolitischen Gesichtspunkten nicht unterschätzt werden sollte. Wohl reflektieren sich in der heutigen Arbeit der EZB bzw. des ESZB zugleich die positiven Traditionen vieler europäischer Zentralbanken, doch ist an vielen Stellen auch das Erbe der Deutschen Bundesbank unübersehbar.

Besonders wichtig und im Hinblick auf die lange technische und organisatorische Vorbereitungszeit dringlich war auch die rechtzeitige Vorbereitung der Noten und Münzen für die spätere einheitliche Währung in der Währungsunion sowie für ein gemeinsames Übergangsszenario. Zunächst musste jedoch der endgültige Name der künftigen neuen Gemeinschaftswährung geklärt werden. In Maastricht war diese Entscheidung – nach Intervention des Bundeskanzlers – offen geblieben. Man hatte sich dort nur auf den technischen Terminus ECU (European Currency Unit) einigen können. Um seinen Charakter als Abkürzung zu verdeutlichen, wurden im deutschen Vertragstext dafür auch bewusst Großbuchstaben benutzt. In der französischen Textfassung wurde er jedoch als ecu klein geschrieben. Von vielen Beobachtern wurde das fälschlicherweise als eine Vorentscheidung für den von französischer Seite und auch von der Kommission damals gewünschten Namen écu bewertet. Die Bezeichnung écu hatte für Frankreich eine historische Bedeutung, denn es gab dort – wie bereits erwähnt – schon im Mittelalter eine hoch geachtete Währung mit diesem Namen. Außerdem wollte man in Paris und wohl auch in Brüssel deutlich machen, dass die neue Gemeinschaftswährung dem Währungskorb ECU entstammte, ein aus deutscher Sicht artifizielles Gebilde, das zudem durch mehrfache Neugewichtung seiner Bestandteile bis zum Eintritt in die zweite Stufe seine Struktur verändert hatte. Die ECU war in den beiden letzten Jahrzehnten insbesondere im Verhältnis zur D-Mark immer weniger wert geworden. Deswegen konnte der Name ECU aus Sicht der Bundesbank auch nicht als Name für die künftige gemeinsame Währung in Frage kommen, die ja mit ihrer Zukunft vor allem an die Tradition der stärksten Währungen in Europa anknüpfen sollte. Als ich diese Argumentation dem Bundeskanzler persönlich vortrug, hatte er zwar Verständnis dafür. Ihn störte aber mehr noch die für den Menschen in Deutschland nur schwer verständliche und kaum Sympathie erweckende Aussprache »E-Kuh«. Auch Finanzminister Waigel stand dem Namen ECU von Anfang an sehr reserviert gegenüber. Beide waren davon überzeugt, dass man sich auf einen anderen, europaweit mehr Sympathie weckenden und für alle verständlichen Namen einigen müsse. Schon in Maastricht machte deshalb die deutsche Seite klar, dass mit den Buchstaben ECU (zu Deutsch »Europäische Währungseinheit«) nur ein technisches Etikett, nicht aber schon der Name der Währung festgelegt sei.

Mehrere Jahre lang hatten seit Maastricht jedoch zunächst andere Probleme als die Klärung der Namensfrage im Vordergrund der politischen Diskussion gestanden. Jetzt, als es um die Vorbereitung der Arbeiten für die künftigen gemeinsamen Banknoten und Münzen sowie die Klärung der Eintrittsszenarien für die Währungsunion ging, musste diese Frage jedoch verbindlich entschieden werden. In mehreren Gesprächen mit anderen Notenbankpräsidenten hatte ich im Laufe der Zeit herausgefunden, dass wohl nur der neutrale, aber doch zugleich auch eindeutige Name »Euro« auch in den anderen Ländern Akzeptanz finden könnte. Ich bin dann zunächst auf Finanzminister Waigel zugegangen. Dabei konnte ich zu meiner Überraschung feststellen, dass er nach mehreren Gesprächen mit seinen Ministerkollegen und der Prüfung von – aus bayrischer Sicht für ihn persönlich offenbar durchaus denkbaren – alternativen Vorschlägen wie Franken oder Krone zu einer gleichen Schlussfolgerung gekommen war. Er war klar für die Bezeichnung »Euro«. Nachdem der Bundeskanzler diesem Namen »Euro« zustimmte, konnte dann Minister Waigel auch seine Kollegen im Ministerrat überzeugen und sie zur Zustimmung bewegen. Seine zeitweilige Überlegung, das Wort »Euro« mit der jeweiligen nationalen Währung etwa als Euro-Mark, Euro-Franc, Euro-Gulden zu kombinieren, fand dagegen keine Zustimmung. Man hatte Zweifel, ob solche Wortkombinationen hinreichend die Einheitlichkeit der neuen Währung deutlich machten. Nach der Einigung bei den Finanzministern entschieden sich auch die Staats- und Regierungschefs am 15./16. Dezember 1995 in Madrid für den Namen der neuen Währung, die seither auch offiziell »Euro« hieß. Auch das war eine Weichenstellung in Richtung einer neuen Gemeinsamkeit in Europa. Denn der Name Euro ist heute im Alltag der Märkte und Menschen ein deutliches Symbol für Europa.

In Madrid stimmten die Staats- und Regierungschefs Ende 1995 auch dem vom Europäischen Währungsinstitut ausgearbeiteten Übergangsszenario für den Eintritt in die Endstufe zu. Dieses Szenario war das Ergebnis eines längeren Diskussions- und Beratungsprozesses, in dem auch die Kommission eine wichtige Rolle spielte. Sie hatte schon im Frühjahr 1995 – in eigener Verantwortung, aber auf der Grundlage eines Berichtes unabhängiger Experten (sogenannter Maas-Bericht) – ein Grün-Papier mit dem Vorschlag für einen in Phasen gegliederten »Big-Bang-Übergang« zur Gemeinschaftswährung für alle Währungen, deren Länder sich endgültig für die Endstufe qualifizieren würden, vorgelegt. Dieses Papier sowie der Expertenbericht wurden zunächst auf der Expertenebene zwischen den Notenbanken sorgfältig geprüft und dann auch im EWI-Rat selbst diskutiert. Das Ergebnis dieser Beratungen des EWI-Rates wurde dann im Herbst 1995 dem Europäischen Rat in Madrid zur Entscheidung vorgelegt. Der Vorschlag des Währungsinstitutes orientierte sich – wie der Kommissionsvorschlag – zwar auch an einem »Big-Bang-Konzept«, gliederte die Vorbereitung und den Übergang aber in drei Perioden:

- Vorbereitung der gemeinschaftlichen Geldpolitik sowie der Herstellung der Noten und Münzen im Vorfeld der dritten Stufe,
- mit Beginn der dritten Stufe rechtlicher Übergang zum Euro mit Festschreibung der Umtauschparitäten und Anwendung der gemeinsamen Geldpolitik sowie
- Umtausch der Banknoten und Münzen nach spätestens drei Jahren.

Die Dreijahresfrist bis zum Noten- und Münzentausch erschien einigen meiner damaligen Kollegen und mir zunächst zwar als eher zu lang bemessen, wobei ich insbesondere an die nur wenige Monate umfassende Vorbereitung des Umtauschvorganges bei der innerdeutschen Währungsunion dachte. Die Experten der nationalen Notenbanken sowie des Währungsinstitutes haben uns jedoch von der Angemessenheit dieser Frist überzeugt. Die neuen Banknoten und

Münzen mussten nicht nur in vielen unterschiedlichen Fertigungsstätten als neue und den hohen Sicherheitsanforderungen entsprechende Produkte hergestellt werden. Zudem sollte der Umtauschvorgang selbst auch in allen Euro-Ländern so organisiert werden, dass etwaige Friktionen möglichst vollständig ausgeschaltet wurden. Um dies sicherzustellen, wurde eine Zweijahresfrist nicht für ausreichend angesehen. Diesem Rat der Experten sind wir dann gefolgt, weil wir bei einem für das Alltagsleben der Menschen so wichtigen Vorgang wie dem Umtausch der Banknoten und Münzen keine unnötigen Risiken eingehen wollten. Die Zufügung des Wortes »spätestens« macht allerdings deutlich, dass eine Verkürzung des Zeitraumes nicht ausgeschlossen werden sollte. Die spätere Praxis hat dann aber doch die Nutzung der vollen Dreijahresfrist notwendig gemacht.

Nachdem die Staats- und Regierungschefs in Madrid zusammen mit der Entscheidung über den Namen Euro auch diesem dreistufigen Übergangskonzept zugestimmt hatten, konnten die konkreten Vorarbeiten für die Gestaltung der Banknoten und Münzen beginnen.

Der auch im nationalen Bereich geltenden Kompetenzverteilung entsprechend, lagen Vorbereitung und Gestaltungsentscheidung für die Euro-Münzen von Anfang an im Zuständigkeitsbereich der Finanzminister. Sie entschieden sich für eine Gestaltung der Euro-Münzen, die neben einer einheitlichen Seite auch eine national unterschiedlich gestaltete Seite vorsah. Der vom EWI den Ministern übermittelte Einwand, dass dadurch möglicherweise zusätzliche Unsicherheiten bei den Nutzern oder auch technische Probleme bei der Kontrolle in den Münzautomaten entstehen könnten, wurde nach Anhörung von Experten nicht als hinreichend gewichtig angesehen. Die Minister wollten auf nationale Eigenheiten zumindest bei den Münzen nicht ganz verzichten. Bei den Banknoten, für deren Gestaltung er zuständig war, sah der EWI-Rat das allerdings anders. Nach eingehender Diskussion lehnten die Notenbankpräsidenten eine Kombination von einer gemeinschaftlichen und einer nationalen Seite ab. Eine solche Kombination hätte auch nach meiner Meinung aufgrund der damit verbundenen Unübersichtlichkeit unnötige Unsicherheit bei den Nutzern auslösen und – zumindest bei den größeren Noten – deren Akzeptanz gefährden können. Wahrscheinlich wären auch die Fälschungsmöglichkeiten nicht unerheblich gestiegen.

Nach dieser Grundsatzentscheidung für eine auf beiden Seiten einheitlich zu gestaltende Banknotenserie schrieb dann das Europäische Währungsinstitut im Februar 1996 einen Wettbewerb für das Design der neuen Euro-Banknoten aus. Als Thema für die Gestaltung der Noten wurde von uns das Motto »Historische Phasen und Stile in Europa« vorgegeben. Parallel dazu haben wir auf Wunsch einiger Notenbanken für den Wettbewerb neben der traditionsbezogenen auch eine »abstrakte Gestaltung« der Banknoten zugelassen. Nach Abschluss des Wettbewerbs im September 1996 waren insgesamt 44 Entwürfe eingegangen, und zwar 27 gemäß der traditionellen sowie 17 gemäß der abstrakten Option. Nach einer Vorauswahl durch eine Fachjury, die sich aus unabhängigen Wissenschaftlern, Designern und Public-Relations-Experten zusammensetzte, entschied sich dann der EWI-Rat am 3. Dezember 1996 in einem mehrstufigen Entscheidungsverfahren für die später auch in Umlauf gebrachte Serie. In Übereinstimmung mit meinen Bundesbankkollegen hielt ich diese Serie insbesondere wegen der symbolischen Bedeutung der gewählten Motive »Brücken und Portale« sowie ihrer historischen Entwicklung in Europa (ohne eine Prestigekonflikte fördernde genaue Zuordnung zu einzelnen Ländern) von Anfang an für besonders gelungen. Deswegen habe ich auch mit Erfolg dafür im EWI-Rat geworben. Nach dieser Entscheidung, deren Ergebnis von Präsident Lamfalussy am 13. Dezember 1996 in Dublin den Staats- und Regierungschefs vorgestellt wurde, konnten dann die konkreten Vorbereitungen für die Sicherheitsausstattungen und den späteren Druck der Banknoten in Gang gesetzt werden. Auf Einwand von Staatspräsident Chirac, der in der Landkarte Europas nicht das ganze französische Staatsgebiet dargestellt sah, wurden allerdings in den unteren Rand der Banknoten noch die Umrisse einzelner überseeischer Inseln von drei Mitgliedstaaten aufgenommen. So wurde zumindest symbolisch deutlich gemacht, dass das Gebiet der Währungsunion in kleineren Teilen sogar über den geographischen Raum Europa hinausreicht.

Trotz der Fortschritte bei den technischen Vorarbeiten und Entscheidungen wurde im Laufe des Jahres 1996 gleichzeitig allerdings auch immer deutlicher, dass es für die im Vertrag vorgesehene Möglichkeit (Artikel 121, Absatz 3), noch vor Ende des Jahres zu einer positiven Entscheidung über den Eintritt in die dritte Stufe zu kommen, keine wirkliche Realisierungschance gab. Voraussetzung für eine positive Entscheidung zu diesem Termin war ja, dass eine Mehrheit der Mitgliedstaaten zu diesem Zeitpunkt die »notwendigen Voraussetzungen für die Einführung einer einheitlichen Währung erfüllt«. Der Konvergenzbericht des Europäischen Währungsinstitutes vom November 1996 hob zwar die Fortschritte der Mitgliedsländer bei der Reduzierung des Kosten- und Preisdrucks hervor. Gleichzeitig beurteilte er jedoch die bisherige fiskalische Konsolidierung als zu gering und – mit Hinweis auf die in einigen Ländern praktizierten Fiskalmaßnahmen mit Einmaleffekt – als nicht nachhaltig genug. Auch die Kommission bewertete die bisherigen Konsolidierungsmaßnahmen insgesamt als substanziellen Fortschritt. Ebenso wie der EWI-Rat kam sie in ihrem Konvergenzbericht jedoch zu der Schlussfolgerung, dass »eine Mehrheit der Mitgliedstaaten noch kein ausreichendes Maß an nachhaltiger Konvergenz erreicht« habe. Damit war klargestellt: Ein Übergang in die Währungsunion vor dem vertraglich festgelegten Endtermin Anfang 1999 stand nicht mehr zur Debatte. Die für den endgültigen Eintritt in die dritte und endgültige Stufe erforderlichen Entscheidungen über die Mitgliedschaft waren (nach Artikel 121, Absatz 4) nicht vor dem ersten Halbjahr 1998 zu treffen. Diese sich schon seit 1995 immer deutlicher abzeichnende Vertagung der Entscheidung auf den im Vertrag fixierten Schlusstermin stimulierte die öffentlichen Erwartungen in Teilen Europas. Insbesondere in den südlichen Mitgliedsländern wurde dieser spätere Entscheidungstermin begrüßt. Er gab fast zwei Jahre länger Zeit, die Konvergenzkriterien tatsächlich zu erfüllen und sich im Erfolgsfall von Anfang an für die Mitgliedschaft in der Wirtschafts- und Währungsunion zu qualifizieren. Umgekehrt wuchs vor allem in Deutschland und den Niederlanden die Sorge, dass es bei der jetzt terminlich festliegenden Entscheidung über die Mitgliedschaft in der Wirtschafts- und Währungsunion zu einer Aufweichung der Eintrittskriterien kommen könne und dass die Konvergenzbemühungen insbesondere im Fiskalbereich nach der erreichten Mitgliedschaft nachlassen würden. Die öffentliche Diskussion über die Bedeutung einer strikten Einhaltung der Kriterien erhielt eine neue Aktualität.

Im EWI-Rat selbst gab es zu dieser Zeit auch noch eine Kontroverse darüber, ob und in welcher Weise das im Vertrag (Artikel 121, Absatz 1) fixierte Auswahlkriterium der »Einhaltung der normalen Bandbreiten des Wechselkursmechanismus des Europäischen Währungssystems seit mindestens zwei Jahren ohne Abwertung« nach dem Übergang zu erweiterten Bandbreiten von +/–15% seit dem 2. August 1993 eigentlich noch anzuwenden sei. Insbesondere die britischen und schwedischen Kollegen bezweifelten, dass dieses Wechselkurskriterium nach der Bandbreitenerweiterung noch Geltung beanspruchen könne. Im Herbst 1994 hatte der EWI-Rat zwar übereinstimmend auf die positiven Ergebnisse der Bandbreitenerweiterung für die Wechselkursstabilisierung nach 1993 hingewiesen und sich für eine Beibehaltung der erweiterten Bandbreiten ausgesprochen. Strittig blieb jedoch innerhalb des EWI-Rates schon damals die Bewertung der Teilnahme am Wechselkursmechanismus des EWS als Kriterium für die Auswahl der Mitgliedsländer für die künftige Währungsunion. Und diese Kontroverse konnte auch jetzt nicht überwunden werden. Die von den britischen und schwedischen Kollegen vertretene Position, dass die Bandbreitenerweiterung von 1993 dieses Kriterium praktisch wertlos gemacht habe, konnten wir in der Bundesbank ebenso wie die anderen Notenbanken der Gemeinschaft nicht akzeptieren. Meine Bundesbankkollegen und ich haben stets die Meinung vertreten, dass es für die Beurteilung der Konvergenzsituation eines Landes sehr wohl von Bedeutung ist, ob ein ex ante definierter und öffentlich bekannt gegebener Leitkurs der eigenen Währung gegenüber den anderen am System teilnehmenden Währungen ohne größere Spannungen und vor allem ohne Abwertung mindestens zwei Jahre hindurch beibehalten werden konnte. Diese Position halte ich auch heute noch für richtig und wichtig. Wohl wird durch die Bandbreitenerweiterung eine kurzatmige Spekulation der Devisenmärkte gegen eine Währung erschwert und zugleich die eigene Verantwortung des jeweiligen Landes für seine Politik und ihre Marktbewertung unterstrichen. Die problemlose Einhaltung des vorher festgelegten Leitkurses ohne größere Kursschwankungen macht aber zugleich auch deutlich, dass dieser Kurs offenbar nach dem Urteil der Märkte weitgehend richtig und angemessen ist. Und das ist für die Entscheidung über den richtigen Eintrittskurs von großer Bedeutung. In diesem Sinne hat das Wechselkurskriterium ja auch bei der Auswahlentscheidung im Frühjahr 1998 sehr wohl eine wichtige Rolle gespielt. Vor allem im Hinblick auf dieses Kriterium trat ja Italien im November 1996 dem Wechselkursmechanismus des EWS nach fast vierjähriger Abwesenheit wieder bei.

KAPITEL 19

# Stabilitäts- und Wachstumspakt und Euro-Gruppe

Schon vor den Maastricht-Verhandlungen hatte der deutsche Zentralbankrat in seiner grundsätzlichen Stellungnahme von 1990 auf die zentrale Bedeutung einer funktionierenden Wirtschaftsunion ohne Begrenzungen des Binnenverkehrs mit einer gemeinschaftlich ausgerichteten Wettbewerbsordnung sowie einer hinreichenden und dauerhaften stabilitätspolitischen Konvergenz zwischen den Mitgliedsländern hingewiesen. Mit Blick auf die Fiskalpolitik der Mitgliedstaaten heißt es in dieser Stellungnahme: »Da in der Wirtschafts- und Währungsunion die finanzpolitischen Entscheidungen weitgehend in der Hand der Mitgliedstaaten bleiben, müssen auf Gemeinschaftsebene vertragliche Vorkehrungen einschließlich besonderer Regeln und Sanktionen für eine wirksame Haushaltsdisziplin in allen Mitgliedstaaten geschaffen werden.«[91]

Hintergrund dieser besonderen Betonung der Haushaltsdisziplin für eine dauerhafte stabilitätspolitische Konvergenz der Teilnehmerländer waren insbesondere die negativen Erfahrungen in den 70er und 80er Jahren. In diesen Jahrzehnten divergierten in Europa vielfach nicht nur die monetären Politiken, sondern vor allem auch die Grundorientierungen für die Fiskalpolitik. Und das Ergebnis dieser divergierenden Politiken reflektierte sich nicht nur in erheblichen Unterschieden bei der Entwicklung der staatlichen Budgetdefizite und der öffentlichen Schulden. Auch die Zinsniveaus der nationalen Währungen an den Kapitalmärkten wiesen erhebliche Unterschiede auf. Die Bedeutung der öffentlichen Finanzen für die Gesamtwirtschaft war und ist nämlich in den meisten europäischen Ländern im internationalen Vergleich besonders hoch. Insbesondere aufgrund der Expansion des Sozialstaates macht der Anteil des Fiskus hier inzwischen nahezu die Hälfte des Bruttoinlandsproduktes oder gar mehr aus. Bei solchen Dimensionen der öffentlichen Finanzen können Fehlentwicklungen in diesem Bereich erhebliche negative Konsequenzen für Stabilität und Wachstum der Gesamtwirtschaft haben. Sie waren deswegen in der Vergangenheit nicht selten auch ein entscheidender Grund für so manche Veränderung der Wechselkurse. In einer Währungsunion können jedoch unterschiedliche Entwicklungen zwischen den beteiligten Ländern nicht mehr durch Wechselkurskorrekturen ausgeglichen werden. Fiskalische Fehlentwicklungen einzelner Länder werden infolge der währungspolitischen Solidargemeinschaft von den Finanzmärkten deswegen für die betreffenden Länder selbst auch kaum noch sanktioniert. Zwar reflektieren die Kapitalmarktzinsen erfahrungsgemäß noch die unterschiedlichen Bonitätsrisiken der Gläubiger. Das Währungsrisiko fiskalpolitischer Fehlentwicklungen einzelner Staaten muss aber in einer Währungsunion letztlich von allen gemeinsam getragen werden. Früher von den Gläubigern als Kompensation für das nationale Inflations- und Abwertungsrisiko verlangte Zinsaufschläge entfallen nämlich hier weitgehend. Das hiermit verbundene Moral-Hazard-Problem darf nicht unterschätzt werden. Schon in der Historie sind Währungsunionen in Europa zumeist an divergierenden Entwicklungen der Staatsfinanzen ihrer Mitglieder gescheitert. Gerade wegen des heute zumeist erheblich höheren Staatsanteils am Sozialprodukt ist deswegen eine hinreichende Fiskaldisziplin der einzelnen Mitgliedstaaten für die Zukunft der Währungsunion von zentraler Bedeutung. Ohne eine nachhaltige Harmonisierung der fiskalischen Entwicklungen ist in einer Währungsunion jedenfalls das Risiko von Konflikten zwischen den Mitgliedstaaten programmiert. Und ohne eine nachhaltige Stabilitätsorientierung der

Fiskalpolitik insbesondere der großen Mitgliedstaaten ist – zumindest mittel- und längerfristig – auch ein Konflikt mit der gemeinsamen Geldpolitik nicht auszuschließen. Denn die Geldpolitik allein kann eine nachhaltige Stabilität des Geldwertes, die zugleich eine wichtige Grundlage für dauerhaftes Wachstum der Wirtschaft und hohen Beschäftigungsstand ist, nicht hinreichend sichern. Bei der Erfüllung ihres Stabilitätsauftrages ist sie gerade auch auf die Unterstützung durch eine stabilitätsgerechte Entwicklung der öffentlichen Finanzen angewiesen.

Schon seit langem befasst sich die wirtschaftswissenschaftliche Literatur mit der Rolle der öffentlichen Budgetpolitik für Stabilität, Wachstum und Beschäftigung. Das Konzept eines über den Konjunkturzyklus hinweg ausgeglichenen Gesamthaushaltes hat dabei als Orientierungsmaßstab zu Recht eine besondere Bedeutung gewonnen. Ein weitgehend ausgeglichener Haushalt signalisiert nämlich den Bürgern die Wahrscheinlichkeit einer relativen Konstanz der fiskalischen Rahmenbedingungen. Für das Zukunftsvertrauen der Wirtschaftssubjekte ist dies von großer Bedeutung. Das gilt insbesondere in Europa aufgrund der hohen Staatsquoten und zumeist hohen öffentlichen Schulden. Zusätzlich zu den ausgewiesenen Schulden gibt es in vielen Ländern – infolge der umlagefinanzierten Sozialversicherungssysteme und der weitgehenden wohlfahrtsstaatlichen Zusagen – ja noch erhebliche verdeckte öffentliche Schulden und künftige Finanzierungsrisiken, nicht zuletzt aufgrund der weitreichenden demographischen Veränderungen in den meisten europäischen Gesellschaften.

Schon im Vorfeld von Maastricht hatte es die im Zusammenhang mit den Auswahlkriterien erwähnten intensiven Diskussionen darüber gegeben, wie die Einhaltung der Fiskaldisziplin zu messen sei (vgl. Kapitel 15). Weitgehende Einigkeit bestand dabei von Anfang an darüber, dass die Finanzlage der öffentlichen Hand in allen Teilnehmerländern »auf Dauer tragbar« sein müsse. Dass deswegen die Budgetdefizite auch bei Berücksichtigung konjunkturzyklischer Einflüsse in Grenzen gehalten werden müssten, war ebenso weitgehend unstrittig. Intensiv diskutiert wurden jedoch insbesondere die Fragen: Was sind denn sinnvolle Grenzwerte? Können sie für alle Teilnehmerländer gleich sein? Und können sie losgelöst vom jeweiligen Schuldenstand bewertet werden? Dabei setzte sich schon damals zunehmend die Erkenntnis durch, dass neben dem aktuellen Defizit natürlich auch der jeweilige Schuldenstand und seine Begrenzung für die Beurteilung der Budgetpolitik eine erhebliche Rolle spielen müssten. Nach Prüfung und Abwägung der Vor- und Nachteile verschiedener Indizes wurden dann ja auch das Defizit- und Schuldenstandskriterium in Relation zum Bruttoinlandsprodukt als zentrale Beurteilungsmaßstäbe in den Vertrag aufgenommen. Die heute von Kritikern gelegentlich vorgeschlagene Nutzung der Staatsquote (Anteil der öffentlichen Ausgaben am Bruttoinlandsprodukt) und ihrer Entwicklung als Maßstab halte ich zwar für eine ordnungs- und wachstumspolitische Beurteilung für wichtig. Angesichts der traditionellen Unterschiede zwischen den Ländern und Gesellschaften über das konkrete Ausmaß des Staatseinflusses eignet sich ein solcher Indikator jedoch nur begrenzt für eine länderübergreifende Beurteilung. Vor allem kann damit auch nicht die unmittelbare Kapitalmarktbeanspruchung durch die öffentlichen Finanzen gemessen werden. Auch die meisten anderen in der Öffentlichkeit diskutierten Indikatoren wie das Verhältnis der konsumtiven zu den investiven Ausgaben oder das um zyklische Einflüsse bereinigte bzw. strukturelle Defizit enthalten letztlich nur Teilinformationen und sind kaum für alle Länder übereinstimmend und eindeutig abgrenzbar. Und der heute gelegentlich vorgebrachte Vorschlag, statt nationaler Defizitkriterien als Maßstab ein zusammenfassendes Defizitziel für den gesamten Euro-Raum festzulegen, verkennt offenbar die in einer Währungsunion mit weitgehender nationaler Fiskalverantwortung zu lösende Problematik.[92] Nach intensiver Diskussion hatten sich die Verhandlungspartner im Vorfeld des Maastricht-Vertrages vor allem auf die Entwicklung des gesamtstaatlichen Defizits als dominanten Indikator für die Einhaltung der Fiskaldisziplin verständigt, wobei zusätzlich auch der jeweilige Schuldenstand zu beachten sei. Dabei war jedoch immer klar, dass letztlich maßgebend insbesondere das sogenannte strukturelle, d.h. das um konjunkturzyklische Einflüsse bereinigte Defizit sein sollte. Allerdings waren sich alle Beteiligten stets auch bewusst, dass dieses sogenannte strukturelle Defizit in der jeweiligen Situation kaum präzise abzugrenzen sei. Das gilt auch für die ebenso intensiv diskutierte Begrenzung der Kreditaufnahme für investive Ausgaben (sogenannte Goldene Regel), denn die in den Finanzverwaltungen der Mitgliedsländer benutzten Definitionen für öffentliche Investitionen sind sehr unterschiedlich. Da öffentliche Ausgaben nicht selten sowohl konsumtiven als auch investiven Zwecken dienen, ist ihre Zuordnung zudem leicht manipulierbar. Ausgehend davon, dass unter normalen Umständen (d.h. ohne Einbeziehung der durch den Konjunkturzyklus verursachten Defizitelemente und ohne übermäßigen Schuldenstand) das stabilitäts- und wachstumspolitisch angemessene Defizit möglichst nahe bei null liegen sollte, war in den Maastrichter Verhandlungen schlussendlich der Referenzwert für eine unzulässige Überschreitung bei 3% des Bruttoinlandsproduktes festgelegt worden. Mit diesem relativ großzügig bemessenen Referenzwert, der ohnehin nur für besondere Ausnahmesituationen gelten konnte, sollte zugleich hinreichender Spielraum für die Flexibilität bei der Beurteilung des Einzelfalles geschaffen werden. Zwischen dem eigentlichen Ziel eines weitgehend ausgeglichenen Gesamtbudgets und dem Referenzwert für ein Jahresdefizit von 3% wurde genügend Raum für Beweglichkeit in besonderen Situationen gesehen.

Neben dieser Verständigung über die jährliche Defizitgrenze von 3% hatte es im Vorfeld der Vertragsverhandlung auch eine Einigung über das Schuldenstandskriterium von 60% des Bruttoinlandsproduktes als zweiten Referenzwert gegeben. Wenn auch die Erfüllung des Schuldenstandskriteriums im Maastricht-Vertrag nicht ganz so eindeutig gefordert wird wie die Einhaltung der jährlichen Defizitgrenze, so stehen beide Kriterien doch in einem gewissen Zusammenhang. Jedenfalls gilt für Länder mit höheren Schuldenständen, dass sie im Sinne der nachhaltigen Fiskaldisziplin grundsätzlich eher Überschüsse als Defizite in ihren Gesamtbudgets erwirtschaften müssen. Die Defizitgrenze von 3% und das Schuldenstandskriterium von 60% des Bruttoinlandsproduktes sind in einem formellen Protokoll als Referenzwerte für die Beurteilung »einer auf Dauer tragbaren Finanzlage der öffentlichen Hand« (Artikel 121) sowie die künftige »Einhaltung der Haushaltsdisziplin« (Artikel 104) festgeschrieben und damit formeller Bestandteil des Maastricht-Vertrages. Beide Referenzwerte waren und sind damit wichtige Auswahlkriterien für die Teilnahmeberechtigung der Länder, aber zugleich auch zentrale Prüfwerte für die nach Eintritt in die Währungsunion für alle Mitgliedsländer geltende regelmäßige Überwachung durch die Kommission und den Ministerrat.

Die Vertragsartikel 99 und 104, in denen das Koordinierungs- und Überwachungsverfahren für die Wirtschafts- und Finanzpolitik der Mitgliedstaaten geregelt ist, enthalten allerdings insbesondere für die Überwachung der Haushaltslage ein äußerst kompliziertes, sieben Stufen umfassendes Vorgehen ohne konkrete zeitliche Vorgaben. Schon während der Vertragsverhandlungen haben wir seitens der Bundesbank in Gesprächen mit Minister Waigel und seinen Mitarbeitern mehrfach auf die Schwachpunkte dieses Überwachungsverfahrens und die dabei vorgesehene Aufgabenverteilung von Kommission und Ministerrat hingewiesen. Uns war klar, dass insbesondere das komplizierte Entscheidungsverfahren im Rat voraussichtlich nur begrenzte Prophylaxe und Kontrollwirkung entfalten werde, insbesondere dann, wenn mehrere Mitgliedstaaten gleichzeitig die Obergrenzen nicht einhalten bzw. keine ausreichenden Korrekturmaßnahmen ergreifen würden. Denn nahezu alle Schritte setzten entsprechende Mehrheitsbeschlüsse des Ministerrates voraus. Weitergehende Klärungen des Überwachungsverfahrens und Verbesserungen seiner Effizienz konnten jedoch in den Vertragsverhandlungen selbst damals offenbar nicht durchgesetzt werden.

Schon bald, nachdem der Vertragstext im Detail bekannt wurde, begann jedoch insbesondere in der deutschen Öffentlichkeit eine kritische Diskussion zu dieser Thematik. Sie konzentrierte sich insbesondere auf das Überwachungsverfahren nach dem Eintritt in die Währungsunion und dessen Effizienz. Immer häufiger wurde bezweifelt, dass das im Vertrag festgelegte Entscheidungsverfahren sowie die letztendlich vorgesehenen Sanktionsmöglichkeiten die notwendige Fiskaldisziplin hinreichend wirksam und dauerhaft sichern können. Vor dem Hintergrund dieser kritischen Diskussion griffen Minister Waigel und das Bundesministerium der Finanzen – mit nachdrücklicher Unterstützung der Bundesbank – dieses Thema im Jahre 1995 erneut auf, zumal es bis dahin in der Haushaltspolitik mehrerer EU-Länder nur begrenzte Stabilisierungsfortschritte gegeben hatte. Der damals im Ministerium zuständige Staatssekretär Jürgen Stark hat über diese Initiative sowie über die von ihm wesentlich mit beeinflussten Verhandlungen, die dann zum sogenannten Stabilitäts- und Wachstumspakt führten, einen zusammenfassenden Bericht veröffentlicht.[93] Neben einer möglichst strikten Anwendung der Auswahlkriterien sollte vor allem das Überwachungsverfahren nach Eintritt in die Währungsunion konkretisiert und wirksamer gemacht werden. Die ersten Überlegungen im Ministerium zielten dabei auf einen Ergänzungsvertrag zwischen den tatsächlichen Teilnehmern an der Währungsunion nach dem Modell des sogenannten Schengen-Vertrages über den Wegfall von internen Grenzkontrollen, dem sich ja auch zunächst nur eine

Gruppe der EG-Mitgliedstaaten angeschlossen hatte. Wir in der Bundesbank haben dieses Konzept nachdrücklich unterstützt. Gespräche mit den anderen Finanzministern und ihren Mitarbeitern zeigten allerdings schon bald, dass eine solche Lösung offenbar politisch keine Realisierungschance hatte. Man wollte nach den schwierigen Verhandlungen im Vorfeld von Maastricht und den folgenden Ratifizierungsproblemen in einer Reihe von Ländern die »Büchse der Pandora« nicht noch einmal öffnen. So bedauerlich dies war, dieser Weg nach dem Muster des Schengen-Vertrages blieb leider versperrt. Angesichts dieser Lage drängte die Bundesregierung zumindest auf eine zusätzliche verbindliche Vereinbarung, wenn auch ohne eigenständige Vertragsqualität.

Nachdem Minister Waigel im Finanzministerrat Mitte September 1995 erste inhaltliche Vorstellungen für eine solche zusätzliche Vereinbarung vorgetragen hatte, gab es zunächst sowohl seitens der anderen großen Mitgliedstaaten als auch der Kommission reservierte Reaktionen. Wenige Tage später zeigten sich jedoch beim informellen Treffen der EU-Wirtschafts- und -Finanzminister sowie der Notenbankgouverneure in Valencia auch erste positive Reaktionen anderer Regierungen. Im Bundesministerium der Finanzen wurde danach intensiv an einem Konzept gearbeitet, das auf eine Konkretisierung auch der mittelfristigen Zielvorstellungen für die Budgetdisziplin, die Einrichtung eines Frühwarnsystems, eines Mechanismus für die Anwendung von Sanktionen sowie die Einrichtung eines Stabilitätsrates abzielte. Dieses Konzept wurde insbesondere vom damaligen französischen Finanzminister Arthuis für uns überraschend positiv aufgenommen. Auch die Kommission griff das Thema mit einem eigenen Dokument unter dem Titel »Towards a Stability Pact« auf. Sie sprach sich darin zusätzlich zum 3%-Referenzwert für das Defizit erstmals auch für ein ausgeglichenes Budget als mittelfristige Zielorientierung aus. Nachdem die Staats- und Regierungschefs der EU im Dezember 1995 in Madrid der Idee eines zusätzlichen Stabilitätspaktes grundsätzlich zugestimmt hatten, konnten die konkreten Vorbereitungsarbeiten dann im Jahre 1996 auf Gemeinschaftsebene beginnen.

Die Verhandlungen wurden im Wesentlichen zwischen den Finanzministerien geführt. Lediglich bei den Beratungen im Rahmen der informellen Minister- und Gouverneurstreffen waren auch die Notenbankpräsidenten beteiligt. In diesen Konferenzen zusammen mit den Ministern habe ich mich gemeinsam mit Minister Waigel mehrfach nachdrücklich für die Festlegung der mittelfristigen Zielsetzung eines weitgehend ausgeglichenen Budgets eingesetzt, wobei diese Orientierung zugleich für Länder mit übermäßigen Schuldenständen in Richtung eines Überschusses zum Abbau des Schuldenstandes ergänzt werden sollte. Dem Bundesministerium der Finanzen ist es dann in den weiteren Verhandlungen auch gelungen, diese mittelfristige Zielvorstellung »in der Nähe eines ausgeglichenen Budgets oder eines Überschusses« im Stabilitäts- und Wachstumspakt festzulegen. Sie blieb allerdings leider insofern abstrakt, als die Qualifizierung »mittelfristig« nicht auf einen konkreten Zeithorizont bezogen ist und deswegen bei der konkreten Überwachung immer als gleitendes Zukunftsziel interpretiert werden kann. Eine genauere zeitliche Fixierung hätte diese Zielvorgabe zweifellos zu einem konkreteren und damit gewichtigeren Maßstab gemacht. Andererseits konnte das deutsche Finanzministerium jedoch in teilweise schwierigen Verhandlungen – vor allem im Vorfeld des Dublin-Gipfels – viele Konkretisierungen und Verfahrensverbesserungen für das Haushaltsüberwachungsverfahren selbst durchsetzen. So wurde der im Vertragsprotokoll von Maastricht genannte Referenzwert von 3 % für das Budgetdefizit nunmehr eindeutig als verbindliche Obergrenze für die jährliche öffentliche Verschuldung definiert. Überdies vereinbarte man ein Frühwarnsystem, um rechtzeitig auf drohende übermäßige Defizite aufmerksam zu machen und entsprechende Korrekturmaßnahmen einzuleiten. Zusätzlich wurde das im Vertrag festgelegte Defizitverfahren durch Zeitvorgaben beschleunigt und durch konkrete Definitionen von Ausnahmetatbeständen gestrafft. Mögen einige dieser Festlegungen auch von Kritikern heute gelegentlich als zu rigide bewertet werden. Bei der Bewertung sollte man nicht übersehen, wie schwierig eine effiziente Gemeinschaftsregelung zu erreichen und umzusetzen ist, wenn derartig starke politische Interessen der Regierungen involviert sind, wie sie sich nun einmal in den nationalen Finanzpolitiken niederschlagen.

Kurz vor Abschluss der Verhandlungen der Finanzminister habe ich bei einem informellen Treffen der Finanzminister und Notenbankgouverneure in Irland noch einen, im Ergebnis leider nicht erfolgreichen Änderungsversuch unternommen. Bei der Durchsicht des Textes war mir aufgefallen, dass für die maßgebliche Entscheidung zur Einleitung eines zur Sanktion führenden Verfahrens gegen einen Mitgliedstaat eine mehrheitliche Zustimmung des Ministerrates zum Kommissionsvotum erforderlich sei. Für mich war schon damals klar, dass es dazu kaum kommen werde, insbesondere dann nicht, wenn mehrere Mitglieder in der Gefahr stünden, dass gegen sie ein ähnliches Verfahren eingeleitet werden könne. Deswegen habe ich damals dafür plädiert, die Entscheidungsprozedur wenigstens so zu ändern, dass das Votum der Überwachungsbehörde Kommission Geltung erhalte, solange nicht eine Mehrheit des Rates dagegen stimme. Die hiermit verbundene »Umkehr der Beweislast« hätte das Verfahren wahrscheinlich effizienter und die Überwachung damit strenger machen können. Denn anstelle eines »Schuldspruchs« durch die Ratsmehrheit wäre dann die Entscheidung der Kommission maßgebend geworden, jedenfalls solange sie nicht durch einen Mehrheitsbeschluss vom Ministerrat ausgesetzt wird. Eine solche Regelung hätte den Streitfall im Jahre 2003 wegen des deutschen und französischen Defizits wahrscheinlich verhindert. Leider hat sich mein Vorschlag damals nicht durchgesetzt.

Nach Konsultation mit dem juristischen Dienst wandte Kommissionspräsident Santer ein, dass eine solche »Umkehr der Beweislast« nicht im Einklang mit dem Maastricht-Vertrag stehe.[94]

Nach einem Sitzungsmarathon in Dublin wurde dann am 12./13. Dezember 1996 der Konsens der EU-Finanzminister über den Inhalt des Paktes bestätigt. Man einigte sich in der Schlussrunde im Europäischen Rat jedoch auf eine Änderung des Titels. Aus dem Stabilitätspakt wurde insbesondere auf französischen Wunsch ein Stabilitäts- und Wachstumspakt. Zugleich sollte der Pakt mehr als nur eine politische Vereinbarung zwischen den Regierungen in Form einer gemeinsamen Erklärung sein. Die Staats- und Regierungschefs legten nämlich fest, dass zusammen mit der Resolution auch zwei EU-Verordnungen mit den Detailregelungen verabschiedet werden sollten. Die genaue Formulierung der Resolution und der Richtlinien erforderte zwar noch einige schwierige Verhandlungsrunden. Wie in Dublin vereinbart, kam es jedoch am 16./17. Juni 1997 in Amsterdam zur formellen Verabschiedung durch die Staats- und Regierungschefs.

Für die Bundesregierung war das Ergebnis von Dublin und Amsterdam insgesamt damals zweifellos ein Erfolg. Die heute gelegentlich als »Konstruktionsfehler«[95] bezeichneten Schwachpunkte wie die fehlende Automatik der Entscheidungsschritte sowie die zu späte Nutzung von Sanktionen sind schon damals durchaus als solche erkannt worden. Schärfere Regeln und vor allem effizientere Entscheidungsstrukturen waren aber nach Maastricht nicht mehr durchsetzbar. Offen blieb allerdings zunächst der schon zuvor mehrfach von französischer Seite in die Diskussion gebrachte Vorschlag, zusätzlich zum Stabilitäts- und Wachstumspakt auch ein »Gouvernement Economique« einzurichten, das sich aus den Wirtschafts- und Finanzministern der an der Wirtschafts- und Währungsunion teilnehmenden Staaten zusammensetzen sollte. In dieser gemeinsamen

»Wirtschaftsregierung« der WWU-Länder sollten regelmäßig die aktuellen wirtschaftspolitischen Fragestellungen und Themen beraten und die Antworten so weit wie möglich festgelegt werden. Nach der öffentlichen Begründung französischer Politiker sollte sie zugleich ein »Gegengewicht« zur Europäischen Zentralbank darstellen.[96] Insbesondere dieses Argument machte die deutsche Seite jedoch von Anfang an skeptisch. Das galt auch für mich persönlich. Wohl war ich mir bewusst, dass auch eine unabhängige Geldpolitik das politische Umfeld nicht einfach negieren könne. Aber hierüber müsse eine unabhängige Zentralbank im Rahmen ihres Mandates letztlich selbst entscheiden. Überdies stand ich sinnvollen Ansätzen für eine effizientere Koordinierung der wirtschaftspolitischen Grundorientierung der Mitgliedstaaten in der Wirtschaftsunion schon von Anfang an positiv gegenüber. Die französische Begründung zielte jedoch offensichtlich in eine falsche Richtung. Aufgrund der langen Tradition mit einer weitgehend weisungsgebundenen Notenbank taten sich in Frankreich damals manche Politiker noch immer schwer mit dem eindeutig unabhängigen Status der künftigen Europäischen Zentralbank. Starke Einwände gegen den französischen Vorschlag gab es aber auch von Seiten der EU-Länder, die – zumindest vorerst – nicht an der Währungsunion teilnehmen wollten. Vor allem die britische Regierung wollte jede eigenständige Institutionalisierung der Währungsunionsländer innerhalb des EU-Ministerrates damals vermeiden. Nachdem der Stabilitäts- und Wachstumspakt verabschiedet war, brachte der damalige französische Finanzminister Strauss-Kahn den französischen Vorschlag jedoch erneut in die Diskussion. Hintergrund war, dass der neue Premierminister Jospin zuvor im französischen Wahlkampf versprochen hatte, die Thematik wieder aufzugreifen. Strauss-Kahn versuchte insbesondere in bilateralen Gesprächen, die deutsche Seite von der Notwendigkeit einer solchen gemeinschaftlichen Wirtschaftsregierung zu überzeugen. Im Herbst 1997 konnte dann eine Kompromisslösung gefunden werden. Sie ist mir vor allem deswegen in besonderer Erinnerung, weil sie im historischen Rathaus meiner Schulstadt Münster in Westfalen zustande kam. Dort traf sich am 14. Oktober der Deutsch-Französische Finanz- und Wirtschaftsrat zu seiner regelmäßigen Herbstsitzung. Nach eingehender Diskussion einigten sich die beiden Minister Strauss-Kahn und Waigel im Beisein der Notenbankpräsidenten darauf, künftig regelmäßige Zusammenkünfte einer informellen »Euro-Gruppe« der Minister im Zusammenhang mit den offiziellen Ratssitzungen der Wirtschafts- und Finanzminister anzustreben. In diesem informellen Rahmen könnten dann gemeinsame Themen der Euro-Länder besprochen werden. Diese in Münster damals vereinbarte gemeinsame Initiative wurde später auch von den anderen Euro-Ländern akzeptiert. Dieser Vereinbarung entsprechend, treffen sich seit dem Eintritt in die Währungsunion die Minister der Euro-Gruppe regelmäßig, um – meist auch in Anwesenheit des EZB-Präsidenten – aktuelle Wirtschaftsfragen zu erörtern und – soweit das für erforderlich gehalten wird – gemeinsame wirtschafts- und währungspolitische Positionen abzustimmen. Anders als der im Rathaus von Münster 1648 unterzeichnete Friedensvertrag, der damals den Dreißigjährigen Krieg beendete, dürfte diese 1997 in Münster bilateral abgesprochene und später von allen Euro-Ländern befürwortete informelle Zusammenarbeit der Euro-Regierungen allerdings kaum eine längerfristig für alle beteiligten Regierungen akzeptable Lösung sein. Für mich ist es deswegen auch nicht überraschend, dass der neue Verfassungsvertrag jetzt eine gewisse Formalisierung und Weiterentwicklung der Rolle der Euro-Gruppe vorsieht.

Der Stabilitäts- und Wachstumspakt hat die schon im Vertrag vorgesehene gemeinsame Überwachung der nationalen Fiskalpolitiken zweifellos konkretisiert und verschärft. Mit ihm wurden für alle Mitgliedsländer eine gemeinsame mittelfristige Zielorientierung, eine Verdeutlichung des Grenzwertes für das Defizit als Obergrenze, eine Verkürzung und Straffung des »Defizitverfahrens«, eine klare Definition der Ausnahmeregelung sowie eine quasi automatische Sanktionsregelung festgelegt. Das gemeinsame Überwachungsverfahren hat damit zweifellos ein größeres Gewicht erhalten. Und zusätzlich ist dadurch wohl auch eine gewisse Stärkung des öffentlichen Bewusstseins für die Bedeutung einer nachhaltigen fiskalischen Stabilität für die Währungsunion erreicht worden. Insoweit war schon die Verabschiedung des Paktes eine wichtige zusätzliche Weichenstellung. Vor allem in der deutschen Öffentlichkeit wurde dies damals überwiegend positiv im Hinblick auf das Ziel der nachhaltigen Sicherung der Stabilität in der künftigen Währungsunion bewertet, wenngleich natürlich schon damals auch Zweifel hinsichtlich der tatsächlichen Durchsetzbarkeit des Regelwerkes blieben.

Inzwischen ist diese damalige Weichenstellung allerdings zunehmend umstritten. In der öffentlichen Diskussion des In- und Auslandes ist seit einiger Zeit vor allem immer wieder der Einwand zu hören und zu lesen, dass die Festschreibung der Defizitobergrenze auf 3% des Bruttoinlandsproduktes der konjunkturzyklischen Ausgleichsfunktion der öffentlichen Haushalte (als sogenannte automatische Stabilisatoren) nicht ausreichend Rechnung trage. Diese zunächst von einigen Ökonomen vorgebrachte, dann vermehrt aber auch von »interessierten« Politikern in den betroffenen Ländern aufgegriffene Argumentation verkennt allerdings zumeist das im Stabilitäts- und Wachstumspakt vereinbarte Gesamtkonzept. Mit der Festlegung des mittelfristigen Ziels »in der Nähe eines ausgeglichenen Budgets oder eines Überschusses« ist für den Konjunkturverlauf bis zur Erreichung der Obergrenze von 3% eigentlich genügend Flexibilität gegeben. Auch der andere häufig vorgebrachte Einwand, dass im Falle eines sogenannten asymmetrischen externen Schocks für einzelne Länder nicht mehr genügend Handlungsspielraum für fiskalische Korrekturmaßnahmen bestehe, trifft die Regelung nicht wirklich. Trotz aller Festlegungen im Vertrag und im Stabilitäts- und Wachstumspakt ist für den wirklich begründeten Einzelfall genügend Flexibilität möglich. Der Stabilitäts- und Wachstumspakt hat im Wesentlichen hier nur die Missbrauchsmöglichkeiten begrenzt. Ein Großteil der aktuellen politischen Argumente gegen den Stabilitäts- und Wachstumspakt dürfte seine eigentliche Ursache jedoch vor allem darin haben, dass die Zeit des relativ starken Wachstums in den ersten beiden Jahren nach dem Eintritt in die Währungsunion insbesondere von den größeren Mitgliedstaaten wie Deutschland, Frankreich und Italien nicht genügend genutzt worden ist, um den strukturellen Kern ihrer Budgetdefizite nachhaltig abzubauen. Die von der Kommission veröffentlichten Zahlenwerke zeigen dies – bei allen Schwierigkeiten der exakten Abgrenzung von den konjunkturbedingten Einflüssen – deutlich.[97] Der konjunkturbedingte Defizitanteil, sofern er wirklich nur zyklischer Natur ist, wäre in den letzten Jahren in allen EU-Ländern auch innerhalb der 3%-Obergrenze zu verkraften gewesen, wenn zuvor die »konjunkturbereinigten« Defizite deutlicher und nachhaltiger abgebaut worden wären. Man kommt leider nicht um das Urteil herum, dass die Finanzdisziplin in mehreren Ländern bisher offensichtlich nicht ausreichend und nachhaltig eingehalten worden ist. Dies ist ganz offensichtlich auch das Urteil der Europäischen Zentralbank. Während sie die Fiskalpolitik im Vorfeld der Währungsunion (1992–1997) insgesamt als erfolgreich bewertet, kritisiert sie die seither (1998–2003) betriebene Konsolidierungspolitik insbesondere in der Zeit robusten Wachstums in einer Reihe von WWU-Ländern als nicht ausreichend. Die Fiskalpolitik habe der Begrenzung der primären Ausgaben zu wenig Bedeutung beigemessen und die Einsparungen aufgrund niedriger Zinsen nicht genügend für die Konsolidierung der öffentlichen Finanzen eingesetzt.[98]

KAPITEL 20

# Konvergenzberichte 1998

Schon seit den 70er Jahren hatte sich in der europapolitischen Diskussion die Erkenntnis durchgesetzt, dass eine Währungsunion auf Dauer nur dann erfolgreich sein könne, wenn zwischen den teilnehmenden Volkswirtschaften eine hinreichende und dauerhafte Konvergenz erreicht werden könne. Innerhalb der Kommission gab es zwar schon früh auch die Vorstellung, dass zum Binnenmarkt und insbesondere zur Währungsunion überdies ein interner Finanzausgleich gehören müsse, um das Spannungspotenzial zwischen den Mitgliedstaaten zu reduzieren.[99] Diese Position wurde auch später immer wieder von der Kommission vertreten. Sie fand dabei insbesondere bei solchen Ländern Unterstützung, die in diesem Kontext auf mehr gemeinschaftliche Finanzhilfen hofften. In der weiteren wirtschaftspolitischen Diskussion setzte sich jedoch bei der Mehrheit der Mitgliedstaaten zunehmend die Meinung durch, dass die in einer Währungsunion erforderliche Konvergenz weder durch ein großzügiges offizielles Finanzausgleichssystem geschaffen noch gesichert werden könne. Schon im Vorfeld der Entscheidung über das neue Europäische Währungssystem 1978/79 entwickelte sich nach den Vorarbeiten des damaligen Ausschusses für Wirtschaftspolitik (vgl. Kapitel 7) zwischen den zuständigen Ministern zunehmend Übereinstimmung darüber, dass es bei dem Konvergenzpostulat nicht um eine realwirtschaftliche Konvergenz im Sinne eines gleichen Wohlstandsniveaus, etwa eines weitgehend gleichen Niveaus des realen Bruttoinlandsproduktes pro Kopf der Bevölkerung, gehen könne. Auch in den bisherigen nationalen Währungsgebieten gab und gibt es ja zum Teil erhebliche und – trotz mancher Finanzausgleichssysteme – seit langem andauernde Wohlstandsunterschiede zwischen den Regionen oder Teilstaaten, und zwar ohne dass daraus größere Belastungen für die Währungspolitik entstanden wären. Im Zusammenhang mit der angestrebten Währungsunion und ihrer Vorbereitung ging es neben einer hinreichenden Wettbewerbsfähigkeit der einzelnen Volkswirtschaften vor allem um eine hinreichende und dauerhafte »stabilitätspolitische Konvergenz«[100] zwischen den Staaten, die an der künftigen Währungsunion teilnehmen wollten. Gemeint war hiermit insbesondere eine an weitgehend gleichen Zielen und Ergebnissen orientierte Währungs-, Wirtschafts- und Finanzpolitik der Mitgliedstaaten. Als Maßstäbe für eine solche stabilitätspolitische Konvergenz hatte der Maastricht-Vertrag (Artikel 121, Absatz 1 und Artikel 104) ausdrücklich folgende Kriterien festgeschrieben:

- Erreichung eines hohen Grades an Preisniveaustabilität, ersichtlich an der Inflationsrate,
- eine auf Dauer tragbare Finanzlage der öffentlichen Hand, ersichtlich aus einer öffentlichen Haushaltslage ohne übermäßiges Defizit und einem zu hohen öffentlichen Schuldenstand,
- Einhaltung der normalen Bandbreiten des Wechselkursmechanismus des Europäischen Währungssystems seit mindestens zwei Jahren ohne Abwertung gegenüber der Währung eines anderen Mitgliedstaates,
- Dauerhaftigkeit der von den Mitgliedstaaten erreichten Konvergenz und seiner Teilnahme am Wechselkursmechanismus des Europäischen Währungssystems, die im Niveau der langfristigen Zinssätze zum Ausdruck kommt.

Diese vier Kriterien waren in den dem Maastricht-Vertrag beigefügten Protokollen noch weiter konkretisiert worden. Überdies sollten bei der Konvergenzprüfung vor dem Eintritt in die Wirtschafts- und Währungsunion auch die Ergebnisse bei der Integration der Märkte, der Stand und die Entwicklung der Leistungsbilanzen, die Entwicklung bei den Lohnstückkosten und andere Preisindizes beachtet werden. Über die Erfüllung dieser Kriterien hatten die Kommission und das Europäische Währungsinstitut vor dem Eintritt in die dritte Stufe dem Rat eingehend zu berichten, wobei auch zu prüfen war, ob und inwieweit die innerstaatlichen Rechtsvorschriften der einzelnen Mitgliedstaaten einschließlich der Satzung der jeweiligen nationalen Zentralbanken mit Artikel 108 (insbesondere Sicherung der politischen Weisungsunabhängigkeit), Artikel 109 (Anpassung der innerstaatlichen Rechtsvorschriften) sowie der Satzung des Europäischen Systems der Zentralbanken vereinbar sind. Nur wenn alle diese gesamtwirtschaftlichen und institutionellen Voraussetzungen als hinreichend erfüllt angesehen wurden, konnte ein Land zur endgültigen Mitgliedschaft in der Endstufe der Wirtschafts- und Währungsunion zugelassen werden.

Die Prüfung, ob die einzelnen Länder diese Voraussetzung erfüllten oder nicht, war deswegen von zentraler Bedeutung. Die endgültige Entscheidung war nach dem Vertrag zwar den Staats- und Regierungschefs der EU vorbehalten, die hierüber auf Empfehlung des Ministerrates und nach Anhörung des Europäischen Parlamentes mit qualifizierter Mehrheit zu entscheiden hatten. Grundlage dieser Empfehlung und Entscheidung sollten jedoch die Konvergenzberichte der Kommission und des Europäischen Währungsinstitutes sein, die zusammen mit der Stellungnahme des Europäischen Parlamentes »gebührende Berücksichtigung« finden sollten (Artikel 121, Absatz 3). Die Ergebnisse und Voten dieser beiden Berichte hatten deswegen neben der Stellungnahme des Europäischen Parlamentes ein besonderes Gewicht. Anders als bei der ersten Konvergenzprüfung im Jahre 1996, nach der ein Beginn der Währungsunion nur beschlossen werden konnte, wenn eine Mehrheit der Mitgliedstaaten die notwendigen Voraussetzungen erfüllte (was damals eindeutig nicht der Fall war) und der Eintritt in die dritte Stufe für die Gemeinschaft insgesamt als zweckmäßig angesehen wurde, waren ein solches Quorum sowie eine Zweckmäßigkeitsfeststellung für die Prüfung und Entscheidung in 1998 nicht mehr vorgesehen (Artikel 121, Absatz 4). Der Beginn der Endstufe sollte gemäß der Protokollerklärung von Maastricht »unwiderruflich« am 1. Januar 1999 stattfinden, und zwar unabhängig davon, wie viele Mitgliedstaaten sich gemäß den Kriterien für den Eintritt qualifiziert hatten. In Anbetracht dieser Konsequenzen kam der Konvergenzprüfung im Jahre 1998 eine herausragende Bedeutung zu.

In Deutschland hatte das Thema Konvergenzprüfung schon bald nach dem Vertragsabschluss in Maastricht eine starke Aufmerksamkeit gefunden. In der öffentlichen Diskussion wurde immer wieder die Sorge laut, dass die Kriterien von der Politik möglicherweise zu großzügig interpretiert werden könnten und es dann später in der Währungsunion selbst wegen der unterschiedlichen Ausgangslage und nicht genügend gemeinsamer Politikorientierung der Mitgliedstaaten zu Spannungen und zu Belastungen für die gemeinschaftliche Geldpolitik kommen werde. Der Zentralbankrat der Deutschen Bundesbank hatte schon unmittelbar nach dem Vertragsabschluss in Maastricht nachdrücklich darauf hingewiesen, dass bei den Entscheidungen über die Auswahl der Teilnehmerländer »allein auf deren stabilitätspolitische Leistungsfähigkeit« abgestellt werden müsse.[101] Überdies hatten der Bundestag und der Bundesrat in ihren Entschließungen zum Vertrag eine »enge und strikte« Auslegung der Stabilitätskriterien angemahnt.[102] Und das Bundesverfassungsgericht hatte in der Begründung zu seinem Urteil über die Verfassungsmäßigkeit des Vertrages ausdrücklich auf die Erfüllung der vertraglich festgelegten Konvergenzkriterien als »Vorbedingung für den Eintritt eines Mitgliedstaates in die dritte Stufe der Währungsunion«

verwiesen.[103] Angesichts der auch in den Folgejahren in der deutschen Öffentlichkeit immer wieder zu hörenden Besorgnisse, dass die Auswahlkriterien aus politischen Gründen möglicherweise zu flexibel interpretiert würden, hatte Bundeskanzler Kohl die Deutsche Bundesbank Anfang 1998 um eine schriftliche Stellungnahme zur Konvergenzlage in der Europäischen Union rechtzeitig vor der für Anfang Mai 1998 in Brüssel vorgesehenen Entscheidung des EU-Rates gebeten. Ein Testat der Bundesbank sollte offenbar die Öffentlichkeit davon überzeugen, dass die Kriterienerfüllung auch für die Entscheidung der Bundesregierung maßgebend sei.

Die tatsächliche Erarbeitung und Beratung der Konvergenzberichte konnte jedoch erst im Februar 1998 beginnen, nachdem die vorläufigen Statistiken für das Jahr 1997 vorlagen. Kommission und Europäisches Währungsinstitut arbeiteten und berieten dabei unabhängig voneinander. Jede der beiden Institutionen wollte ihre Beurteilung eigenständig vornehmen und ihre Ergebnisse rechtzeitig zur Vorbereitung der endgültigen Entscheidung des EU-Rates vorlegen. Dabei musste beachtet werden, dass vor der verbindlichen Beschlussfassung auch die nationalen politischen Instanzen sowie der Rat der Finanzminister und das Europäische Parlament genügend Zeit für ihre Meinungsbildung hatten. Der Terminkalender sah deswegen eine Vorlage der beiden Berichte spätestens für den 25. März 1998 vor, ein Termin, der letztlich auch eingehalten werden konnte.

Der vom Europäischen Währungsinstitut nach intensiven Beratungen in zwei langen Sondersitzungen der Gouverneure rechtzeitig verabschiedete Konvergenzbericht basierte ebenso wie der parallel erstellte Kommissionsbericht auf den von EUROSTAT vorgelegten harmonisierten Statistiken bis einschließlich 1997. Zusätzlich wurden auch die von der Kommission erstellten neuen Vorausschätzungen sowie die nationalen Haushalte für 1998 und die neuen Konvergenzprogramme herangezogen. Das statistische Bild zeigte insbesondere für das Jahr 1997 in nahezu allen Mitgliedstaaten eine deutliche Reduzierung der Inflationsraten sowie der langfristigen Zinsen. Überdies waren auch die Budgetdefizite und die öffentliche Verschuldung in fast allen Ländern deutlich verringert worden, wobei offensichtlich zusätzlich zu den Sparmaßnahmen bzw. Einnahmesteigerungen die verbesserte konjunkturelle Lage eine Rolle spielte. Allerdings hatte es in einigen Ländern offenbar auch einige fragwürdige »Schönheitsoperationen« gegeben. Als die Haushaltsentwicklung im Laufe des Jahres 1997 im wiedervereinigten Deutschland eine mögliche Gefährdung der Defizitgrenze von 3% signalisierte, hatte sich die Versuchung hierzu für eine kurze Zeit ja auch im eigenen Land eingeschlichen. Einige Experten im Bundesfinanzministerium glaubten jedenfalls damals, durch eine Neubewertung der Goldbestände in der Bilanz der Bundesbank eine rasche und deutliche Verbesserung der Haushaltslage des Bundes erreichen zu können. Sie rieten deshalb Minister Waigel, kurzfristig einen Entwurf für ein dafür erforderliches Gesetz einzubringen. Als dies in der Öffentlichkeit bekannt wurde, löste dieser Vorgang damals großen Wirbel aus. In der Bundesbank gab es verständlicherweise deutlichen Widerstand gegen eine solche Überraschungsaktion. Das wurde auch bei einem Besuch des Ministers im Zentralbankrat deutlich. Erfreulicherweise konnte ich mich aber schon wenige Tage später in einem Vieraugengespräch in Bonn mit Minister Waigel darüber verständigen, dass ein solches Vorgehen insbesondere der von uns gemeinsam für wichtig gehaltenen Glaubwürdigkeit des Auswahlverfahrens für die Währungsunion nicht dienlich sei. So sehr längerfristig über die Nutzung des Goldes der Bundesbank nachzudenken sei, eine kurzfristige Veränderung der Bewertung mit entsprechender kurzfristiger Erhöhung der Gewinnabführung an den Bundeshaushalt wurde letztlich von beiden Seiten nicht als sinnvoll und nützlich angesehen. Der Bundesrepublik ist es dann ja erfreulicherweise auch ohne eine derartige

Aktion gelungen, mit den Haushalten 1997 und 1998 den Anforderungen für das Haushaltsdefizit zu entsprechen.

Von den in die Währungsunion drängenden zwölf Ländern (Großbritannien, Dänemark und Schweden hatten ja für diesen Zeitpunkt ihr Desinteresse an einem Beitritt bereits mehrfach deutlich gemacht) erfüllte nach den Analysen des Europäischen Währungsinstitutes nur Griechenland damals eindeutig nicht die festgelegten Kriterien. Allerdings gab es auch bei einigen anderen Ländern noch offene Fragen, die im Kreis der Gouverneure sehr eingehend beraten und deren Ergebnisse im Bericht auch offen und kritisch dargelegt wurden. Der EWI-Rat verzichtete jedoch bewusst auf formelle Empfehlungen oder Vorschläge für die Aufnahme oder Ablehnung einzelner Länder in die dritte Stufe der Wirtschafts- und Währungsunion. Er sah seine Aufgabe vielmehr in einer sorgfältigen Analyse der Konvergenzsituation der einzelnen Länder, um so den EU-Wirtschafts- und -Finanzministern sowie danach den Staats- und Regierungschefs eine möglichst sachbezogene Entscheidung zu ermöglichen. Aus dem sehr ausführlichen Konvergenzbericht des Europäischen Währungsinstitutes (insgesamt 383 Druckseiten) soll hier nur auf folgende kritische Punkte kurz hingewiesen werden:

- Insbesondere in Belgien und Italien lag die öffentliche Verschuldung 1997 mit rund 120% des BIP trotz des Rückgangs in den letzten Jahren damals noch immer deutlich über dem im Vertrag genannten Referenzwert von 60%. Die Verbesserung der aktuellen Haushaltslage war zudem vor allem in Italien stark begünstigt worden durch den kräftigen Rückgang der Kapitalmarktzinsen. Der noch immer außerordentlich hohe Schuldenstand beider Länder warf jedoch insbesondere die Frage nach der Nachhaltigkeit der Sanierung ihrer öffentlichen Finanzen auf. Wohl hatte der Vertrag beim Schuldenstandskriterium den Referenzwert von 60% nicht als absolute Obergrenze festgelegt, sondern im Fall der Überschreitung nur die Qualifikation »hinreichend rückläufig« und »sich rasch genug dem Referenzwert nähernd« festgelegt (Artikel 104). Aber genau um diese Qualifikation entspannen sich für beide Länder intensive und teilweise auch recht kontroverse Diskussionen. Der EWI-Rat einigte sich schließlich darauf, für beide Länder die »Besorgnis« festzuhalten, »ob das Verhältnis des öffentlichen Schuldenstandes zum BIP hinreichend rückläufig ist und sich rasch genug dem Referenzwert nähert und ob bereits eine auf Dauer tragbare Finanzlage erreicht wurde«. Und er forderte deshalb auch nachdrücklich: »Die Lösung dieses Problems muss für die zuständigen Stellen in Belgien bzw. in Italien hohe Priorität haben.«[104] Hierzu wurde aufgrund von Modellrechnungen verdeutlicht, dass in den kommenden Jahren bedeutende und anhaltende Haushaltsüberschüsse erzielt werden müssten, um die Schuldenquote innerhalb eines angemessenen Zeitraums zügig auf 60% zu senken.

- Hinsichtlich der Erfüllung des Wechselkurskriteriums stellte der EWI-Rat zwar fest, dass die Finnmark und die italienische Lira statt »mindestens zwei Jahre«, wie im Vertrag gefordert, jeweils nur etwa $1^1/_2$ Jahre lang am Wechselkursmechanismus des EWS teilgenommen hatten, während die griechische Drachme, die schwedische Krone und das britische Pfund in der zweijährigen Referenzzeit überhaupt nicht am EWS teilgenommen hatten. Das bei der Finnmark und bei der italienischen Lira fehlende halbe Jahr wurde jedoch nicht nachdrücklich kritisiert, zumal es über die Auslegung des Wechselkurskriteriums nach der Erweiterung der Bandbreiten auf +/–15% Anfang August 1993 ohnehin unterschiedliche Auffassungen im EWI-Rat gab. Insbesondere diejenigen Mitglieder, deren Währungen nicht dem Wechselkursmechanismus des EWS angehörten, vertraten ja die These, dass durch die Bandbreitenerweiterung das Wechselkurskriterium weitgehend hinfällig geworden sei. Die überwiegende Mehrheit des Rates – zu der ich auch gehörte – war jedoch anderer Meinung (vgl. Kapitel 18). Die Erfüllung des Wechselkurskriteriums wurde jedoch allen am EWS teilnehmenden Währungen attestiert, auch wenn die beiden erwähnten Währungen (Finnmark und italienische Lira) dem Wechselkursmechanismus bis zur Prüfung im März 1998 noch keine *vollen* zwei Jahre angehört hatten. Und das irische Pfund war zwar – wie nach dem Vertrag zulässig – aufgewertet, nicht aber abgewertet worden.

- Besonders eingehend geprüft wurde vom EWI-Rat auch die Vereinbarkeit der innerstaatlichen Rechtsvorschriften mit dem Vertrag. Nach Artikel 109 des Vertrages mussten die Mitgliedstaaten sicherstellen, dass spätestens zum Zeitpunkt der Errichtung des Europäischen Systems der Zentralbanken ihre innerstaatlichen Rechtsvorschriften einschließlich der Satzungen ihrer Zentralbanken mit dem Vertrag der Satzung des Systems und der Europäischen Zentralbank übereinstimmten. Die Prüfung fand statt anhand eines von den Rechtsexperten des Europäischen Währungsinstitutes und der nationalen Zentralbanken ausgearbeiteten Referenzkatalogs. Der EWI-Rat kam dabei zu dem Ergebnis, dass alle an einem baldigen Eintritt in die dritte Stufe interessierten Länder die notwendigen Rechtsanpassungen inzwischen weit vorangetrieben hatten. Sofern die in einigen Ländern noch ausstehenden Verabschiedungen in den nationalen Parlamenten nicht zu wesentlichen Änderungen führten, würden alle interessierten Länder den Anforderungen des Vertrages hinsichtlich der innerstaatlichen Rechtsanpassung gerecht. Zwar wurden in einigen wenigen Punkten noch Klärungen bzw. Verbesserungen vorgeschlagen, doch änderte das nicht das positive Gesamturteil zur Vereinbarkeit der nationalen Rechtsvorschriften. Lediglich für Luxemburg, das bis dahin nur ein monetäres Institut und noch keine nationale Zentralbank hatte, wurde ein Nachbesserungsbedarf angemahnt.[105]

Die Kommission legte – anders als der EWI-Rat – in ihrem Konvergenzbericht auch konkrete Entscheidungsvorschläge für die Aufnahmeentscheidung vor. Sie empfahl die Aufnahme von *elf* Mitgliedstaaten. Von den interessierten Ländern wurde nur Griechenland als noch nicht genügend qualifiziert für eine Mitgliedschaft in der Endstufe der Wirtschafts- und Währungsunion befunden. Mit diesem Vorschlagspaket der Kommission wurde zugleich der politische Entscheidungsprozess eingeleitet und auch schon weit vorgeprägt. Das Europäische Parlament stimmte kurz danach in einer Entschließung den Berichten des EWI und der Kommission zu und erhob keine Einwände gegen die Kommissionsempfehlung für die sofortige Mitgliedschaft der elf als hinreichend qualifiziert beurteilten Länder.

Nach Vorlage dieser Berichte und Empfehlungen auf Gemeinschaftsebene mussten auch die Mitgliedstaaten ihre abschließenden Voten vorbereiten. In Deutschland befasste sich zunächst der Zentralbankrat der Deutschen Bundesbank in einer mehr als zehnstündigen Beratung eingehend mit dem Thema und formulierte am 26. März 1998 die vom Bundeskanzler erbetene schriftliche Stellungnahme. Seine Bewertung der Konvergenzlage in der EU stimmte weitgehend mit der Beurteilung des EWI-Rates überein. Hinsichtlich der Finanzlage der öffentlichen Hand in Belgien und Italien machte der Zentralbankrat deutlich, dass die diesbezüglichen ernsthaften Besorgnisse nach seiner Meinung nur dann ausgeräumt werden könnten, wenn von den betroffenen Ländern »zusätzliche substanzielle Verpflichtungen verbindlich eingegangen werden«. Abschließend fasste er sein Urteil wie folgt zusammen: »Zum Erfolg der Währungsunion gehört eine mit dem Stabilitätsziel im Einklang stehende Wirtschaftspolitik für eine zügige Anpassung des staatlichen und privaten Sektors an die neuen Rahmenbedingungen. Trotz der erheblichen Fortschritte, die auf diesen Feldern mittlerweile erzielt wurden, sind bei den teilnehmenden Mitgliedstaaten noch erhebliche Anstrengungen erforderlich, um im gesamten Währungsraum verlässliche Voraussetzungen für eine dauerhafte Stabilitätsgemeinschaft zu schaffen. Der Eintritt in die Währungsunion hat beträchtliche ökonomische Konsequenzen, die bei der Entscheidung sorgfältig beachtet werden müssen. Die Auswahl der Teilnehmer bleibt jedoch eine politische Entscheidung.«[106] Mit dieser einstimmigen Stellungnahme wollte der Zentralbankrat seiner gesetzlichen Beratungspflicht gegenüber der Bundesregierung nachkommen und zugleich mit Nachdruck auf die noch bestehenden Konvergenzdefizite hinweisen. Die Entscheidung über die Auswahl der Teilnehmerländer sollte jedoch – der gesetzlichen Aufgabenzuordnung entsprechend – bewusst den zuständigen politischen Instanzen überlassen bleiben.

In der schon für den folgenden Tag einberufenen Sondersitzung des Bundeskabinetts in Bonn, an der auch die Vorsitzenden der Bundestagsfraktionen der Koalition teilnahmen, wurde dann die Position der Bundesregierung für die endgültige Entscheidung in Brüssel beraten und festgelegt. Als Bundesbankvizepräsident Gaddum und ich in Bonn ankamen, lag der Entscheidungsvorschlag des Bundesministers der Finanzen bereits auf dem Kabinettstisch. Er empfahl vorbehaltlos eine Zustimmung zur Empfehlung der Kommission für den elf Länder umfassenden Teilnehmerkreis an der Endstufe der Wirtschafts- und Währungsunion. Zu Beginn der Sitzung begründete Minister Waigel seinen Vorschlag vor allem mit den außerordentlichen Konvergenzfortschritten aller elf Kandidatenländer. Die vom Zentralbankrat formulierten und von mir nach den Ausführungen des Ministers noch einmal mündlich hervorgehobenen Besorgnisse hinsichtlich der Nachhaltigkeit der fiskalischen Konvergenz in einigen der vorgeschlagenen Länder wurden von ihm zwar anerkannt. Das galt auch für die in meinem

Vortrag noch eigens erwähnten Schwachpunkte hinsichtlich der mangelnden Flexibilität unseres eigenen Arbeitsmarktes und der ungesicherten Finanzierung unserer Sozialsysteme. Bezüglich der noch bestehenden fiskalischen Probleme einzelner Länder verwies Minister Waigel auf die zwischenzeitlichen Zusagen, insbesondere seitens des belgischen und italienischen Finanzministers, für weitergehende fiskalpolitische Korrekturmaßnahmen sowie auf die nach seiner Meinung künftig vom Stabilitäts- und Wachstumspakt ausgehende disziplinierende Wirkung. Außerdem sollten noch in einer Zusatzerklärung des Ministerrates in Brüssel am 1. Mai möglichst konkrete Verpflichtungen für die an der Wirtschafts- und Währungsunion teilnehmenden Länder festgelegt werden. Nachdem auch der Bundeskanzler sich für den Vorschlag der Kommission zum Teilnehmerkreis aussprach, war die Entscheidung über die deutsche Haltung zum Teilnehmerkreis praktisch gefallen. Die Bundesregierung erklärte in einem förmlichen Beschluss ihre Absicht, bei den anstehenden Ratsentscheidungen in Brüssel »der Empfehlung der Europäischen Kommission vom 25. März 1998 zum Teilnehmerkreis an der Endstufe der Wirtschafts- und Währungsunion zu folgen und dabei auch weiterhin die vom Maastricht-Vertrag geforderte Nachhaltigkeit der erreichten Konvergenz nachdrücklich zu vertreten und ihr besondere Aufmerksamkeit zu widmen«. Abschließend unterstrich der Bundeskanzler noch einmal die historische Bedeutung dieser Entscheidung für die Bundesrepublik und für Europa. Die Währungsunion eröffne neue Perspektiven und Chancen, sie bringe aber zugleich neue Herausforderungen – auch für Deutschland selbst. Sein abschließender Wunsch ist mir in besonderer Erinnerung geblieben. Er bezog sich auf die bevorstehende 50-Jahr-Feier der D-Mark und sprach den Wunsch aus: »Möge in 50 Jahren der Rückblick auf den Euro ebenso so positiv ausfallen wie heute bei der D-Mark.« Damit hat er zweifellos einen wichtigen, aber auch anspruchsvollen Maßstab genannt.

Unmittelbar nach der Sitzung des Bundeskabinetts wurden der Beschluss zusammen mit den Konvergenzberichten der Kommission und des Europäischen Währungsinstitutes sowie die Stellungnahme der Bundesbank dem Deutschen Bundestag mit der Bitte um zustimmende Kenntnisnahme zugeleitet. Die beiden zuständigen Ausschüsse – der Finanzausschuss und der Ausschuss für Angelegenheiten der EU – hatten bereits für den 3. April eine öffentliche Anhörung angesetzt, zu der man den zuständigen EU-Kommissar für Währungsfragen de Silguy und mich eingeladen hatte. In dieser rund fünfstündigen Anhörung wurden die Ergebnisse der Konvergenzberichte und ihre Bewertung durch den Zentralbankrat ausführlich dargestellt und erläutert. In den teilweise recht detaillierten Fragen der Abgeordneten kam zwar überwiegend eine positive Einstellung zum Eintritt in die Währungsunion zum Ausdruck. In einer Reihe von Wortmeldungen wurden aber auch Besorgnisse hinsichtlich der Nachhaltigkeit der bisher erreichten Konvergenz in einigen Kandidatenländern einschließlich der Bundesrepublik selbst erkennbar. Dennoch zeigte diese Anhörung, dass die Bundesregierung für ihr vorgesehenes Votum in Brüssel im Deutschen Bundestag eine breite Zustimmung finden werde. So war es auch keine Überraschung, dass wenige Tage später sowohl das Plenum des Bundestages als auch des Bundesrates mit großer Mehrheit die Position der Bundesregierung unterstützten.

Ein ähnlicher politischer Meinungsbildungsprozess fand im April 1998 auch in den anderen Mitgliedsländern statt. Nachdem das Europäische Parlament dem Votum der Kommission für die Mitgliedschaft ebenso zugestimmt hatte, wurde die Perspektive für die endgültige Entscheidung durch den EU-Rat Anfang Mai immer deutlicher. Die Staats- und Regierungschefs würden nicht nur mit qualifizierter Mehrheit, wie im Vertrag vorgeschrieben, sondern voraussichtlich sogar einstimmig beschließen, dass insgesamt elf Mitgliedstaaten »die notwendigen Voraussetzungen für die

Einführung einer einheitlichen Währung erfüllen« (Artikel 121, Ziffer 4). Die lange Jahre hindurch anhaltenden Unsicherheiten über die künftige Mitgliedschaft schienen damit überwunden zu sein. Wohl gab es in Expertenkreisen noch immer manche Vorbehalte sowohl zum Zeitplan des Gesamtprojektes als auch zu der sofortigen Mitgliedschaft einiger Länder. Die zuständigen politischen Instanzen kamen jedoch immer deutlicher zu dem Schluss: Der im Vertrag festgelegte Termin für den Beginn der dritten Stufe, der 1. Januar 1999, sollte eingehalten und der Teilnehmerkreis den Empfehlungen der Kommission entsprechend auf zunächst elf Mitglieder festgelegt werden.

Der Rat der Wirtschafts- und Finanzminister arbeitete im Vorfeld des Treffens der Staats- und Regierungschefs bereits an einer Zusatzerklärung mit einer Vielzahl von allgemeinen und konkreten wirtschafts- und finanzpolitischen Selbstverpflichtungen der für die Teilnahme an der Währungsunion vorgesehenen Mitgliedstaaten. Diese Erklärung wurde dann auch am 1. Mai 1998 vom Ministerrat offiziell verabschiedet.[107] Darüber hinaus bestand schon vor dem formell entscheidenden Gipfeltreffen auch die feste Absicht, die für die Europäische Zentralbank erforderlichen Personalentscheidungen so rechtzeitig zu treffen, dass das Europäische System der Zentralbanken in der zweiten Jahreshälfte notwendige Entscheidungen für die ab Anfang 1999 fällige Einheitlichkeit der monetären Politik treffen konnte. Damit schienen auch die Weichen gestellt zu sein für eine weitgehend problemlose Entscheidung über den Start in die Währungsunion. Die nächsten Wochen sollten jedoch zeigen, dass diese Erwartung zumindest in einem Punkte offenbar zu optimistisch war.

KAPITEL 21

# Startbeschluss von Brüssel – vom Personalstreit überschattet

Der Terminkalender für den formalen Entscheidungsprozess war schon seit längerem festgelegt. Die Staats- und Regierungschefs wollten Anfang Mai 1998 in einer Sondersitzung in Brüssel die für den Beginn der Währungsunion zum 1. Januar 1999 fälligen Entscheidungen über die Mitgliedschaft sowie die Erstbesetzung des Direktoriums der Europäischen Zentralbank entscheiden. Zufällig fiel dieser Termin in die Zeit der britischen Ratspräsidentschaft, die schon seit längerem deutlich gemacht hatte, dass das Vereinigte Königreich zumindest vorläufig nicht an der Endstufe der Währungsunion teilnehmen wolle. Die bis zum offiziellen Beginn der Endstufe erforderlichen Vorbereitungen – insbesondere die Einrichtung der Europäischen Zentralbank – machten jedoch einen Startbeschluss im ersten Halbjahr 1998 erforderlich. Deshalb mussten die notwendigen Vorarbeiten und Vorklärungen insbesondere von der britischen Präsidentschaft betrieben werden.

Nach den intensiven Vorberatungen in den Mitgliedstaaten und auf Gemeinschaftsebene über die Vorschläge der Kommission hatte sich allgemein die Erwartung durchgesetzt, der EU-Rat werde am 2. Mai 1998 nur eine relativ kurze Sitzung benötigen, um die notwendigen Beschlüsse fassen und sie anschließend feierlich verkünden zu können. Die von der Kommission vorgeschlagene erste Gruppe von elf Teilnehmerstaaten schien für alle Regierungen letztlich akzeptabel zu sein, nachdem die politischen Verantwortungsträger in Belgien und Italien die Absichten und Selbstverpflichtungen ihrer Regierungen zur weiteren fiskalischen Konsolidierung bekannt gegeben hatten. Neben dem Text für eine gemeinsame Erklärung, wonach die zum Jahreswechsel fällige Einbringung der beteiligten Währungen in den Euro zum derzeit geltenden Paritätskurs erfolgen sollte, schienen inzwischen auch die Personalfragen für die EZB weitgehend vorgeklärt zu sein. Über die Kandidaten für das Direktorium sowie für das Amt des Präsidenten und Vizepräsidenten hatte es zwar im Vorfeld mancherlei Diskussionen und Gezerre gegeben. Gegen Ende April hatte sich aber die Erwartung durchgesetzt, dass das Personalpaket – trotz der formal noch bestehenden französischen Vorbehalte hinsichtlich der Erstberufung des EZB-Präsidenten – letztlich auch für den französischen Staatspräsidenten akzeptabel sein werde. Jedenfalls dominierten am Vorabend der historischen EU-Ratssitzung die Erwartungen, die auf eine relativ kurze Abschlussberatung mit rascher Entscheidung hinausliefen. Schon für den frühen Abend war deswegen in Brüssel eine feierliche Abschlusssitzung mit Bekanntgabe der offiziellen Beschlüsse vorgesehen, zu der die britische Präsidentschaft neben den Finanz- und Außenministern auch die nationalen Notenbankpräsidenten eingeladen hatte.

Es kam jedoch anders als erwartet. Bei der Beratung über die Besetzung des Präsidentenamtes der Europäischen Zentralbank zeichnete sich in Brüssel schon bald eine schwierige, die Gesamtentscheidung belastende Kontroverse ab. Sie konnte erst nach einem sehr mühsamen, sich bis Mitternacht hinschleppenden Verhandlungsprozess überwunden werden. Über die Gründe für diesen schwierigen Entscheidungsprozess ist später auch in der Öffentlichkeit viel spekuliert worden. Dabei wurde bisweilen auch die Vorarbeit der britischen Präsidentschaft unter Leitung von Tony Blair als unzureichend kritisiert. Die Gründe für die Schwierigkeiten lagen jedoch tiefer. Vor allem über die Erstbesetzung des Präsidentenamtes der Europäischen Zentralbank gab es schon seit längerem mit dem französischen Staatspräsidenten Meinungsunterschiede, die zunächst nur schwelten, in der Schlussrunde aber offen ausbrachen. Der Ursprung hierfür lag – wie allerdings nur wenige wussten – bereits länger zurück. Zum Präsidenten des Europäischen Währungsinstitutes, also des Vorgängerinstitutes der Europäischen Zentralbank, hatten die Staats- und Regierungschefs Ende 1993 »auf Empfehlung des Ausschusses der Präsidenten der Zentralbanken der Mitgliedstaaten« (Artikel 1117, Absatz 1) zunächst den langjährigen Managing Director der Bank für Internationalen Zahlungsausgleich Baron Alexandre Lamfalussy bestellt. Zwar gab es im Vorfeld dieser Bestellung damals auch Kandidaten aus anderen EU-Ländern. Die Zentralbankpräsidenten hatten sich jedoch relativ rasch auf diesen, aus ihrer Sicht überzeugenden und zugleich neutralen Kandidaten geeinigt. Und der EU-Rat hatte diesen Vorschlag auch ohne Zögern übernommen. Bei der damaligen Berufung bestand allerdings – zumindest bei den Notenbankgouverneuren – bereits Klarheit darüber, dass Baron Lamfalussy auf Grund seines Lebensalters nicht auch zu einer anschließenden Kandidatur für das Präsidentenamt der EZB zur Verfügung stehen werde. Angesichts dieser Absage für eine etwaige spätere EZB-Präsidentschaft kam es zwischen den Mitgliedern des EWI-Rates schon früh zu informellen Gesprächen über mögliche andere Kandidaten für das Amt des künftigen EZB-Präsidenten. Wohl war allen bewusst, dass die formelle Empfehlung für die Berufung in dieses Amt gemäß Artikel 50 der Satzung des Europäischen Systems der Zentralbanken und der Europäischen Zentralbank anders als beim Präsidenten des EWI nicht Sache der Notenbankgouverneure, sondern der Wirtschafts- und Finanzminister war. Der EWI-Rat hatte bei dieser Bestellung nur das Recht vorher angehört zu werden. Die Notenbankpräsidenten waren sich aber schon recht früh darüber einig, dass diese Regelung eine Initiative ihrerseits nicht ausschließe. Und als Alexandre Lamfalussy dann im Frühjahr 1997 in persönlichen Gesprächen seinen Wunsch nach einem baldigen Rücktritt signalisierte, um seinem Nachfolger im Amt des EWI-Präsidenten die Chance zu geben, sich auch für das später anstehende Amt des EZB-Präsidenten vorzubereiten und zu bewerben, kam es schon bald zu ersten informellen Überlegungen und Gesprächen zwischen den Notenbankpräsidenten. Hierbei setzte sich die Meinung durch, der nächste EWI-Präsident solle möglichst auch ab Mitte 1998 der erste Präsident der EZB werden. Auf diese Weise könne die notwendige Kontinuität zwischen beiden Instituten am besten gewährleistet werden. Und im Laufe dieser Gespräche unter den Notenbankpräsidenten kristallisierte sich immer deutlicher Wim Duisenberg, der langjährige Präsident der niederländischen Zentralbank, als möglicher Kandidat heraus. Auch aus meiner Sicht wies eine solche Kandidatur erhebliche Vorzüge auf. Der Kandidat brachte vielfältige Erfahrungen als Wissenschaftler, früherer Politiker und späterer Notenbanker mit. Er kam aus einem der kleineren Mitgliedstaaten; und seine nachhaltige Stabilitätsorientierung stand außer Frage. Im Kreis der Notenbankpräsidenten gab es auch schon bald Einigkeit darüber, dass Wim Duisenberg ein hervorragender Kandidat für die Nachfolge von Alexandre Lamfalussy sei. Wim Duisenberg selbst musste allerdings noch überzeugt werden. Er wollte sein Amt als Präsident der niederländischen Zentralbank nur aufgeben, wenn er die begründete Erwartung haben konnte, anschließend auch in das Amt des EZB-Präsidenten berufen zu werden, eine angesichts der nur noch etwa ein Jahr dauernden EWI-Präsidentschaft verständliche Kondition. Seine letztendliche Bereitschaft zur Kandidatur machte er deshalb davon abhängig, dass seine Bestellung als EWI-Präsident auch als eine gewisse Vorentscheidung für die spätere Kandidatur als Präsident der EZB angesehen werde. Genau hierfür lag die Vorschlagskompetenz jedoch – wie bereits erwähnt – primär bei den Regierungen und nicht bei den Notenbanken. Angesichts dieser Kompetenzregelung einigten sich die Notenbankgouverneure darauf, zunächst hierüber vertraulich mit ihren nationalen Regierungen Kontakt aufzunehmen. Dementsprechend habe ich schon im Sommer 1997 sowohl mit dem Bundeskanzler als auch mit dem Bundesfinanzminister persönlich die Thematik besprochen und dort eine positive Resonanz zum Vorschlag Duisenberg erfahren. Dies war offenbar auch bei den meisten anderen Kollegen der Fall. Nur Jean-Claude Trichet, der damalige Gouverneur der Banque de France hatte von seiner Regierung noch keine Antwort erhalten. Dennoch entschieden wir uns im EWI-Rat (ohne Einspruch von Jean-Claude Trichet), den EU-Staats- und -Regierungschefs Wim Duisenberg als Nachfolger für den zurücktretenden Alexandre Lamfalussy für das Amt des EWI-Präsidenten vorzuschlagen. Dieser Vorschlag fand bei den Staats- und Regierungschefs auch Zustimmung. Der französische Staatspräsident gab jedoch schon damals zu verstehen, dass mit der Bestellung von Duisenberg zum EWI-Präsidenten aus seiner Sicht noch keine Vorentscheidung für die künftige EZB-Präsidentschaft verbunden sei. Dieser Hinweis wurde jedoch zunächst mehr als Hinweis auf die formale Rechtslage gewertet. Schon kurze Zeit danach zeigte sich, dass offensichtlich mehr hinter dieser Bemerkung stand. Im Laufe der folgenden Monate wurde in Paris nämlich öffentlich Jean-Claude Trichet als Kandidat der französischen Regierung für das künftige Amt des EZB-Präsidenten angekündigt. Dies kam sowohl für die meisten anderen Regierungen als auch für die Notenbankgouverneure überraschend. Die öffentlichen Reaktionen auf diese einseitige Ankündigung waren auch eher negativ. Zwar wurde die hervorragende persönliche Qualifikation von Trichet nicht bezweifelt. Kritisch kommentiert wurde aber in einer Reihe von Hauptstädten der offensichtlich dahinter stehende Anspruch Frankreichs. Der französische Europaminister Moscovici hatte nämlich den Vorschlag mit einem »natürlichen« Anspruch Frankreichs auf die erste Präsidentschaft der EZB begründet. Zusätzlich deutete er an, dass es hierüber zwischen Bonn und Paris eine im Zusammenhang mit der Standortentscheidung für

Frankfurt getroffene Absprache gäbe, eine Behauptung, die in Bonn unverzüglich dementiert wurde. In Deutschland hatte sich Helmut Schmidt allerdings in einem *Zeit*-Artikel zwischenzeitlich auch für einen ersten französischen Präsidenten ausgesprochen.[108] Sein Kandidat war allerdings der frühere Staatspräsident Valéry Giscard d'Estaing. Eine solche politische Besetzung des EZB-Präsidentenamtes fand jedoch in der europäischen Öffentlichkeit kein positives Echo. Dagegen hielt die öffentliche Diskussion über Duisenberg oder Trichet an, wenngleich das Mehrheitsbild eindeutig war. So unbestritten die persönliche Befähigung von Jean-Claude Trichet für das Amt war, die erste Präsidentschaft der EZB sollte möglichst nicht an einen Kandidaten aus einem der größeren Länder gehen. Auch in Bonn herrschte diese Meinung vor. Man befürchtete, die Bestellung eines französischen Präsidenten zu Beginn der Währungsunion könne die ohnehin vorhandenen Reserven in der deutschen Bevölkerung noch verschärfen und hoffte deshalb auf eine entsprechende Einsicht in Paris. Das war auch das Meinungsbild bei uns in der Bundesbank. Ich persönlich schätzte Jean-Claude schon seit längerem als einen erfahrenen, fachlich kompetenten und fairen Partner. In vielen, nicht immer leichten Verhandlungen waren wir geradezu persönliche Freunde geworden. Die deutschen Einwände hatten also nichts mit der Person, sondern nur mit der schwierigen Vermittlung einer französischen Erstbesetzung in der deutschen Öffentlichkeit zu tun. In diesem Zusammenhang mag auch der Hinweis erlaubt sein, dass der damalige italienische Ministerpräsident Romano Prodi und sein Finanzminister Carlo Ciampi damals mehrfach versucht haben, mich als Kompromisskandidaten ins Spiel zu bringen. Da die gleichen Argumente wie gegen eine französische Erstbesetzung auch gegen eine deutsche sprachen, habe ich jedoch von Anfang an jegliche Kandidatur abgelehnt. Diese Haltung fand auch in Bonn volle Unterstützung.

Im unmittelbaren Vorfeld des Brüsseler EU-Rates tauchte dann in der Presse die Spekulation auf, zwischen Paris und Bonn gäbe es Verhandlungen über eine Halbierung der Amtsperiode und eine vorherige feste Aufteilung der Präsidentschaftszeit zwischen den beiden Kandidaten, eine Lösung, die mit dem Vertrag nur schwer in Einklang zu bringen war. In Bonn wurde diese Meldung jedoch klar dementiert. Bundeskanzler Kohl erklärte mir zudem in einem Telefongespräch, dass er keiner dem Vertrag widersprechenden Lösung zustimmen werde. Und im Bonner Finanzministerium war man trotz der Nachrichten aus Paris optimistisch; man rechnete dort mit einem Einlenken der französischen Seite in Brüssel. Am 2. Mai nachmittags bin ich dann in der Erwartung nach Brüssel gefahren, dass die bisherigen Differenzen wohl inzwischen geklärt seien und einer Berufung von Wim Duisenberg für die volle Amtszeit von acht Jahren letztlich nichts mehr im Wege stehen würde. Ob er dann tatsächlich die volle Amtszeit ausfüllen werde, war mit der Berufung ja nicht festgelegt. Ein allein auf persönlicher Entscheidung basierendes vorzeitiges Ausscheiden stand dem Vertrag – nach Interpretation unserer Fachjuristen in der Bundesbank – nicht entgegen. Umso überraschter war ich dann, als ich bei meiner Ankunft in Brüssel erfuhr, dass es bei den Personalfragen noch immer keine abschließende Entscheidung gebe und der feierliche Abschluss der Konferenz auf den späteren Abend vertagt werden müsse. Wohl war es inzwischen gelungen, sich über den künftigen Vizepräsidenten und die anderen vier Direktoriumsmitglieder auf die schon im Vorfeld abgesprochenen Kandidaten zu einigen.[109] Das galt auch für den von mir nach persönlichen Gesprächen mit dem Bundeskanzler und dem Bundesfinanzminister sowie Mitgliedern anderer Regierungen vorgeschlagenen bisherigen Chefökonomen der Bundesbank Professor Otmar Issing. Für mich war dieser Personalvorschlag sowie seine Akzeptanz in Bonn und bei den anderen Regierungen ein wichtiger Eckpfeiler für die künftige Arbeit der Europäischen Zentralbank und – wie ich es später bisweilen gesagt habe – zugleich eine wichtige Investition der Bundesbank in die Zukunft des Euro.

Über die Erstbesetzung des Präsidentenamtes gab es aber zu diesem Zeitpunkt noch keine Einigung. Der französische Staatspräsident Chirac bestand offenbar darauf, die Berufung von Duisenberg nur für die erste Hälfte der im Vertrag festgelegten Achtjahresfrist vorzunehmen und für danach schon jetzt die Ernennung von Jean-Claude Trichet festzulegen. Als ich auf den Fluren des Ratsgebäudes zufällig mit Wim Duisenberg zusammentraf, zeigte er mir den Entwurf einer Erklärung, der ihm von der britischen Präsidentschaft zugeleitet worden war. Danach sollte er sich verpflichten, spätestens nach der Einführung der Euro-Noten und -Münzen Anfang 2002 zurückzutreten und so einem Nachfolger Platz zu machen. Eine solche Erklärung mit einem quasi fixen Datum für seinen Rücktritt hielten wir beide jedoch nicht für vertragskonform. Uns schien höchstens eine Ankündigung des Kandidaten zulässig zu sein, dass er aus persönlichen Gründen voraussichtlich nicht die ganzen acht Jahre hindurch im Amte bleiben werde. Die Bestimmung des Termins für einen etwaigen vorzeitigen Rücktritt müsse jedoch seiner freien Entscheidung überlassen bleiben. Eine Terminfestlegung für einen etwaigen vorzeitigen Rücktritt im Zusammenhang mit der Berufung stand dagegen offenkundig im Widerspruch zu der im Vertrag festgelegten Regelung, die ja bewusst mit der achtjährigen Amtszeit die Unabhängigkeit des Präsidenten stärken wollte.

Dies war auch die gemeinsame Beurteilung in der anschließenden internen Beratung der deutschen Delegation. Sowohl Außenminister Kinkel als auch Finanzminister Waigel vertraten nachdrücklich die gleiche Auffassung. Die Fixierung eines vorzeitigen Rücktrittstermins im Zusammenhang mit der Berufung in das Amt verstieß nach Auffassung der beiden Minister eindeutig gegen den Vertrag. Im Anwendungsfall müsse man deswegen – so Minister Kinkel –

mit einer Verfassungsklage in Karlsruhe rechnen. Nach dieser klaren Meinungsbildung in der deutschen Delegation hat sich Bundeskanzler Kohl im Laufe des Abends in eine Reihe von Gesprächen um eine vertragskonforme Kompromisslösung bemüht. Nach vielen und teilweise außerordentlich schwierigen bi- und multilateralen Gesprächen, an denen teilweise auch die beiden Minister und ich beteiligt waren, ist es dann kurz nach Mitternacht gelungen, eine inhaltlich für alle letztlich akzeptable Lösung zu finden. In einer schriftlichen Erklärung machte Wim Duisenberg deutlich, dass er im Hinblick auf sein Alter nicht die Absicht habe, die volle achtjährige Amtszeit als EZB-Präsident auszufüllen. Die Festlegung des Termins für sein vorzeitiges Ausscheiden werde jedoch allein seine eigene Entscheidung sein. Eine solche Erklärung stand auch nach dem Urteil der Rechtsexperten im Einklang mit den Rechtsvorschriften des Vertrages. Darüber hinaus verständigten sich die Staats- und Regierungschefs informell darüber, dass im Falle des Rücktritts von Wim Duisenberg Jean-Claude Trichet der geeignete Nachfolger sein werde.

Nach dieser außerordentlich schwierigen und mühsamen Verständigung konnte dann in den Frühstunden des 3. Mai 1998 das Gesamtergebnis öffentlich bekannt gegeben werden. Die dritte Stufe der Währungsunion werde am 1. Januar 1999 mit elf Ländern beginnen. Es sei beabsichtigt, die Umstellung der nationalen Währungen zum Euro auf der Grundlage der derzeitigen Paritäten vorzunehmen. Zudem wurden die Namen der Kandidaten für die Erstbesetzung des Direktoriums der neu zu errichtenden Europäischen Zentralbank bekannt gegeben. Die ursprünglich vorgesehenen Feierlichkeiten entfielen allerdings. Nach dem wenig attraktiven Verlauf der Beratungen und dem schwierigen Zustandekommen der Entscheidungen war niemandem zum Feiern zu Mute.

Das öffentliche Echo auf diese Brüsseler Vorgänge war insbesondere in Deutschland zunächst verheerend. In vielen

Berichten und Kommentaren kam die Sorge über eine unangemessene Politisierung und nationale Einflussnahme auf die künftige Europäische Zentralbank zum Ausdruck. Die Entscheidung war jedoch gefallen, wenn auch das Zustandekommen alles andere als optimal und vertrauensbildend war. Und die Entscheidung für den Eintritt von elf Mitgliedstaaten in die Währungsunion sowie für die Errichtung der Europäischen Zentralbank war zweifellos von historischer Bedeutung für Europa. Jetzt waren der Beginn der Währungsunion, das Einbringen von elf nationalen Währungen in die Gemeinschaftswährung Euro und die Übertragung der geldpolitischen Kompetenzen auf die supranationale Ebene zum 1. Januar 1999 verbindlich festgelegt. Damit waren zugleich endgültig die institutionellen und personellen Weichen für die letzte Wegstrecke hin zum Euro und den endgültigen Beginn der Währungsunion gestellt. Nach den unerwarteten Schwierigkeiten in der Schlussrunde galt es nun vor allem, nach vorn zu blicken und sich den neuen Herausforderungen zu stellen. Jetzt musste insbesondere der Aufbau der Europäischen Zentralbank und des Systems der Notenbanken so rasch wie möglich vorangetrieben werden, um ab dem Jahreswechsel eine wirksame und überzeugende europäische Geldpolitik zu ermöglichen.

# KAPITEL 22
# Erste Weichenstellungen in der Europäischen Zentralbank

Nach dem dramatischen Zustandekommen der Personalentscheidungen in Brüssel war die offizielle Berufung des Präsidenten sowie des Direktoriums der Europäischen Zentralbank praktisch nur noch Formsache. Die vertraglich vorgeschriebene Anhörung des Europäischen Parlamentes und des EWI-Rates brachte erwartungsgemäß keine Überraschung. Alle in der Gipfelrunde vereinbarten Kandidaten wurden zur Berufung empfohlen. So konnte das erste Direktorium rechtzeitig zur Errichtung der EZB und des ESZB am 1. Juni 1998 offiziell berufen und mit der Wahrnehmung seiner neuen Aufgaben betraut werden.[110] Abweichend von der normalen Berufungszeit von acht Jahren (ohne Wiederberufungsmöglichkeit), war im Artikel 50 der Satzung für die Erstbesetzung eine Staffelung zwischen acht Jahren für den Präsidenten, vier Jahren für den Vizepräsidenten und fünf bis acht Jahren für die weiteren Direktoriumsmitglieder vorgeschrieben. Die individuelle Zumessung der Amtszeit dieser vier Direktoriumsmitglieder war schon bei den Verhandlungen in Brüssel festgelegt worden. Otmar Issing erhielt dabei die längste Berufungszeit von acht Jahren.

Schon Anfang Juni 1998 nahmen Präsidium und Direktorium der neuen Institution die Arbeit auf. Der Beginn wurde dadurch erleichtert, dass das Personal und die Räumlichkeiten vom Vorläuferinstitut EWI übernommen werden konnten. Ohne größere Kontroversen wurde auch über die Organisation, die Geschäftsordnung und insbesondere die Verteilung der Zuständigkeiten im Direktorium entschieden. Otmar Issing erhielt dabei das wichtige Ressort »Wirtschaft und Forschung« und wurde damit der erste »Chefökonom« der EZB. Auch der neue EZB-Rat, der sich aus den Direktoriumsmitgliedern und den Notenbankpräsidenten der teilnehmenden elf Länder zusammensetzte, nahm unverzüglich seine Arbeit auf. Zu Beginn seiner ersten Sitzung am 9. Juni kam es übrigens zu einem zwar nicht in der Substanz, wohl aber in seinem Symbolgehalt interessanten Vorgang.[111] Die zuständigen Mitarbeiter hatten – wie zuvor im EWI – die Sitzverteilung nach der alphabetischen Reihenfolge der Herkunftsländer der Notenbankpräsidenten vorbereitet und entsprechende Namensschilder für die Länder aufgestellt. Anders als im EWI waren die Notenbankpräsidenten im EZB-Rat jedoch nicht mehr primär Vertreter ihres Landes, sondern Ratsmitglieder mit persönlicher Verantwortung gegenüber dem gesamten Euro-Raum. Gleich zu Beginn der Sitzung habe ich deswegen eine neue Sitzordnung und eine neue Bezeichnung der Sitzplätze beantragt. Nicht mehr die Bezeichnung der Länder und ihre alphabetische Reihenfolge sollten entscheidend sein, sondern die alphabetische Reihenfolge der persönlichen Namen. Präsident Duisenberg und die anderen Ratskollegen haben diese Position sofort unterstützt und damit deutlich gemacht, dass sie ihre Aufgabe in der EZB jetzt nicht mehr primär in der Vertretung von nationalen Interessen, sondern in der Wahrnehmung der gemeinsamen Verantwortung für den künftigen Euro sahen. Dass Jean-Claude Trichet und Hans Tietmeyer auf diese Weise zu unmittelbaren Tischnachbarn wurden, ergab sich dabei nur aus der zufälligen alphabetischen Nähe unserer Namen.

Öffentlich gefeiert wurde die Gründung der Europäischen Zentralbank erst einige Wochen später in einer Zeremonie in der Alten Oper in Frankfurt. Die konkreten Vorbereitungsarbeiten für die Währungsunion selbst liefen aber sofort an, sowohl im Direktorium der EZB als auch in den nunmehr zum Euro-System gehörenden nationalen Zentralbanken. Die Zeit drängte. Bis zur Übernahme der geldpolitischen Verantwortung durch die EZB und zur Einführung einer einheitlichen Geldpolitik zum Jahresbeginn 1999 mussten noch viele Entscheidungen getroffen werden. Wohl waren durch die Beratungen im Europäischen Währungsinstitut die zentralen Optionen für das Instrumentarium, die Zieldefinition und die Strategien weitgehend aufbereitet. Über die meisten Themen gab es zudem ausführliche Expertenberichte, die den Stand der Vorarbeiten zusammenfassten. Im EWI-Rat hatten jedoch alle 15 Zentralbankpräsidenten gleiches Stimmrecht gehabt, also auch diejenigen, deren Länder – zumindest vorerst – nicht an der Währungsunion teilnehmen wollten oder durften. Und bei den EWI-Beschlüssen im Zusammenhang mit den für die EZB bzw. das ESZB zentralen Themen wie Instrumentarium, Anwendungsverfahren und Strategie der künftigen Geldpolitik sowie die Verwaltung des EWS-Abkommens und das Halten von ECU war im EWI sogar Einstimmigkeit vorgeschrieben gewesen (Artikel 10, 4 der Satzung). Diese Einstimmigkeitsregel hatte dazu geführt, dass die EWI-Berichte bei einer Reihe von strittigen Fragen nur alternative Optionen enthielten. Die Entscheidung über die zu wählende Alternative war aber zunächst offen geblieben. Hierüber musste jetzt im EZB-Rat, wo anders als im EWI-Rat überwiegend die Mehrheitsregel galt, verbindlich entschieden werden.

Nachdem wichtige technische und organisatorische Fragen wie die Modalitäten der Einzahlung des Grundkapitals, die Gestaltung des Budget- und Prüfungsverfahrens sowie die Preisgestaltung für das neue Zahlungsverkehrssystem und die Produktionsaufteilung für die erste Serie der Euro-Banknoten geklärt waren, ging es zunächst insbesondere um die definitive Festlegung des künftigen gemeinsamen geldpolitischen Instrumentariums sowie um den Zugang zum neuen gemeinsamen Zahlungsverkehrssystem.[112] Vor allem die Entscheidung über das künftige gemeinsame Instrumentarium war mehr als nur eine Frage der technischen

Feinabstimmung. Hier standen sich teilweise unterschiedliche Traditionen der nationalen Geldpolitik sowie verschiedene Strukturen der nationalen Finanzmärkte gegenüber. Nach den intensiven Vorarbeiten der Experten sowie den Vorberatungen im Europäischen Währungsinstitut ist es uns im EZB-Rat damals erstaunlich rasch und problemlos gelungen, zu der notwendigen Gemeinsamkeit zu kommen. Das neue Instrumentarium der EZB knüpft dabei weitgehend an bisherige Praktiken der Bundesbank an. Durch die Zinssätze für zwei ständige Fazilitäten (Spitzenrefinanzierungsfazilität und Einlagefazilität) wird – ähnlich wie zuvor durch den Diskont- und Lombardsatz – ein Zinskorridor festgelegt. Und durch regelmäßige Offenmarktoperationen werden zusätzlich Tageszins und Geldmenge beeinflusst, wobei Geschäftspartner die mindestreservenpflichtigen Finanzinstitute sind. Gleichzeitig wurde auch das in der europäischen Bankenwelt lange umstrittene Mindestreserveinstrument übernommen, wobei die Bundesbank eine Verzinsung akzeptieren musste, eine Lösung, die allerdings ohnehin schon seit einiger Zeit intern diskutiert wurde. Beim neuen gemeinschaftlichen Zahlungsverkehrssystem TARGET stand zunächst insbesondere der Zugang für die nicht an der Währungsunion teilnehmenden Länder zur Debatte, ein Thema, das insbesondere für den Finanzplatz London von herausragender Bedeutung war. Die vor allem vom Direktoriumsmitglied Padoa-Schioppa ausgehandelte und – nach einigem Hin und Her – letztlich auch vom EZB-Rat akzeptierte Lösung hat es London später erheblich erleichtert, die Rolle eines Off-Shore-Centers für die internationalen Euro-Märkte zu spielen.

Eine besondere Bedeutung hatten natürlich die Entscheidungen zur geldpolitischen Strategie. Bei den intensiven Vorarbeiten und Diskussionen im Europäischen Währungsinstitut waren die möglichen Alternativen und Varianten bereits eingehend geprüft worden. Die bisher von einer Reihe von europäischen Zentralbanken verfolgte prioritäre

Wechselkursorientierung konnte für den Euro-Raum schon aufgrund des eindeutigen Mandats für die interne Geldwertstabilität nicht in Frage kommen. Es musste vielmehr eine Strategie festgelegt werden, die sich insbesondere an dem Ziel der Preisstabilität im Euro-Gebiet orientierte. Im Kreis der 15 EWI-Mitglieder war besonders strittig geblieben, ob die EZB künftig eine Strategie mit einem direkten Inflationsziel oder mit einer stärkeren Orientierung an monetären Zwischenzielen betreiben sollte. Insbesondere wir in der Bundesbank legten Wert darauf, dass die monetären Größen zumindest nicht vernachlässigt werden dürften. Wohl hatten wir in den letzten Jahren neben der monetären Entwicklung zunehmend auch andere Faktoren in die jeweilige aktuelle Beurteilung einbezogen. Die sorgfältige Beobachtung der Entwicklung der monetären Aggregate, insbesondere von M3, sowie die Publizierung einer stabilitätsverträglichen Orientierungsgröße waren für uns jedoch unverzichtbar. Nach intensiven Diskussionen und Beratungen in den zuständigen Expertengremien und zuletzt auch im EZB-Rat sind wir dann im Oktober 1998 zu einer gemeinsamen Position gekommen. Auf Vorschlag von Herrn Issing hat sich der EZB-Rat damals auf die in der Grundlinie auch heute noch geltende sogenannte Zweisäulenstrategie geeinigt. Zu den Hauptelementen dieser Strategie gehört zunächst die Konkretisierung des im Vertrag festgelegten vorrangigen Ziels der Preisstabilität auf einen mittelfristigen Anstieg des harmonisierten Verbraucherpreisindexes für das Euro-Währungsgebiet. Der Rat hat sich damals für eine Zieldefinition von unter 2 % gegenüber dem Vorjahr entschieden. Mit einer solchen Ankündigung der Obergrenze für die angestrebte Preisentwicklung wird der Öffentlichkeit auch ein »Anker« für die längerfristigen Inflationserwartungen vermittelt. Zur Abschätzung der Risiken und damit als Orientierung für die geldpolitischen Entscheidungen sollen dann regelmäßig sowohl die Entwicklung der Geldmenge (in der Abgrenzung von M3) als auch die sonstigen Einflussfaktoren und Stabilitätsrisiken sorgfältig beobachtet und analysiert werden, wobei die ex ante genannte Zielgröße für das Wachstum von M3 nur die Funktion einer Referenzgröße, nicht aber einer festen Zielgröße haben sollte. Diese damals im Herbst 1998 erstmalig festgelegte Strategie hat sich in der Folgezeit – trotz vielfacher Kritik insbesondere angelsächsischer Kommentatoren – nach meinem Urteil insgesamt bewährt. Sie ist zwar in Einzelpunkten inzwischen weiterentwickelt worden. Der EZB-Rat hat jedoch nach sorgfältiger Überprüfung im Frühjahr 2003 die Grundlinie dieser Strategie erneut bestätigt. Die dabei vorgenommene Unterstreichung der mittelfristigen Orientierung sowie die Konkretisierung des mittelfristigen Preisanstiegs auf »unter, aber nahe an 2 %« sehe ich eher als eine weitergehende Klärung der Zielsetzung denn als eine Änderung der Strategie an. Mit der im Herbst 1998 erstmalig festgelegten und bis heute beibehaltenen Grundlinie der geldpolitischen Strategie hat die EZB zugleich weitgehend an die letzte Praxis der Bundesbankpolitik angeknüpft. Wichtig ist insbesondere die Einbeziehung der monetären Entwicklung in die Abschätzung der stabilitätspolitischen Risiken. Vor allem hiermit hat die EZB ein zentrales Element der deutschen Stabilitätspolitik übernommen, dessen Bedeutung gerade auch vor dem Hintergrund der Erfahrungen mit der in den 90er Jahren vor allem in den USA entstandenen und dann nach der Jahrtausendwende geplatzten Blase der Aktienpreise nicht unterschätzt werden sollte. Die seit etwa Mitte der 90er Jahre in den USA zugelassene übermäßige monetäre Expansion enthielt Risiken, die sich vor allem in anderen inflationären Aufblähungen als bei den Verbraucherpreisen mit teilweise schwerwiegenden weltweiten Folgen niedergeschlagen haben.

Hinsichtlich der Außenwertentwicklung des Euro bestand schon im EWI-Rat weitgehende Übereinstimmung darüber, dass der Wechselkurs gegenüber anderen Währungen einschließlich des Dollars primär den Märkten überlassen werden müsste. Allerdings sollte die Entwicklung des Euro-Wechselkurses natürlich in die stabilitätspolitische Risikoabschätzung einbezogen werden. Wegen dieser übereinstimmenden Grundeinstellung war im EZB-Rat eine Festlegung von konkreten Grundsätzen für etwaige künftige Devisenmarktinterventionen nicht notwendig. Von Anfang an bestand jedoch Übereinstimmung darüber, dass Interventionen der EZB bzw. des ESZB in besonderen Fällen grundsätzlich auch nicht ausgeschlossen werden sollten. Das EZB-Statut sah ohnehin die Übertragung eines Teils der nationalen Währungsreserven auf die Europäische Zentralbank vor. Sowohl über das Volumen der zu übertragenden Reserven als auch über ihre Zusammensetzung gab es im EZB-Rat schon bald eine Einigung. Zunächst umstritten war dabei allerdings die Frage, ob diese Übertragung auch einen Teil der Goldreserven umfassen sollte. Insbesondere die nationalen Zentralbanken mit relativ großen Anteilen an Goldreserven waren sehr daran interessiert, dass auch die EZB künftig in ihren Reserven einen angemessenen Goldbestand hatte. Auf diese Weise konnte nämlich den Märkten signalisiert werden, dass Goldreserven auch in Zukunft bei den Währungsreserven der Notenbanken eine gewisse Rolle spielen sollten, was insbesondere für die weitere Preisentwicklung an den Märkten und damit die Werthaltigkeit dieser Reserven nicht unwichtig war. Diese Meinung hat sich damals im EZB-Rat letztendlich auch durchgesetzt. Bei der Übertragung der Währungsreserven auf die EZB wurde auch ein angemessener Goldanteil einbezogen.

Das grundsätzliche Ja zur freien Beweglichkeit der Wechselkurse des Euro war allerdings verbunden mit dem Angebot einer Paritätsdefinition gegenüber anderen europäischen Währungen, sofern diese eine Bindung im Rahmen des Europäischen Währungssystems akzeptierten. Entscheidungen über etwaige Wechselkurssysteme sind jedoch nach dem Maastricht-Vertrag grundsätzlich Sache des Ministerrates. Schon 1997 hatte der Europäische Rat in Amsterdam auf Vorschlag der Wirtschafts- und Finanzminister sowie der Zentralbankpräsidenten grundsätzlich beschlossen, den nicht an der Währungsunion teilnehmenden EU-Mitgliedstaaten eine Fortsetzung des Europäischen Währungssystems in Form eines Wechselkursmechanismus II (WKM II) anzubieten. Für diesen neuen Wechselkursmechanismus waren nach Beratungen mit den Notenbankgouverneuren bereits die Eckwerte festgelegt worden. Grundsätzlich sollten die bisherigen Regeln des Systems auch künftig angewandt werden. Die – nach der Krise 1993 zunächst provisorisch eingeführten – erweiterten Bandbreiten von +/–15 % sollten dabei künftig als Standardschwankungsbreiten gelten. Allerdings könne die Wechselkursbindung im Einzelfall auch enger gestaltet werden, wenn und soweit dies im Lichte der Konvergenzfortschritte angemessen zu sein schien. Auf meine Intervention hin wurde dabei zugleich festgelegt, dass etwaige Interventionsverpflichtungen der EZB ausgesetzt werden können, wenn diese Interventionen dem vorrangigen Ziel der Preisstabilität zuwiderlaufen sollten. Auf diese Weise wurde die schon 1978 auf Wunsch der Bundesbank von der damaligen Bundesregierung konzedierte Ausstiegsformel in das Regelwerk des WKM II übernommen. Diese Grundsatzentscheidung des EU-Rates von Amsterdam aus dem Jahre 1997 musste nun rasch konkretisiert und ein detailliertes Abkommen zwischen den Notenbanken umgesetzt werden. Das neue Abkommen, das mit Eintritt in die Währungsunion Anfang 1999 den nicht an der Währungsunion teilnehmenden EU-Ländern angeboten werden sollte, wurde bereits nach kurzer Beratung im Herbst 1998 von allen 15 an der Ausarbeitung beteiligten Notenbanken unterzeichnet. Über den Nutzen einer solchen Wechselkursbindung gab es allerdings vor allem unter den vier nicht an der Währungsunion teilnehmenden EU-Ländern noch immer recht unterschiedliche Beurteilungen. In einer Sitzung des Erweiterten Rates der EZB, an dem ja auch die Notenbankpräsidenten der Nicht-Euro-Länder teilnehmen, wurde dies erneut deutlich. Die Gouverneure der Bank von England und der Schwedischen Reichsbank signalisierten, dass ihre Länder – anders als Dänemark und Griechenland – voraussichtlich auf absehbare Zeit auch nicht am WKM II teilnehmen würden. Die Mitglieder des EZB-Rates und die dänische Notenbankpräsidentin unterstrichen dagegen erneut die Nützlichkeit des Wechselkursmechanismus für die Stabilitätsorientierung und die Förderung der Konvergenz innerhalb der Europäischen Union. Die Entscheidung über die Teilnahme am WKM II blieb aber selbstverständlich den Ländern selbst überlassen. Neben Dänemark machen inzwischen auch einige der 2004 neu beigetretenen EU-Länder davon Gebrauch.

Beraten wurde im Herbst 1998 im EZB-Rat sowie zwischen den künftig am Euro-System teilnehmenden Notenbanken auch das Thema der Außenvertretung der künftigen Währungsunion gegenüber den verschiedenen internationalen Gremien. Sowohl der Delors-Bericht (1989) als auch der Maastricht-Vertrag (1992) hatten diese Frage weitgehend offen gelassen. Im EZB-Rat selbst ergab sich rasch Übereinstimmung darüber, dass die Anteilsrechte am Internationalen Währungsfonds und damit die offizielle Vertretung in den dortigen Gremien – jedenfalls solange es keine andere Entscheidung der Euro-Länder gebe – auch künftig bei den Mitgliedsländern verbleiben würden. Unklar war jedoch, wie in Zukunft die Geldpolitik des Euro-Gebietes gegenüber dem Fonds vertreten und in die jährliche, bisher länderbezogene Überwachung einbezogen werden sollte. Ebenso unklar war, ob und wie die Europäische Zentralbank in den währungspolitisch relevanten europäischen und sonstigen internationalen Gremien vertreten werden sollte. Es musste nach Wegen gesucht werden, die einerseits die Europäische Zentralbank in die Arbeit der Gremien einbezog, andererseits aber auch den nationalen Notenbanken weiterhin die Mitarbeit in den Gremien ermöglichte. Generelle Patentlösungen hierfür gab es nicht. Man konnte nur pragmatisch nach praktikablen Lösungen suchen. Das Ergebnis dieser Bemühungen waren recht unterschiedliche Wege und Konstruktionen. Beim Internationalen Währungsfonds in Washington kam eine informelle Vertretung der EZB zustande, die immer dann in die Beratungen einbezogen werden sollte, wenn es um die Geldpolitik im Euro-Gebiet gehe. In der Bank für Internationalen Zahlungsausgleich (BIZ) in Basel wurde die EZB dagegen neben den nationalen Zentralbanken auch eigenständiger Anteilseigner, wenngleich mit einem relativ geringen Anteil. Und zu den Sitzungen im G7- bzw. im G10-Kreis der Finanzminister und Notenbankgouverneure sollte künftig auch der EZB-Präsident regelmäßig eingeladen werden. Im neuen Wirtschafts- und Finanzausschuss der EU (Nachfolgeinstitut des früheren Währungsausschusses) war die EZB schon aufgrund des Vertrages vertreten. Und dass der EZB-Präsident zu den informellen Treffen der Finanzminister der Euro-Gruppe eingeladen werden sollte, war ohnehin klar. Ein Teil dieser Klärungen vollzog sich allerdings erst in einem längeren Übergangsprozess.

Mit der zeitlichen Annäherung an die Jahreswende, von der ab die Geldpolitik im Euro-Gebiet einheitlich sein würde, rückte insbesondere die Frage des gemeinsamen Zinsniveaus bei Eintritt in die Währungsunion in den Vordergrund. Nach vielen und eingehenden Konsultationen im Kreis der europäischen Notenbanken entschied sich der Zentralbankrat der Deutschen Bundesbank auf meinen Vorschlag hin zur Teilnahme an einer koordinierten Zinssenkung Anfang Dezember 1998. Die Bundesbank reduzierte ihren Wertpapierpensionssatz von 3,3% auf 3,0%. Diese Entscheidung ist uns vor allem deswegen nicht leicht gefallen, weil der damalige Bundesfinanzminister Oskar Lafontaine zuvor in Deutschland eine eher kontraproduktive öffentliche Druckkampagne für eine Zinssenkung initiiert hatte. Ich erinnere mich noch gut, dass ich in der anschließenden Pressekonferenz deswegen erklärte: »Dieser Beschluss ist eine souveräne, von politischen Erwartungen unbeeinflusste Entscheidung der Bundesbank. Wir halten es mit dem bekannten Motto: »Nec laudibus, nec timore. Lasse dich weder durch Lobsprüche noch durch Furcht beeinflussen bei dem, was du selbst als richtig erkannt hast.«[113] Wie die Reaktion in Presse und Funk zeigte, haben die Journalisten diese Anmerkung damals voll verstanden. Für die Bundesbank war dies die letzte eigene Zinsentscheidung. Damit war zugleich das Ausgangsniveau für das gemeinsame Zinsniveau zu Beginn der Währungsunion festgelegt. Zusammen mit einem Zinskorridor von 4,5% für die Spitzenrefinanzierungs- und 2,0% für die Einlagefazilität wurde der Zinssatz von 3% unmittelbar vor Weihnachten auch vom EZB-Rat für das Anfang 1999 fällige erste Wertpapierpensionsgeschäft des Euro-Systems festgelegt. Die Zinsweichen für den Eintritt in die Endstufe Währungsunion waren damit gestellt.

In den letzten Wochen vor dem endgültigen Eintritt in die Währungsunion hatte sich auch immer deutlicher gezeigt, dass die zwischen den teilnehmenden Währungen geltenden Wechselkurse von den Märkten nicht mehr in Frage gestellt wurden. Die Anfang Mai 1998 in Brüssel veröffentlichte Ankündigung, dass die damals geltenden bilateralen Leitkurse der Teilnehmerländer als Basis für die zum Jahreswechsel formell festzulegenden Konversionsraten in den Euro gelten sollten, hatte offenbar die internationalen Finanzmärkte überzeugt. Jedenfalls reduzierten sich nicht nur die früheren Divergenzen der Marktzinsen immer stärker. Auch die Wechselkursbewegungen zwischen den Teilnehmerwährungen wurden im Laufe des Jahres zunehmend geringer. Und so konnte der EU-Rat in seiner Verordnung kurz vor Jahresende verbindlich und endgültig festlegen, dass die bis dahin im EWS geltenden bilateralen Zeitkurse auch die Umwandlungskurse sein sollten, zu denen die Währungen der elf Teilnehmerstaaten durch den Euro ersetzt wurden. Mit dem auf dieser Grundlage errechneten Umtauschkurs von genau 1,95583 ist die D-Mark am

1. Januar 1999 in die neue gemeinsame Währung Euro eingemündet. Damit verlor sie zugleich auch ihre ökonomische und rechtliche Eigenständigkeit. Seither ist sie Bestandteil des Euro.

Mit der gleichzeitigen Übertragung der Zuständigkeit für die Geldpolitik auf die Europäische Zentralbank bzw. auf das Europäische System der Zentralbanken (oder kürzer gefasst: das Euro-System[114]) ist der erstmals zu Anfang der 70er Jahre auf die Gleise gesetzte Zug zur Währungsunion nach längerem Stillstand, zeitweiligen Rückwärtsbewegungen und auch einigen Entgleisungen zum Jahreswechsel 1998/99 endgültig im Euro-Bahnhof angekommen. Wohl dauerte es bis zum Umtausch der Noten und Münzen noch drei Jahre. Rechtlich und ökonomisch hat die Endstufe der Währungsunion jedoch damals begonnen. Erst der Noten- und Münzaustausch zum Jahresbeginn 2002 hat allerdings für alle sichtbar und erfahrbar gemacht, was zum Jahresbeginn 1999 geschehen ist: ein für alle Teilnehmerländer historischer Schritt in die dauerhafte Gemeinsamkeit der Währungsunion mit gemeinsamer Währung, ein Schritt mit weitreichenden Konsequenzen und praktisch auch ein Schritt ohne Umkehr. Neben vielen neuen Chancen hat dieser Schritt auch manche neue Herausforderung gebracht. Um diese zu meistern, müssen auch in Zukunft die Weichen richtig gestellt werden.

KAPITEL 23
# Positive Zwischenbilanz der Währungspolitik

Seit dem Eintritt in die Währungsunion und dem Übergang zum Euro 1999 liegen inzwischen wichtige Erfahrungen vor. Die Zwischenbilanz zeigt: Die bisherigen Ergebnisse im Währungsbereich selbst können zweifellos als Erfolg gewertet werden. Die zumeist erst nach langwierigen Auseinandersetzungen zustande gekommenen institutionellen und inhaltlichen Weichenstellungen für die Geld- und Währungspolitik haben sich auch in kritischen Phasen bewährt. Der Euro ist heute nicht nur ein wichtiges Symbol für Europa. Er wird inzwischen auch weltweit als eine starke Währung anerkannt.

In der gewerblichen Wirtschaft, in den öffentlichen Haushalten und an den Finanzmärkten hat sich der Übergang zur neuen Gemeinschaftswährung Anfang 1999 weitgehend problemlos vollzogen. Das gilt auch für die Anwendung der für eine Reihe von Mitgliedsländern teilweise neuen bzw. andersartigen Instrumente in der seitherigen gemeinsamen Geldpolitik. Wo es in der Anfangsphase technische Schwierigkeiten gegeben hat, konnten diese rasch beseitigt werden. Insbesondere an den Finanzmärkten und im öffentlichen Bereich setzte sich der Euro rasch als neue und eigenständige Währung durch. Für die teilnehmenden Volkswirtschaften ist so in relativ kurzer Zeit tatsächlich ein einheitlicher Währungsraum mit einheitlicher Währung und einheitlicher Geldpolitik entstanden.

Wie jüngere Studien zeigen,[115] hat die Integration der Finanzmärkte in Europa dadurch erhebliche neue Anstöße erhalten. Vor allem die kurzfristigen Geldmärkte sind im

Euro-Gebiet heute weitgehend integriert. Aber auch an den Kapital- und Aktienmärkten sind deutliche Integrationsfortschritte unverkennbar. Bei den Staatspapieren haben sich die Zinsen weitgehend angenähert. Zugleich sind die Märkte für Unternehmensanleihen in Europa erheblich größer und dynamischer geworden. Und die Aktienmärkte sind deutlich weniger national orientiert als zuvor. Leider wird allerdings das Funktionieren der Finanzmärkte im Euro-Gebiet insbesondere in einzelnen Segmenten noch immer durch eine Vielzahl von unterschiedlichen nationalen Vorschriften und Regeln behindert. Mit dem Übergang von den nationalen Währungen zum Euro und der Anwendung des gemeinsamen Instrumentariums der Geldpolitik wurden die damit verbundenen Behinderungen der Märkte und der dort aktiven Institute teilweise sogar noch deutlicher als zuvor. Auf der Grundlage des Berichtes einer Expertengruppe unter Vorsitz von Alexandre Lamfalussy sind die EU-Instanzen inzwischen jedoch bemüht, diese Differenzen so weit und so rasch wie möglich abzubauen. Angesichts der vielen traditionellen und strukturellen Unterschiede im Bankenbereich und im Aufsichtswesen können die notwendigen Harmonisierungen und Strukturveränderungen allerdings wohl nur schrittweise erreicht werden. Die Währungsunion hat den Druck hierfür jedoch deutlich verstärkt.

Wegen der notwendigen Vorbereitungen und Herstellungsarbeiten, die verbindlich erst nach der Entscheidung über die Zusammensetzung des ersten Teilnehmerkreises der Währungsunion festgelegt und eingeleitet werden konnten, fand der Umtausch der Noten und Münzen erst zum Jahresbeginn 2002 statt. Auch diese Aktion hat insgesamt erstaunlich problemlos geklappt. Beim Umtausch der bisherigen elf nationalen Währungen in die neuen Euro-Noten und -Münzen ist es jedenfalls zu keinen größeren Friktionen gekommen. Schon das war ein großer logistischer Erfolg. Noch wichtiger ist jedoch, dass mehr als 300 Millionen

Menschen in den Euro-Ländern und den Nachbargebieten den Euro erstaunlich rasch als neue Währung akzeptiert haben. Sie haben das neue Geld in kurzer Zeit als Zahlungsmittel zu nutzen und zu schätzen gelernt, auch wenn sie den früheren nationalen Währungen gelegentlich noch heute nachtrauern. So gibt es offenbar in Deutschland noch immer bei vielen Konsumenten eine Kalkulationspraxis mit grober Umrechnung in die frühere D-Mark. Ähnliches ist auch aus einigen anderen Euro-Ländern zu hören. Langjährige Gewohnheiten wirken offenbar dann besonders nach, wenn man das früher Genutzte sehr schätzte. Eingeprägt hat sich bei vielen Menschen – nicht nur in Deutschland – offenbar auch der Eindruck, der Währungsaustausch habe bei vielen Waren und Leistungen einen erheblichen Teuerungseffekt ausgelöst. Dieses Ergebnis zeigen jedenfalls noch immer manche Umfragen und Analysen. In der offiziellen Statistik hat sich dieser in der Presse viel zitierte Teuro-Effekt jedoch nur begrenzt niedergeschlagen, weshalb auch in offiziellen Berichten mehrfach über einen zusätzlichen »gefühlten« Teuerungseffekt berichtet wurde.[116] Die bei vielen Menschen aufgekommenen Zweifel an der statistischen Erfassung konnten damit aber bisher offenbar noch immer nicht vollständig ausgeräumt werden. Manches deutet daraufhin, dass das Teuro-Gefühl erst nach einer längeren Gewöhnungszeit abgebaut werden kann, insbesondere dann, wenn der alltägliche Vergleich mit der früheren nationalen Währung weiter nachlässt.

Entscheidend ist und bleibt jedoch: Die Menschen in den elf Euro-Ländern haben die neue Währung akzeptiert und die damit verbundenen Vorteile, insbesondere bei Reisen über nationale Grenzen hinweg, auch schätzen gelernt. Der Wegfall von früheren Umrechnungen, Wechselkursrisiken und Umtauschkosten innerhalb des Euro-Gebietes wird von der Bevölkerung eindeutig positiv bewertet. Die Umfrageergebnisse zeigen allerdings auch: Das Meinungsbild zum Euro ist noch immer nicht in allen Ländern gleich stabil und positiv. Die Ursachen hierfür dürften jedoch primär außerhalb der Währungspolitik liegen.

Währungspolitisch wichtig waren und sind insbesondere die bisher insgesamt positiven Ergebnisse hinsichtlich der Preisstabilität im Euro-Gebiet und damit der Sicherung der internen Geldwertstabilität. Trotz des zeitweilig starken Anstiegs mancher Rohstoff- und Agrarpreise sind die statistisch erfassten Verbraucherpreise im Euro-Gebiet insgesamt in den letzten fünf Jahren geringer als in vielen anderen Industrieländern gestiegen. Wohl wurde in den letzten Jahren die vom EZB-Rat als mittelfristige Obergrenze definierte Steigerungsrate von 2% zeitweise überschritten. Die Ursachen hierfür lagen jedoch überwiegend außerhalb der Einflussmöglichkeiten der Geldpolitik. Seuchen- und erntebedingte Agrarpreissteigerungen spielten ebenso eine Rolle wie ein zeitweise außerordentlicher Anstieg der Importpreise, insbesondere bei einzelnen Rohstoffen.

Hinter dem Preisanstieg im gesamten Euro-Gebiet verbergen sich allerdings teilweise erhebliche Unterschiede zwischen den einzelnen Teilnehmerländern. Sie sind zwar im Zeitverlauf zumeist geringer geworden. Die auch in traditionellen Währungsgebieten üblichen regionalen Differenzen übersteigen sie aber in einer Reihe von Fällen noch immer. Diese Unterschiede resultieren offenbar vor allem aus den strukturellen und konjunkturellen Differenzen zwischen den einzelnen Volkswirtschaften. So wenig auch längerfristig mit einer vollständigen Egalisierung der Inflationsraten innerhalb der Währungsunion gerechnet werden kann und sollte; die noch immer relativ großen Unterschiede bei den nationalen Inflationsraten machen deutlich, dass das neue gemeinsame Währungsgebiet seine optimalen internen Strukturen sowie die notwendige gemeinsame Orientierung bei den nationalen Wirtschafts- und Finanzpolitiken offenbar noch nicht gefunden hat. Gewiss, die konjunkturelle Ausgangslage war beim Eintritt in die Währungsunion vielfach unterschiedlich. Aber es darf auch nicht übersehen werden, dass es bei den Traditionen und Strukturen in den einzelnen Volkswirtschaften sowie den Politiken der Mitgliedstaaten noch immer erhebliche Unterschiede und Divergenzen gibt. Das hierin liegende Spannungspotenzial sollte nicht unterschätzt werden. Unterschiedliche nationale Inflationsraten bewirken nämlich auch unterschiedliche reale Werte für die nominal weitgehend gleichen Zinsen. Wohl werden diese unterschiedlichen Realzinsen durch die Wettbewerbsvorteile niedrigerer Inflationsraten ganz oder teilweise kompensiert. Größere Unterschiede bei den Realzinsen können jedoch in schwierigen Phasen leicht zu einer unterschiedlichen Akzeptanz der gemeinsamen Geldpolitik führen. Gelegentlich waren und sind solche Akzeptanzunterschiede – vor allem in öffentlichen Reaktionen der Politik – bereits zu erkennen. Dass der Euro jedoch trotz dieser Spannungen seine interne Stabilität bisher weitgehend gewahrt hat und auch weltweit inzwischen das Image einer stabilen Währung gewinnen konnte, ist vor allem der Verdienst der eindeutigen und nachhaltigen Stabilitätsorientierung der bisherigen gemeinsamen Geldpolitik.

In den ersten fünf Jahren ihrer Verantwortung für die gemeinsame Geldpolitik hat die Europäische Zentralbank sowohl ihre Stabilitätsorientierung als auch ihre politische Unabhängigkeit schon vielfach unter Beweis gestellt. Trotz mancher – nicht selten auch gegenläufiger – Kritik aus Kreisen der nationalen und auch der europäischen Politik, der Wissenschaft und der Presse haben sich die für die gemeinsame Geldpolitik Verantwortlichen im ESZB nicht von ihrem insgesamt klaren Stabilitätskurs abbringen lassen. Und dieser Kurs war auch nicht verantwortlich für die inzwischen in einer Reihe von Ländern deutlich gewordenen strukturellen und finanzpolitischen Probleme. Im Gegenteil. Ähnlich wie früher die Deutsche Bundesbank und andere nationale Zentralbanken hat die Europäische Zentralbank inzwischen eine stabilitätspolitische Reputation aufgebaut, die auch für die künftige Einschätzung ihrer Politik, durch die Märkte von großer Bedeutung ist. Neben der inhaltlichen Gradlinigkeit des geldpolitischen Grundkurses spielt hierbei auch die Kommunikation nach außen eine wichtige Rolle. Nach anfänglichen Unsicherheiten haben die EZB und das Euro-System im Laufe der Jahre eine Praxis entwickelt, die inzwischen auch von früheren Kritikern zunehmend positiv gewertet wird. Überdies haben sich die Verantwortungsträger des ESZB nicht gescheut, die zuständigen politischen Instanzen gelegentlich auch öffentlich auf stabilitäts- und wachstumspolitisch problematische Fehlentwicklungen in der Wirtschafts-, Finanz- und Sozialpolitik der Mitgliedstaaten hinzuweisen und Korrekturen anzumahnen. Dass ein solches Verhalten vor allem bei den Verantwortungsträgern in den Parlamenten und Regierungen nicht nur Zustimmung findet, ist verständlich. Aber auch diese stabilitätspolitische Wächterrolle der Zentralbanker ist und bleibt für die Stabilität des Euro wichtig und unverzichtbar. Die Europäische Zentralbank hat sowohl hinsichtlich ihrer Stabilitätsorientierung als auch ihrer politischen Unabhängigkeit bisher zweifellos wichtige Maßstäbe gesetzt und damit den Märkten auch klare Orientierung gegeben.

Diese eindeutige Stabilitätsorientierung der EZB-Politik konnte allerdings den Außenwert des Euro erst nach einer mehrjährigen Schwächephase stabilisieren und stärken. Im Wechselkurs einer Währung schlagen sich neben der Geldpolitik erfahrungsgemäß auch vielfältige andere Beurteilungen und Erwartungen nieder. Letztlich reflektiert der Wechselkurs immer ein breit angelegtes ökonomisches und politisches Erwartungsbild der Märkte, das vor allem auch die jeweilige Gegenseite einbezieht. So haben die überaus positiven Markteinschätzungen für die amerikanische Wirtschaft in den Jahren 1999 bis 2001 den Dollarkurs gegenüber dem Euro erheblich angehoben. Hinzu kamen offenbar damals noch bestehende Unsicherheiten über die Einschätzung der Geldpolitik im Euro-Gebiet. Diese Einschätzungen haben sich jedoch im Laufe der Zeit offenbar verändert. Die beträchtlichen Defizite im öffentlichen Budget und in der Außenbilanz der Vereinigten Staaten werden seit einiger Zeit zunehmend kritischer von den Märkten gewertet. Das reflektiert sich vor allem auch im Wechselkurs des Dollar zum Euro. Gegenüber den meisten anderen Währungen waren die Wechselkursbewegungen des Euro dagegen bisher zumeist ohnehin weniger ausgeprägt. Für die längerfristige Außenbewertung des Euro dürften ohnehin – neben der Einschätzung seiner Rolle als Reservewährung – vor allem die Erwartungen hinsichtlich der Wirtschaftsdynamik und der internen stabilitätspolitischen Konvergenz im Euro-Gebiet selbst eine wichtige Rolle spielen. Denn der Außenwert einer Währung reflektiert auf Dauer erfahrungsgemäß vor allem die innere Stärke der von ihr repräsentierten Wirtschaft in Relation zu ihren Wettbewerbern sowie die dahinter stehenden Politiken.

An den internationalen Finanzmärkten ist der Euro heute in nahezu allen Segmenten bereits die zweitwichtigste internationale Währung. Wie die Analysen der EZB zeigen, ist bei der internationalen Nutzung der Rückstand zum Dollar inzwischen auch deutlich kleiner geworden. Vor allem in den Nachbarregionen des Euro-Währungsgebietes spielt der Euro heute die Rolle »als bevorzugte Währung bei Kreditbeziehungen, als Vehikelwährung an den Devisenmärkten, als Ankerwährung für die Wechselkurssysteme und in manchen Ländern als Parallelwährung«.[117] Im gesamten Außenhandel der Euro-Länder wird derzeit bereits ungefähr die Hälfte in Euro abgerechnet. Als Fakturierungswährung für weltweit gehandelte Rohstoffe und internationale Verkehrsleistungen ist die Nutzung des Euro zwar im Vergleich zum Dollar noch deutlich geringer. Aber selbst hier zeichnen sich erste Veränderungen ab. Darüber hinaus ist auch bei der weltweiten Zusammensetzung der Devisenreserven der Notenbanken der Anteil des Euro in den letzten Jahren deutlich gewachsen, wenngleich der Dollar hier noch immer klar dominiert. Insgesamt hat der Euro jedoch international bisher nicht nur die Rolle seiner Vorgängerwährungen – insbesondere der D-Mark – übernehmen, sondern sie teilweise auch schon weiterentwickeln können.

Diesen unbestreitbaren Erfolgen im Währungsbereich selbst stehen allerdings im Bereich der Wirtschafts- und Finanzpolitik eher noch gewachsene Probleme und Herausforderungen gegenüber. Das gilt insbesondere für manche noch immer bestehende, ja teilweise sogar erheblich größer gewordene wirtschafts- und finanzpolitische Konvergenzdefizite zwischen den teilnehmenden Ländern. Überdies sind viele schon länger in einzelnen Mitgliedsländern aufgestaute Strukturprobleme mit dem Eintritt in die Währungsunion durch den »Wegzug des nationalen Währungsschleiers« noch deutlicher und zugleich bedrohlicher geworden. Der Euro und die gemeinsame Geldpolitik haben im Währungsraum nämlich – neben der internen Währungsstabilität – nicht nur mehr Transparenz und damit auch mehr Wettbewerb geschaffen. Sie haben auch traditionelle Zinsdifferenzen und währungsbedingte Präferenzen zwischen den früheren nationalen Währungen abgebaut. Ökonomische Wettbewerbsschwächen sowie Schwachpunkte bei den Wirtschafts-, Finanz- und Sozialpolitiken sowie den institutionellen Strukturen haben damit in dem ohnehin durch die EU-Erweiterung und die fortschreitende Globalisierung beeinflussten Umfeld der Währungsunion eine zunehmende Bedeutung erhalten. Und genau hier liegen wichtige, bisher nicht genügend gemeisterte Herausforderungen.

# KAPITEL 24
# Wachstumsschwäche und Beschäftigungsprobleme

Die zentrale und bisher am wenigsten gelöste Herausforderung ergibt sich aus der in mehreren Euro-Ländern schon seit einiger Zeit anhaltenden Wachstumsschwäche sowie der hohen und teilweise noch steigenden Arbeitslosigkeit. Diese sich teilweise schon in den 90er Jahren abzeichnende Entwicklung wurde zwar beim Eintritt in die Währungsunion zunächst überdeckt von dem damaligen – auch weltweiten – Boom. Der durch die jähe Korrektur der übersteigerten Spekulationen an den Aktienmärkten und die terroristischen Attacken nach der Jahrtausendwende ausgelöste Einbruch der Weltkonjunktur hat auch das Euro-Gebiet hart getroffen. Während große Teile der Weltwirtschaft sich jedoch relativ rasch von der Schwächeperiode erholt haben, ist diese Erholung bisher am Euro-Raum weitgehend vorbeigegangen. Trotz eines kräftigen Exportbooms blieb die Wachstums- und Beschäftigungsentwicklung in großen Teilen des Euro-Raumes bisher hinter der weltweiten Erholung deutlich zurück. Diese unterschiedliche Entwicklung der letzten Jahre hat erneut deutlich gemacht, dass die zentralen Ursachen für die anhaltende Wachstumsschwäche und die hohe Arbeitslosigkeit offenbar vor allem in den betroffenen Euro-Ländern selbst liegen. Insbesondere die drei größten Volkswirtschaften im Euro-Gebiet Deutschland, Frankreich und Italien sind schon seit längerer Zeit mit schwerwiegenden Strukturproblemen konfrontiert, welche die Dynamik und Innovation der Wirtschaft behindern und damit das Wachstum ihrer Wirtschaft einengen sowie die Beschäftigung gefährden.

Diese Probleme, die allerdings von Land zu Land im Detail erhebliche Unterschiede aufweisen, haben sich zumeist schon über längere Zeit aufgestaut. Sie sind jedoch in den letzten Jahren durch die verschärften globalen und innereuropäischen Wettbewerbsbedingungen zunehmend deutlicher geworden und haben größeres Gewicht erhalten. In den besonders wachstumsschwachen Euro-Ländern behindert zumeist eine Vielfalt von Regulierungen und Abgabenbelastungen die notwendige wirtschaftliche Innovation und neue Dynamik. Oft engen auch rigide Vorschriften sowie detaillierte Tarif- und Arbeitszeitvereinbarungen die notwendige neue Flexibilität an den Arbeitsmärkten übermäßig ein. Darüber hinaus tragen die Bildungssysteme bisher den veränderten gesellschaftlichen Bedingungen sowie wirtschaftlichen und technologischen Anforderungen vielfach nicht genügend Rechnung. Hinzu kommt, dass die zunehmend deutlicher werdenden demographischen Veränderungen in einer Reihe von Ländern die bisherigen sozialpolitischen Transfersysteme immer weniger finanzierbar machen und – bei den geltenden Regeln – vielfach den Faktor Arbeit übermäßig verteuern. All dies hat dazu beigetragen, dass – entgegen vielen Erwartungen – die Währungsunion bisher insgesamt nicht zu einer erkennbaren Stärkung des Wachstumstrends und zu neuer Dynamik geführt hat. Im Gegenteil. Das Euro-Gebiet ist bisher eher zurückgefallen.[118]

Das gilt in besonderem Maße für die deutsche Volkswirtschaft, die zusätzlich noch mit vielen unbewältigten Folgen der Wiedervereinigung sowie dem sie besonders betreffenden neuen Wettbewerb durch die Transformationsländer in Mittel- und Osteuropa konfrontiert ist. Mit dem Eintritt in die Währungsunion und der zunehmenden Öffnung der Grenzen nach Osteuropa sind diese über längere Zeit entstandenen Schwächen und Probleme in Deutschland besonders deutlich und damit auch wettbewerbsrelevant geworden. Das gilt vor allem für Standortentscheidungen von Investoren. Die Bundesrepublik muss heute das in der Vergangenheit lange für sie geltende »Privileg« relativ niedriger Zinsen mit allen anderen Euro-Ländern teilen. Um die Vorteile des Euro zu nutzen, reichen nämlich jetzt auch Investitionen in den anderen Euro-Ländern. Unterschiedliche Arbeitskosten, geringere Abgaben und Regulierungen haben deswegen für Standortentscheidungen innerhalb des Euro-Gebietes heute eine größere Bedeutung als zuvor. Sie werden nämlich nicht mehr wie früher – wenngleich damals teilweise ausgeglichen durch die mit der D-Mark verbundenen Aufwertungsrisiken – durch tendenziell niedrigere Finanzierungskosten kompensiert. Um im Geltungsbereich der zweitwichtigsten internationalen Währung wirtschaftlich aktiv zu sein, genügen jetzt Investitionen im Euro-Raum auch außerhalb der Bundesrepublik. Und da Investoren vor allem zukunftsorientiert entscheiden müssen, gilt das im Grundsatz bereits ähnlich für die künftigen Euro-Länder vor allem in Mittel- und Osteuropa, wo die Arbeitskosten, Steuern und Regulierungen zumeist ohnehin wesentlich geringer sind als in der Bundesrepublik.

Schon im Vorfeld der Währungsunion habe ich auf diese neue Wettbewerbslage und die zunehmende Dringlichkeit rascher und nachhaltiger Lösungen für die Strukturprobleme in Deutschland immer wieder öffentlich hingewiesen. Meine zentrale These damals lautete: Der Euro, so erstrebenswert er aus politischen und ökonomischen Gründen ist, wird unsere aufgelaufenen Strukturprobleme nicht lösen; er wird sie aber deutlicher und relevanter machen. In meiner Rede anlässlich des Ausscheidens aus dem Amt des Bundesbankpräsidenten habe ich Ende August 1999 in Anwesenheit von Bundeskanzler Schröder und Minister Eichel noch einmal mit Nachdruck darauf hingewiesen: »Der Eintritt in die Währungsunion war und ist ein großer Schritt nach vorn. Der Euro ist jedoch keine Erlösungsformel für unsere internen wirtschaftlichen und sozialen Probleme. Die neuen Chancen können nur genutzt werden, wenn die Euro-Länder sich auch den neuen Herausforderungen stellen – und zwar konsequent und dauerhaft ... Nationale Sonderwege der Geldpolitik sind für kein Land mehr gangbar, und eine gegen die Gemeinschaftsregeln verstoßende Finanzpolitik würde allen schaden. Die neue Risikogemeinschaft fordert vielmehr dauerhafte Solidarität durch eine nachhaltig stabilitätsorientierte nationale Finanz- und Sozialpolitik aller Euro-Länder mit mehr Eigenverantwortung und Innovationskraft.«[119]

Die unausweichliche Notwendigkeit überzeugender Lösungen für die aufgelaufenen Strukturprobleme ist in der deutschen Öffentlichkeit zunächst leider vielfach nicht hinreichend erkannt und akzeptiert worden. Sowohl in weiten Teilen der Politik als auch in manchen Verbänden und den Gewerkschaften hat man die neue Dringlichkeit von tiefgreifenden Reformen lange Zeit nicht wahrhaben wollen. Kritische Analysen und Korrekturvorschläge wurden oft als Schwarzmalerei oder ideologische Voreingenommenheit abgetan. Dies hat sich in letzter Zeit zumindest teilweise geändert. Inzwischen werden die zentralen Reformthemen von den meisten Verantwortungsträgern in der Politik und vielen Verbänden anerkannt. Die bisher eingeleiteten Reformschritte leiden jedoch darunter, dass die politische Führung bisher offenbar große Teile der Bevölkerung noch nicht genügend von der Notwendigkeit und Nützlichkeit der Reformen für das künftige Gemeinwohl überzeugen konnte. Diese politische Führungsaufgabe ist aber umso wichtiger, als die Reformpolitik an vielen Stellen erhebliche mentale Hürden überwinden muss. Zudem reichen die bisherigen Politikkorrekturen noch nicht aus. Die Reformpolitik muss in den nächsten Jahren verstärkt fortgesetzt werden, so schwierig ihre Durchsetzung auch ist. Das Potenzial für neues dynamisches Wachstum und für mehr Beschäftigung ist durchaus vorhanden. Es muss nur geweckt und tatsächlich genutzt werden. Dafür braucht die deutsche Wirtschaft in vielen Bereichen neue und verlässliche Rahmenbedingungen, die insbesondere mehr Freiraum für Innovation, Flexibilität und wettbewerbsfähige Strukturen schaffen. Nur so kann und wird sie wieder dauerhaft zurückfinden zu einer neuen Dynamik und internationalen Wettbewerbsfähigkeit, die zugleich mehr nachhaltiges Wachstum und mehr Beschäftigungsmöglichkeiten bringt. Und nur so können für die Zukunft auch wachsende Spannungen zwischen den Euro-Ländern vermieden werden.

Als größte Volkswirtschaft im Euro-Gebiet trägt Deutschland nämlich auch eine besondere Verantwortung in Europa. Wettbewerbsschwächen und Strukturprobleme in Deutschland mögen zwar kurzfristig anderen Volkswirtschaften im Euro-Gebiet relative Wettbewerbsvorteile bringen. In der Währungsunion sind jedoch auf Dauer alle beteiligten Volkswirtschaften in stärkerem Maße aufeinander angewiesen als zuvor. Wie es der deutsche Zentralbankrat schon 1990 in seiner Grundsatzerklärung formuliert hat, ist »die Währungsunion eine nicht mehr kündbare Solidargemeinschaft«.[120] Und diese Solidarbindung betrifft letztlich alle teilnehmenden Länder. Kurzfristig mögen einige von der Schwäche der deutschen Volkswirtschaft profitieren. Eine anhaltende Schwäche der größten Volkswirtschaft des Währungsgebietes würde auf Dauer aber auch ihre eigenen Entwicklungschancen beeinträchtigen.

Ohnehin sind die Wachstumsschwäche der letzten Jahre und die anhaltende Arbeitslosigkeit keineswegs nur deutsche Phänomene. Sie betreffen vielmehr den überwiegenden Teil des gesamten Euro-Raumes. Wohl waren die Ergebnisse bisher von Land zu Land unterschiedlich. Das mag teilweise auch mit den unterschiedlichen Effekten aufgrund der Einführung der gemeinsamen Währung (z.B. unterschiedlich großer Vertrauensgewinn für Investoren) und der seither einheitlichen Geldpolitik (z.B. unterschiedliche Realzinsen infolge von Inflationsdifferenzen) zu tun haben. Ausschlaggebend waren und sind jedoch vor allem die Unterschiede in den Ausgangslagen, den Wirtschaftsstrukturen und auch den Politiken der einzelnen Länder. Während sich einige, insbesondere kleinere Euro-Länder sowie die bisher der Währungsunion ferngebliebenen EU-Länder schon relativ frühzeitig auf die zunehmenden Veränderungen in Wirtschaft und Gesellschaft eingestellt haben und so auch besser mit den neuen Herausforderungen fertig geworden sind, haben andere, insbesondere die größeren Euro-Länder Frankreich und Italien – ebenso wie Deutschland – noch erheblichen Nachholbedarf. Nur mit vermehrten und nachhaltigen Reformanstrengungen können sie die Chancen des Euro für sich und damit auch für den gesamten Euro-Raum tatsächlich und nachhaltig nutzen.

Angesichts der unterschiedlichen Problemlage und der in der Union bisher geltenden Kompetenzverteilung müssen die Antworten auf die neuen Herausforderungen vor allem durch zukunftsorientierte Politikkorrekturen auf der Ebene der Mitgliedstaaten gegeben werden. Die europäischen Institutionen können zwar helfen, das Problembewusstsein in den besonders geforderten Ländern zu fördern und die Zielrichtung der notwendigen Korrekturen aufzuzeigen. Der Maastricht-Vertrag hat deswegen auch ein spezielles Verfahren für die Koordinierung der nationalen Wirtschaftspolitiken und ihre regelmäßige Überwachung etabliert (Artikel 99). Für die Wirtschaftspolitik in den besonders geforderten Ländern hat dieses allgemeine Koordinierungsverfahren jedoch bisher kaum mehr als gemeinsame Erklärungen und allgemeine Stellungnahmen erbracht.

Das gilt auch für die viel zitierte Lissabon-Agenda, die im Jahre 2000 von den EU-Staats- und -Regierungschefs beschlossen wurde. In diesem Erneuerungs- und Wachstumsprogramm für Europa haben sie für die nächste Dekade das ambitiöse strategische Ziel formuliert: »Die Europäische Union soll die wettbewerbsstärkste und dynamischste wissensbasierte Wirtschaft in der Welt werden mit der Fähigkeit, dauerhaftes Wachstum mit mehr und besseren Arbeitsplätzen sowie größerer sozialer Kohäsion zu schaffen.«[121] Wohl hat die Kommission seither eine Reihe von speziellen Programmen vorgelegt, die größtenteils auch von den zuständigen Ministerräten beschlossen wurden. Die tatsächlichen ökonomischen Impulse dieser Programme waren jedoch bisher relativ gering. Von dem ambitiösen Ziel des Vordringens an die Weltspitze der wirtschaftlichen Wettbewerbsfähigkeit und Dynamik ist Europa gegenwärtig eher weiter entfernt als zuvor. Die bisherige Erfahrung mit der Lissabon-Agenda zeigt einmal mehr: Die wirtschaftliche Wirklichkeit wird von feierlichen Absichtsbekundungen und gemeinsamen Programmen nur sehr begrenzt beeinflusst. Gewiss, sie sind als gemeinsame Zielsetzung bisweilen nicht nutzlos. Die Zielsetzung darf aber den Bezug zur Realität nicht verlieren. Und es müssen auch die Adressaten konkret und klar benannt werden. Eine »Gruppe hochrangiger Experten« unter Vorsitz des früheren niederländischen Ministerpräsidenten Wim Kok hat inzwischen die Defizite der bisherigen »Lissabon-Strategie« offen gelegt.[122] So wünschenswert die gemeinsamen Ziele von Lissabon sind, sie müssen vor allem durch entsprechende nationale Anstrengungen realisiert werden. Zu Recht weist die Kok-Gruppe auch darauf hin, dass regelmäßige öffentliche Bewertungen der nationalen Politiken (sogenannte Ratings) den notwendigen Druck verstärken könnten. Es ist zu hoffen, dass die neue EU-Kommission unter Präsident Barroso diese Vorschläge – trotz des bereits erkennbaren Widerstands aus einigen Mitgliedsstaaten – bald aufgreift und sich nachdrücklich für tatsächliche Fortschritte in Richtung auf die Lissabon-Ziele einsetzt. Der Weg dahin ist sicher alles andere als leicht. Er entspricht jedoch dem längerfristigen Interesse aller Länder Europas.

Dabei muss jedoch klar sein: Die Reformanstrengungen müssen primär in den Ländern selbst stattfinden. Denn hier liegen zumeist die entscheidenden Defizite und Wachstumshemmnisse in Europa. Der oft beschworene größere EU-Koordinierungsbedarf für die Wirtschaftspolitik sollte dagegen nicht überbewertet werden. Angesichts der unterschiedlichen nationalen Ausgangslagen und Strukturen können nämlich verstärkte Koordinierungsbemühungen im Detail leicht zu falschen Antworten und zu einer Beeinträchtigung des auch in der Politik notwendigen Wettbewerbs zwischen den Ländern führen. Das gilt jedenfalls dann, wenn die Koordinierungsbemühungen auf eine Harmonisierung von politischen Teilaktivitäten ohne Rücksicht auf die unterschiedlichen Rahmenbedingungen und Gesamtsysteme zielen. So wichtig klare und zukunftsorientierte Entscheidungen in den eindeutig der Unionsebene zugeordneten Kompetenzbereichen wie z. B. der Wettbewerbs- oder auch der Außenhandelspolitik sind, so wenig sollten die gemeinsamen Institutionen mit eigenen Regelungen direkt oder indirekt in die primär der nationalen Zuständigkeit vorbehaltenen politischen Entscheidungen einzugreifen versuchen. Ohnehin haben sich schon manche der bereits heute vertraglich oder durch die politische Praxis entwickelten Mischkompetenzen für Teilbereiche der wirtschaftsrelevanten Politik (z.B. der Wissenschafts-, Umwelt-, Industrie- und Sozialpolitik) eher als Bremsen denn als Antriebskräfte für dringend notwendige nationale Reformen erwiesen. Auch Mischfinanzierungen verwischen oft die Verantwortung. Insbesondere die Kommission täte gut daran, bisweilen mehr Selbstbeschränkung zu üben, statt überall mitwirken zu wollen. Wohl sollte sie mit Nachdruck auf den dringend notwendigen Reformbedarf in den einzelnen Ländern hinweisen und dies auch hinreichend transparent machen. Die durch die angehäuften Strukturprobleme in einer Reihe von europäischen Ländern entstandenen Wachstums- und Beschäftigungsprobleme können und müssen jedoch letztlich vor allem durch nationale Entscheidungen gelöst werden. Gefordert sind vor allem die nationalen politischen Verantwortungsträger. Die Union kann und muss sie jedoch in angemessener Weise zu zukunftsorientierten Entscheidungen drängen und ermutigen. Denn insbesondere im Euro-Gebiet geht es weitgehend auch um die gemeinsame Zukunft.

# KAPITEL 25
# Mängel bei der Fiskaldisziplin

Ausgangspunkt der Verhandlungen über das fiskalpolitische Regelwerk im Maastricht-Vertrag und seine Konkretisierung im Stabilitäts- und Wachstumspakt war vor allem die gemeinsame Einsicht, dass die Stabilität des Geldwertes erfahrungsgemäß auf eine nachhaltige Disziplin in der Fiskalpolitik des Währungsgebietes angewiesen ist. In der Maastricht-Konstruktion der Währungsunion, bei der die Fiskalpolitik bei den Mitgliedstaaten verblieben ist, sind jedoch die früheren Sanktionskräfte des Marktes (z.B. der nationale Wechselkurs) als Disziplinierungsmechanismus gegen eine ausufernde Staatsverschuldung der einzelnen Mitgliedstaaten weitgehend entfallen. Deshalb hatten sich die Partner nach teilweise schwierigen Verhandlungen im ergänzenden Stabilitäts- und Wachstumspakt auf ein verbindliches gemeinsames Regelwerk mit einer mittelfristigen Grundorientierung für einen ausgeglichenen Haushalt, einer jährlichen Defizitobergrenze von 3 % des BIP, einer regelmäßigen Überwachung durch die Kommission und den Rat sowie einer eventuellen Verhängung von Sanktionen geeinigt. Insbesondere die strikte Einhaltung der 3 %-Grenze sowie die nachhaltige Reduzierung überhöhter Schuldenstände wurden damit zur verbindlichen Richtschnur für die künftige Politik aller Mitgliedsländer gemacht. Und die Einhaltung dieses Regelwerkes sollte gemeinsam überwacht werden (vgl. Kapitel 19).

Schon damals gab es insbesondere in Deutschland auch Zweifel, ob dieses Regelwerk in kritischen Fällen tatsächlich funktionieren würde. Die Entwicklung in den letzten Jahren hat diesen Zweifeln inzwischen bisher weitgehend Recht gegeben. Die fiskalpolitische Disziplin ist in den letzten Jahren trotz des vereinbarten Regelwerkes in mehreren Euro-Ländern aus dem Ruder gelaufen; bedauerlicherweise auch in Deutschland. Vor allem wegen unterlassener rechtzeitiger und angemessener Budgetkonsolidierung in der Zeit relativ kräftigen Wirtschaftswachstums ist es nach der Jahrtausendwende im Euro-Gebiet teilweise zu nachhaltigen Überschreitungen der gemeinsam festgelegten Defizitobergrenzen, zu weiteren Anstiegen der ohnehin hohen Schuldenstände sowie auch zu problematischen Verstößen gegen die gemeinsam vereinbarten Verfahrensregeln gekommen. Inzwischen haben einige Euro-Länder die gemeinsam festgelegte Defizitobergrenze von 3% bereits mehrfach überschritten, und zwar ohne dass es bisher zur Anwendung der vorgesehenen Sanktionen kam. Das gilt vor allem für die größten Länder in der Währungsunion, für Deutschland und Frankreich. Auch Italien, das sich wegen seines außerordentlich hohen Schuldenstandes 1998 zu weitergehenden Konsolidierungsmaßnahmen verpflichtet hatte, ist seinen zusätzlichen Selbstverpflichtungen bisher nicht genügend nachgekommen. Nachdem es Deutschland und Frankreich nicht gelungen war, die zuvor zugesagten Korrekturen zu realisieren, wurde im Herbst 2003 – gegen den Willen der Kommission – das weitere Verfahren durch Mehrheitsbeschluss des Ministerrates unterbrochen. Dieses Vorgehen fand nicht nur bei einigen überstimmten Mitgliedstaaten, sondern insbesondere auch bei der Kommission scharfe Kritik. Es wurde zugleich von den meisten Kommentatoren als Beweis für die beginnende Aushöhlung der Regeln des Stabilitäts- und Wachstumspaktes bewertet. Für viele Beobachter gilt der Pakt inzwischen bereits als weitgehend ausgehebelt. Der nach der Entscheidung des Rates im Herbst 2003 zwischen der Kommission und der Mehrheit des Ministerrates entstandene Verfahrensstreit wurde zwar formal inzwischen durch den Europäischen Gerichtshof zugunsten der Kommission entschieden. Inhaltlich ist der Streit um die Fiskaldisziplin selbst und ihre

Einhaltung damit aber keineswegs zu Ende. Im Gegenteil. Neben den bekannten fachlichen Einwänden einzelner Kritiker gibt es seither immer mehr Stimmen, die sich gegen die angeblich zu rigiden Vorschriften wenden und auf Änderung zumindest in Teilbereichen drängen. Vor allem in den drei größten Euro-Ländern ist von den dortigen Staats- und Regierungschefs teilweise sehr deutliche Kritik hinsichtlich der Angemessenheit sowie der Anwendung des vereinbarten Regelwerkes laut geworden. Hier hat sich inzwischen eine Entwicklung angebahnt, deren negative Wirkung in Richtung weiterer Erosion der für die dauerhafte Stabilität des Euro und der Weckung nachhaltiger Wachstumskräfte wichtigen Fiskaldisziplin nicht unterschätzt werden darf, ganz zu schweigen von dem damit verbundenen Konfliktpotenzial zwischen den Regierungen der Euro-Mitglieder und auch mit der EZB. Der EZB-Rat hat in einer öffentlichen Erklärung bereits im Herbst 2003 auf die »schwerwiegenden Gefahren« des Vorgehens der Mehrheit des Wirtschafts- und Finanzministerrates bei der Behandlung der »übermäßigen Defizite in Frankreich und Deutschland« hingewiesen und insbesondere darauf aufmerksam gemacht, dass ein solches Nichtbefolgen der Regeln und Verfahren »die Glaubwürdigkeit des institutionellen Rahmens und das Vertrauen in solide öffentliche Finanzen der Mitgliedstaaten des Euro-Währungsgebietes zu beeinträchtigen« drohe.[123] Auch der neue Bundesbankpräsident Axel Weber hat in seiner Antrittsrede die zentrale Bedeutung des Stabilitäts- und Wachstumspaktes als »ordnungspolitische Leitplanke« und neben der Währungsverfassung als »zweiten wichtigen Pfeiler des ESZB« betont sowie die zentrale Bedeutung »des Willens aller Mitgliedstaaten, sich an die vereinbarten Regeln zu halten«, hervorgehoben.[124]

Bei der Schlussverhandlung über den Verfassungsvertrag in Brüssel haben die EU-Staats- und -Regierungschefs sich zwar »erneut zu den Bestimmungen über den Stabilitäts- und Wachstumspakt als Rahmen für die Koordinierung der

Haushaltspolitik in den Mitgliedstaaten der Europäischen Union« bekannt. Gleichzeitig haben sie aber auch ihr Interesse an Vorschlägen der Kommission und der Mitgliedstaaten für eine Weiterentwicklung der »Umsetzung des Stabilitäts- und Wachstumspaktes« deutlich gemacht.[125] Mit dieser Einladung zu neuen Anwendungsvorschlägen haben sie zugleich ein Tor geöffnet, das leicht auch zu problematischen Änderungen des Regelwerkes selbst führen kann. Viele der bisherigen Vorschläge aus den Mitgliedsstaaten zielen auf die Nichtanrechnung bestimmter Ausgabenkategorien bzw. auf Ausnahmeregelungen für Sonderfälle. Auch die im Herbst 2004 vorgelegten Änderungsvorschläge der EU-Kommission sehen neben einer sinnvollen Verbesserung der Prävention auch problematische Lockerungen des bisherigen Regelwerks vor. Der EZB-Rat hat in diesem Zusammenhang zu Recht vor einer Änderung des Pakts und insbesondere des Verfahrens bei einem übermäßigen Defizit gewarnt. »Er erachtet die Glaubwürdigkeit der 3%-Grenze als eine wesentliche Voraussetzung, um die Erwartung hinsichtlich der Haushaltsdisziplin zu verankern.«[126] Auch der frühere Präsident der EZB, Wim Duisenberg, hat öffentlich vor einer Änderung der »Spielregeln« gewarnt und den Stabilitätspakt als »Geschenk des Himmels« bezeichnet.[127] Wie auch immer man die Herkunft des Paktes beurteilt, bei den weiteren Entscheidungen sollten die politisch Verantwortlichen bedenken: Angesichts der ohnehin bereits sehr hohen öffentlichen Verschuldung der meisten Länder (insbesondere bei Einrechnung der Schulden in den Alterssicherungssystemen) wäre eine weitere Erosion der Fiskaldisziplin nicht ungefährlich. Sie könnte nicht nur das Vertrauen in die Beständigkeit gemeinsam vereinbarter Regeln, sondern auch den Zusammenhalt der Länder in der Währungsunion sowie die für eine neue Wachstumsdynamik notwendige Verbesserung der künftigen Rahmenbedingungen erheblich gefährden. Verbesserungen bei der Umsetzung der Regeln dürften dagegen nützlich sein, insbesondere wenn dadurch die präventive

Wirksamkeit verstärkt wird. Allgemeine Frühwarnungen der Kommission allein können aber kaum genügen. Notwendig ist auch ein verstärkter Druck auf rechtzeitige Korrekturen z. B. durch enge Terminsetzungen. Sinnvoll könnte z. B. die Einschaltung einer anderen, von der Öffentlichkeit als politisch neutral angesehenen Instanz wie des Europäischen Rechnungshofes oder eines eigens berufenen unabhängigen Sachverständigengremiums sein. Die Aufgabe dieser Institutionen könnte darin bestehen, problematische Entwicklungen in Richtung übermäßiger Defizite und Verschuldung rechtzeitig aufzudecken und so öffentlichen Druck zur Korrektur zu erzeugen. Gewiss, nach den derzeitigen Vertragsregeln, die insoweit auch durch den Verfassungsvertrag nicht geändert werden, muss die letzte politische Verantwortung für die Verhängung von Sanktionen beim Rat bleiben. Aber dessen Entscheidungen sollten sich – ebenso wie die Beschlüsse der Kommission – auch in der öffentlichen Konfrontation mit unabhängigen und sachverständigen Gutachtern bewähren müssen. Die Anwendung eines für die Zukunft der Währungsunion und des Euro so wichtigen Regelwerkes darf nicht allein von den jeweiligen tagespolitischen Interessen der unmittelbar Beteiligten abhängig sein.

Angesichts des schon bisher entstandenen Vertrauensverlustes in der Öffentlichkeit und an den Märkten kommt es vor allem darauf an, dass die bisherige Erosion der vereinbarten Fiskaldisziplin bald und nachhaltig gestoppt wird. Hierauf müssen die Kommission und auch der Ministerrat ihre Reformbemühungen konzentrieren. Aufweichungen des Regelwerkes selbst, so populär sie kurzfristig sein mögen, könnten sich dagegen für das wirtschaftliche und politische Miteinander in Europa letztlich als kontraproduktiv und gefährlich erweisen. Fiskaldisziplin muss mehr als nur eine immer weiter verschiebbare Zukunftsvision sein. Dafür sind die mit mangelnder Solidität der öffentlichen Finanzen verbundenen Risiken für den Euro auf Dauer zu groß. Allen Verantwortlichen sollte bewusst sein: Der Euro braucht für seine dauerhafte Stabilität und für die Vermeidung von Konflikten eine hinreichende und nachhaltige Fiskaldisziplin der Mitgliedstaaten. Solide Staatsfinanzen und ein kräftiges Wirtschaftswachstum mit zunehmender Beschäftigung sind – vor allem längerfristig – keine Gegensätze. Sie bedingen einander vielmehr. Das gilt insbesondere dort, wo – wie in Europa – der Anteil des Fiskus und die Verschuldung des Staates bereits sehr hoch sind.

## KAPITEL 26
# Mehr politische Integration?

Insgesamt zeigt die ökonomische Zwischenbilanz nach mehr als fünf Jahren Wirtschafts- und Währungsunion ein gemischtes Bild. Sowohl die Stabilität und die Akzeptanz des Euro als auch die von tagespolitischen Einflüssen bisher freigehaltene Entscheidungs- und Handlungsfähigkeit des Europäischen Systems der Zentralbanken sind zweifellos gewichtige Haben-Posten. Sie dürften auch eine positive Wirkung für die weitere Zukunft Europas haben. Deswegen gibt es hier keinen Reformbedarf. Im Gegenteil. Änderungen des Rechtsrahmens und der bisher weitgehend politikneutralen Berufungspraxis für die Mitglieder des EZB-Rates könnten die gewonnene Glaubwürdigkeit der Europäischen Zentralbank leicht gefährden. Zu den kritischen Punkten dieser Zwischenbilanz gehören jedoch vor allem die in den letzten Jahren immer deutlicher gewordene strukturbedingte Wachstumsschwäche wichtiger Euro-Länder sowie die problematische Aushöhlung der vereinbarten Regeln für die Fiskaldisziplin. Beide Vorgänge haben ihre Ursache allerdings nicht in der Währungsunion selbst. Sie sind die Konsequenz von schwerwiegenden, zumeist schon seit längerem aufgestauten Mängeln in der nationalen Politik wichtiger Länder. Das hiermit verbundene Gefährdungs- und Konfliktpotenzial für die weitere Entwicklung des Euro und die Währungsunion darf jedoch nicht unterschätzt werden. Alle Verantwortlichen sind zu verantwortungsbewussten und überzeugenden Entscheidungen herausgefordert.

Darüber hinaus gewinnt aber auch die seit Beginn der Diskussionen über die Wirtschafts- und Währungsunion strittige Grundsatzfrage an Bedeutung: Braucht die Währungsunion auf Dauer eine Einbettung in eine weiterführende politische Integration? Und wenn ja, welche Form ist dafür angemessen und realisierbar? Die Antworten auf diese Fragen sind umso dringlicher, als der Erweiterungsprozess sowohl der EU als auch der Wirtschafts- und Währungsunion noch nicht zum Ende gekommen und das politische Meinungsspektrum schon jetzt deutlich größer geworden ist. Nicht nur der Zentralbankrat der Deutschen Bundesbank hat bereits 1990 darauf hingewiesen, dass eine Währungsunion »nach aller Erfahrung für einen dauerhaften Bestand eine weitergehende Bindung in Form einer umfassenden politischen Union benötigt.«[128] Auch in der Entschließung des Deutschen Bundestages zum Maastricht-Vertrag von 1992, in der die Wirtschafts- und Währungsunion als ein wichtiger Schritt zur Vertiefung der Integration begrüßt wird, heißt es, dass die Europäische Union »so bald wie möglich zur politischen Union ausgestaltet werden sollte«.[129] Und Otmar Issing hat nach Einführung des Euro im Jahre 1999 zu Recht öffentlich hervorgehoben: »Ein Europa, das den Schritt in die Währungsunion wagt, kann sich nicht vor der Entscheidung über die Gestalt der politischen Union drücken.«[130]

Konkrete Angaben über die Ausgestaltung der für erforderlich gehaltenen Weiterentwicklung zur politischen Union enthalten diese Stellungnahmen jedoch nicht. Neben der offenkundigen Tatsache, dass die Zielvorstellungen über die Struktur und die Aufgabenstellung einer solchen Union auch in der innerdeutschen Diskussion schon seit längerem vielfach divergieren, mag dabei auch eine Rolle gespielt haben, dass man insbesondere diejenigen Partner in der Union nicht vergrämen wollte, die jeder weitergehenden politischen Bindung kritisch gegenüberstanden. Neben Großbritannien und den skandinavischen Ländern war das lange Zeit auch Frankreich. Inzwischen spricht jedoch vieles dafür, dass die französische Position – zumindest teilweise – eher offener geworden ist, während sich in Deutschland schon seit einiger

Zeit stärker die kritischen Stimmen gegen eine politische Weiterentwicklung der EU zu Wort melden. Viele fürchten offensichtlich eine politische Zentralisierung in Europa.

Sicherlich ist es richtig, wenn bisweilen betont wird, dass die Währungsunion selbst bereits ein Stück politischer Union sei. Die Frage ist jedoch, ob das auf Dauer reicht. Ob und inwieweit die Währungsunion in Europa längerfristig der Ergänzung durch eine weitergehende politische Union bedarf, hängt vor allem ab von den ökonomischen und politischen Bedingungen in den Mitgliedstaaten sowie von der Ausgestaltung der politischen Union selbst. Je geringer die Bereitschaft in den Mitgliedstaaten ist, den Marktkräften durch Flexibilität und Mobilität Raum zu lassen und auf eigene Politiken zur Gestaltung von Wirtschaft und Gesellschaft zu verzichten, umso größer ist der Bedarf an gemeinsamer Orientierung der nationalen Politiken, um Divergenzen und Konflikte zu vermeiden. Trotz der in einigen Euro-Ländern derzeit erkennbaren Bemühungen um eine Reduzierung des Staatseinflusses auf die Wirtschaft muss davon ausgegangen werden, dass die nationalen Politiken in Europa auch künftig immer wieder gestaltend und korrigierend in den Wirtschaftsprozess eingreifen werden. Die in Europa vorherrschenden nationalen Traditionen und Präferenzen lassen eine allein den Marktkräften überlassene Wirtschafts- und Sozialentwicklung kaum zu. Dies gilt umso mehr, als auch in Zukunft externe ökonomische Schocks und Wettbewerbsveränderungen nicht ausgeschlossen werden können, die einzelne Länder unterschiedlich treffen.

Die Politikentscheidungen der einzelnen Mitgliedstaaten unterliegen in einer Währungsunion jedoch nicht mehr im gleichen Maße der Kontrolle der Märkte wie zuvor. Korrigierende Wechselkursbewegungen sind zwischen den früheren nationalen Währungen nicht mehr möglich. Wohl verschärft sich der Wettbewerb zwischen den Mitgliedsstaaten, aber die Antworten der nationalen Politiken können sehr unterschiedlich sein. Und sie können leicht zu

Lasten der anderen Mitgliedsstaaten gehen. Um innerhalb der Währungsunion die Gesamtheit oder einzelne Mitgliedstaaten benachteiligende nationale Politiken zu verhindern, sind deswegen gewisse Bindungen und Kontrollen unerlässlich. Diese dürfen zwar einen sinnvollen Wettbewerb der Politiken nicht ausschließen. Wettbewerbsverzerrende Eingriffe und die andere Mitgliedstaaten benachteiligenden Politiken verstoßen jedoch gegen das Prinzip der Wirtschaftsunion als Grundlage der Währungsunion. Ein möglicher Weg zur Vermeidung derartiger Politiken ist natürlich die Vereinbarung von Selbstbindungsregeln mit gemeinsamer Überwachung. Die bisherigen Erfahrungen mit dem Stabilitäts- und Wachstumspakt haben jedoch die Grenzen der Wirksamkeit gemeinsamer Regeln bereits gezeigt. Erst die weitere Entwicklung wird zeigen, ob und inwieweit hier nachhaltige Effizienzverbesserungen möglich sein werden.

Darüber hinaus braucht die Währungsunion aber auch ein Mindestmaß an gemeinsamen Ordnungsrahmen für alle beteiligten Volkswirtschaften. Der derzeitige Ordnungsrahmen ist für die gesamte EU bereits weit entwickelt, in einer Reihe von Teilbereichen eher sogar zu weit, wie die Vielfalt von detaillierten EU-Rechtsvorschriften deutlich macht. Diese Eskalation von Detailvorschriften und bürokratischen Regulierungen hat ihre Ursache nicht zuletzt in der oft nicht eindeutig geregelten Kompetenzverteilung zwischen der nationalen und der supranationalen Ebene sowie in den vielfach unklaren und nicht genügend handlungsfähigen Entscheidungsstrukturen auf der Unionsebene. Für die ökonomische Effizienz der Währungsunion im Innen- und Außenverhältnis ist deshalb eine Klärung der Rahmenbedingungen und der politischen Zuständigkeiten von großer Bedeutung. Gerade in der Währungsunion braucht die Wirtschaft einen möglichst klaren Ordnungsrahmen, der ihr genügend Freiraum für neue Dynamik lässt und dessen weitere Entwicklung besser voraussehbar ist. Eine gemeinsame Währung braucht dabei auf Dauer auch eine möglichst weit gehende politische Gemeinsamkeit der Mitgliedsländer im Außenverhältnis.

Ein solches übersichtliches und abschätzbares Rahmenwerk kann letztlich wohl nur durch eine Weiterentwicklung der politischen Zusammenarbeit in Europa und ihrer Entscheidungsstrukturen erreicht werden. Ob diese weiterentwickelte Zusammenarbeit dann formell als politische Union bezeichnet wird, dürfte dabei weniger wichtig sein. Auch ein Streit über die traditionellen Kategorien Bundesstaat oder Staatenbund dürfte allein kaum weiterführen. Das einst von Walter Hallstein anvisierte Endziel eines traditionellen europäischen Bundesstaates[131] findet heute ohnehin deutlich weniger Unterstützung als damals, wo es auch schon vielfach umstritten war. Der Begriff Staatenbund kann dagegen vielerlei umfassen, von der lockeren Zusammenarbeit souveräner Staaten bis zur dauerhaften Bindung mit abgegrenzter Souveränitätsübertragung auf supranationale Strukturen. Für die Währungsunion und ihr dauerhaftes Funktionieren ist vor allem ein klarer und im Kern möglichst gemeinsamer Ordnungsrahmen von Bedeutung, der auch die Fiskaldisziplin nachhaltig sichert und eine gemeinsame Politik nach außen ermöglicht. In der Währung repräsentieren sich nämlich nicht nur die dahinterstehende dauerhafte Wirtschaftskraft und die interne Politik, sondern auch das gemeinsame politische Erscheinungsbild weltweit. Insofern kann auch die Gemeinsamkeit von Außen- und Verteidigungspolitik für die Bewertung der gemeinsamen Währung von erheblicher Bedeutung sein.

Das nach wie vor für die Zukunft der Währungsunion wichtige Ziel einer weiterführenden politischen Integration erfordert insbesondere zwei zentrale Verbesserungen des derzeitigen Status der Union:

- eine deutlichere Abgrenzung und möglichst klare Zuordnung der Kompetenzen zur nationalen oder zur supranationalen Ebene sowie

- besser entscheidungs- und handlungsfähige supranationale Strukturen mit entsprechender demokratischer Kontrolle.

Die im Laufe der Jahrzehnte immer stärker ausgebauten Mischkompetenzen zwischen der Union und den Nationalstaaten haben die Politik auf beiden Ebenen zunehmend weniger handlungsfähig gemacht und vielfach klare Entscheidungen behindert. Die Ergebnisse sind selbst für Experten oft kaum noch zu überschauen, von der klaren Zuordnung der Verantwortung ganz zu schweigen. Ohne eine eindeutigere Abgrenzung der Kompetenzen wird das bürokratische Dickicht in Europa eher größer als kleiner. Die generelle Verankerung der Subsidiaritätsregel allein hilft hier nur begrenzt weiter.

Ebenso dringlich sind nachhaltige Verbesserungen der Entscheidungs- und Handlungsfähigkeit der Strukturen auf der Unionsebene selbst. Das gilt insbesondere angesichts der durch die mehrfachen Erweiterungen immer größer gewordenen Zahl nationaler Interessen und Vertretungen. Wohl hat es seit der Gründung der Gemeinschaft immer wieder Ansätze für Verbesserungen der Effizienz gegeben. Sie haben aber die Strukturen, die Kompetenzzuweisungen und Abstimmungsregeln auf Unionsebene nicht grundlegend verändert. Letztlich hat die Dominanz der nationalen Interessen substanzielle Änderungen fast immer verhindert. Das Ergebnis zeigt sich in den vielen Entscheidungsprozessen, die sich oft über Jahre hinwegziehen und den Unionsinstanzen nur selten aktive Gestaltungsmöglichkeiten geben. Die hiermit verbundenen Einschränkungen der Handlungsfähigkeit der Union im Innen- und Außenverhältnis dürfen nicht unterschätzt werden. Eine durch zu viele Bindungen eingeschränkte Gulliver-Situation kann kein angemessener Rahmen für eine zukunftsweisende Politikgestaltung auf der europäischen Ebene sein.

Bei der Verabschiedung des Maastricht-Vertrages gab es

vor allem in der deutschen Politik vielfach die Hoffnung, dass die Währungsunion sich schon bald als Katalysator für die Weiterentwicklung der politischen Integration und die Schaffung handlungsfähigerer politischer Strukturen in Europa erweisen würde. Bisher ist von einer solchen katalytischen Wirkung wenig zu spüren. Der neue Verfassungsvertrag von 2004 bringt zwar gewisse Fortschritte, insbesondere im Bereich des Mehrheitsstimmrechtes und auch in Teilbereichen der institutionellen Struktur. Aber die Grundstrukturen der Institutionen dürften selbst nach einer erfolgreichen Ratifizierung dieses Vertrages kaum effizienter werden. Sie sind ohnehin durch die jüngste Erweiterung der Union auf 25 Mitglieder eher noch unbeweglicher geworden, von den weiter anstehenden Erweiterungen ganz zu schweigen. Nicht hinreichend gelöst wird durch den Verfassungsvertrag vor allem das Thema klare Kompetenzabgrenzung zwischen der nationalen und der supranationalen Ebene. Die Mischkompetenzen werden sogar eher noch erweitert. Die verstärkten Abwehrmöglichkeiten von neuen Unionsaktivitäten durch Berufung auf das Prinzip der Subsidiarität können die Problematik nur begrenzt reduzieren. Für die künftige Entwicklung der Politik in Europa und insbesondere in der Währungsunion sind eine eindeutigere Zuweisung und Abgrenzung der Kompetenzen für beide Ebenen sowie eine nachhaltige Stärkung der supranationalen Strukturen dringend notwendig. Die Einführung einer mehrjährigen Amtsdauer für den Ratspräsidenten und den Vorsitzenden der Euro-Gruppe sowie die Bestellung eines EU-Außenministers allein reichen nicht. Neben einer Stärkung der Rolle der Kommission (z.B. auch bei der Überwachung des Stabilitäts- und Wachstumspaktes) sowie einer eindeutigeren Klärung der Position und Aufgabe des Ministerrates (Legislative bzw. Exekutive) ist auch mehr Klarheit über die künftige Rolle des Europäischen Parlamentes erforderlich.

Die notwendige politische Weiterentwicklung und Vertiefung der Integration wird mit dem Verfassungsvertrag jedenfalls noch nicht hinreichend vorangetrieben und geklärt. Gerade auch die Währungsunion braucht für den Bereich der Wirtschafts- und Fiskalpolitik auf supranationaler Ebene deutlich effizientere Regeln und Strukturen. Zu Recht haben der italienische Staatspräsident Carlo Ciampi und der deutsche Bundespräsident Horst Köhler bei ihrem ersten Zusammentreffen in Rom gemeinsam unterstrichen, dass der Verfassungsvertrag auch nicht als Schlusspunkt, sondern als Ausgangspunkt für die weitere Integration verstanden werden dürfe.[132]

Die Währungsunion braucht auf Dauer mehr und eindeutigere politische Gemeinsamkeit, als sie offensichtlich bei dieser Vertragsrevision zu erreichen war. Der neue Vertrag sieht zwar ausdrücklich die Möglichkeit der »verstärkten Zusammenarbeit« zwischen einer Gruppe von Mitgliedstaaten vor. Die Nutzung dieses Weges bedarf jedoch für neue Aktivitätsbereiche der Zustimmung aller Mitglieder des EU-Rates. Angesichts des durch die Erweiterung eher noch differenzierter gewordenen bzw. werdenden Interessen- und Meinungsspektrums zwischen den Mitgliedstaaten über die Gestaltung der weiteren Integration in Europa dürften differenzierte Integrationsaktivitäten in Zukunft somit kaum leichter werden.

Der Übergang zum Euro markiert eine wichtige Zwischenstation auf dem Weg zur weiteren Integration Europas, die jedoch noch der Ergänzung durch mehr Gemeinsamkeit in anderen Bereichen und vor allem effizienterer politischer Strukturen bedarf. Das Thema weiterführende politische Integration muss deswegen auf der Agenda der Politik in Europa bleiben. Strukturen mit unterschiedlicher politischer Integrationsdichte sollten innerhalb der EU nicht erschwert, sondern eher erleichtert werden. Für Europa und den Euro würde ein solcher Weg eine neue politische Perspektive eröffnen. Die Euro-Mitglieder könnten ihn für eine gemeinsame weiterführende politische Integration untereinander nutzen.

Insgesamt war der lange Weg hin zum Euro mit vielen und oft schwierigen Herausforderungen verbunden. Die bisherige Zwischenbilanz zeigt: Die Anstrengungen auf dem Weg dahin haben sich gelohnt. Der Euro hat für die beteiligten Länder viele neue Chancen eröffnet. Dieses insgesamt positive Urteil darf aber nicht darüber hinwegtäuschen, dass der Euro auch in Zukunft eine Herausforderung bleibt, der sich die Wirtschaft und die Politik stellen müssen. Nur dann wird die Bilanz auch längerfristig positiv sein.

# ANMERKUNGEN

[1] Die Ludwig-Erhard-Stiftung hat hierzu inzwischen eine umfangreiche Bibliographie herausgegeben: Hahn, Gerhard: *Bibliographie zur Sozialen Marktwirtschaft,* Baden-Baden 1983.

[2] Padoa-Schioppa, Tommaso et al.: *Efficiency, Stability and Equity,* Oxford 1987.

[3] Von einem Mitarbeiter der belgischen Nationalbank wurde hierzu jüngst ein kurz gefasster Überblick publiziert. Maes, Ivo: »On the Origins of the Franco-German EMU Controversies«, in: *European Journal of Law and Economics,* 17, S. 21 ff.

[4] Hoffmeyer, Erik: *Decisionmaking for European Economic and Monetary Union, Group of Thirty,* Occasional Paper 62, Washington D. C. 2000.
Szász, André: *The Road to European Monetary Union,* New York 1999.

[5] Rueff, Jacques: »L'Europe se fera par la monnaie, ou ne se fera pas«, in: *Syntheses,* 1950, S. 267.

[6] Kohler, Beate; Schlaeger, Gert: *Ein Markt und eine Währung,* Köln 1968, S. 11 ff.

[7] Makay, Ronald W. G. in: Council of Europe, Consultative Assembly, Ordinary Session 1950, Doc. 20.

[8] CEPES: »Das zweckmäßigste Verfahren zur wirtschaftlichen Integrierung Europas«, o. O. 1953; »Wirtschaftspolitische Voraussetzungen für die Konvertibilität der europäischen Währungen«, o. O. 1954.

[9] Vgl. hierzu insbesondere die Rede von Walter Hallstein als Präsident der EWG-Kommission bei einem Kolloquium am 28. November 1966 in Straßburg, Bulletin der EWG, Nr. 1/1967, S. 22.

[10] Müller-Armack, Alfred: *Auf dem Weg nach Europa, Erinnerungen und Ausblicke,* Tübingen 1971.

[11] Van-Campen-Bericht über die Koordinierung der Währungspolitik im Rahmen der EWG (Dok. 17/1962–1963).

[12] Gleske, Leonhard: »Nationale Geldpolitik auf dem Wege zur europäischen Währungsunion«, in: Deutsche Bundesbank: *Währung und Wirtschaft in Deutschland 1876–1975,* Frankfurt 1976, S. 757.

[13] Dichgans-Bericht über die zukünftige Tätigkeit der Gemeinschaft auf dem Gebiet der Währungspolitik und die Gründung einer

europäischen Münzunion, Europäisches Parlament, Dok. 138/1966 bis 1967.

[14] Mundell, Robert A.: »A Theory of Optimum Currency Area«, in: *American Economic Review,* 1961, Nr. 51, S. 657ff.

[15] Nach der Einführung der Währungsunion in Europa hat sich Mundell auch für ein neues weltweites Regime mit stabilen Wechselkursen zwischen den drei großen Währungen Dollar, Euro und Yen eingesetzt (»The Euro and the Stability of the International Monetary System«, Januar 1999). In einem IWF-Seminar in Prag im September 2000 hatten wir hierüber eine kontroverse Diskussion, da ich die ökonomischen und politischen Voraussetzungen für ein solches Regime derzeit nicht sehe.

[16] Hoffmeyer, Erik, a.a.O., S. 24.

[17] Brandt, Willy, *Erinnerungen,* Berlin 1989, S. 454f.

[18] Hoffmeyer, Erik, a.a.O., S. 25.

[19] Hoffmeyer, Erik, a.a.O., S. 28.

[20] Eine eingehende Bewertung enthält mein Aufsatz »Europäische Wirtschafts- und Währungsunion – eine politische Herausforderung«, in: Europa-Archiv, Bonn, Folge 12/1971.

[21] Dies wird auch von Erik Hoffmeyer (a.a.O., S. 32) und André Szász (a.a.O., S. 49) so bewertet.

[22] Ludlow, Peter: *The Making of the European Monetary System,* London 1982, S. 63.

[23] Schmidt, Helmut: *Die Deutschen und ihre Nachbarn,* Berlin 1990, S. 221.

[24] *Der Spiegel,* 1/99, S. 48.

[25] Vgl. hierzu: Emminger, Otmar: *D-Mark, Dollar, Währungskrisen,* Stuttgart 1986, S. 357ff.

[26] Vgl. hierzu auch: Bölling, Klaus: *Die letzten 30 Tage des Kanzlers Helmut Schmidt,* Hamburg 1982.

[27] Vgl. hierzu auch: Stoltenberg, Gerhard: *Wendepunkte, Stationen der deutschen Politik,* Berlin 1997, S. 317ff.

[28] Der damalige Präsidentenberater Jacques Attali hat mich später persönlich darüber informiert, dass Präsident Mitterrand zu dieser Zeit – gegen den dringenden Rat von Delors – noch zu einem Ausscheiden Frankreichs aus dem EWS mit gleichzeitiger Einführung von Schutzregeln für den französischen Außenwirtschaftsverkehr und einem Einfuhrdepot auch für Importe aus der EG tendiert habe. Diese Information ist auch in seinen unter dem Titel *Verbatim I* 1981–1986 veröffentlichten Aufzeichnungen enthalten (vgl. 12. März 1983).

[29] Jacques Delors berichtet über dieses Abendgespräch auch in seinen Erinnerungen. Vgl. Delors, Jacques: *Erinnerungen eines Europäers,* Berlin 2004, S. 180.

[30] In seinen Erinnerungen bezeichnet Delors selbst seine Erklärung in

Brüssel als »Provokation, die aber notwendig war«, vgl. Delors, Jacques, a. a. O., S. 181.

31 Vgl. hierzu auch Fußnote 28.

32 Delors hat seine Zielsetzung in seinen Erinnerungen so beschrieben: »Mit der Inflation endgültig Schluss zu machen«, vgl. Delors, Jacques, a. a. O., S. 156.

33 Über die klare Stabilitätsorientierung der Politik von Bérégovoy war man selbst im Élysée überrascht, wie Jacques Attali in seinen Notizen ausdrücklich festgehalten hat. Vgl. *Verbatim I* 1981–1986, 26. Dezember 1984.

34 Die damals geltenden Artikel 235 und 236 enthielten folgende unterschiedliche Regelungen:
Halten die Mitgliedsregierungen eine tätig werdende Gemeinschaft für erforderlich, um im Rahmen des gemeinsamen Marktes eines ihrer Ziele zu verwirklichen, und sind in dem Vertrag die dafür erforderlichen Befugnisse nicht vorgesehen, so kann der Rat nach Artikel 235 EWG-Vertrag einstimmig auf Vorschlag der Kommission und nach Anhörung des europäischen Parlamentes die geeigneten Vorschriften erlassen (sogenannte vertragsinterne Weiterentwicklung). Nach Artikel 236 des EWG-Vertrages müssen Vertragsänderungen dagegen in einer Regierungskonferenz vereinbart werden, wobei diese Änderungen nur in Kraft treten, wenn sie von allen Mitgliedstaaten gemäß ihren verfassungsrechtlichen Vorschriften ratifiziert worden sind.

35 Daniel Lebèque war in diesem Amt der Nachfolger von Michel Camdessus und Vorgänger von Jean-Claude Trichet, der zu diesem Zeitpunkt noch Leiter des Kabinetts von Finanzminister Balladur war.

36 Szász, André, a. a. O., S. 72.

37 Im Übrigen wären diese Bedenken auf deutscher Seite sicher auch wohl kaum aufgekommen, wenn Präsident Pöhl sich mit dem von mir mit Jean-Claude Trichet bereits ausgehandelten Textentwurf einverstanden erklärt hätte, nach dem die Präsidenten der beiden Zentralbanken an den Beratungen des Deutsch-Französischen Finanz- und Wirtschaftsrates nur als »Gäste« teilnehmen sollten. Dieser Vorschlag hätte nämlich die Nichteinbindung der Bundesbank in etwaige Absprachen der Minister noch deutlicher gemacht.

38 Dyson, Kenneth; Featherstone, Kevin: *The Road to Maastricht,* Oxford 1999, S. 169.

39 Schönfelder, Wilhelm; Thiel, Elke: *Ein Markt – Eine Währung, Die Verhandlungen zur Europäischen Wirtschafts- und Währungsunion,* Baden-Baden 1994, S. 25.

40 *Financial Times* vom 17. Juni 1987.

41 Szász, André, a. a. O., S. 103.

42 *Figaro* vom 14. Januar 1988.

[43] *Die Welt* vom 18. Januar 1988.

[44] *Le Monde* vom 1. März 1988.

[45] Karl Otto Pöhl hat die Gründe für sein Zögern und seine anschließende Mitarbeit in der Gruppe inzwischen näher dargelegt in seinem Beitrag »Die Bundesbank und die Europäische Währungsunion im Rückblick« in Hankel, Wilhelm (Hrsg.): *Der Ökonom als Politiker,* Festschrift für Wilhelm Nölling, Stuttgart 2003, S. 458. Über den telefonischen Kontakt mit Wim Duisenberg hat dieser selbst mehrfach, zuletzt bei seiner Verabschiedung aus dem Amt des EZB-Präsidenten 2003, berichtet.

[46] Vgl. neben Delors, Jacques, a. a. O., S. 381 ff. z. B.: Hoffmeyer, Erik: *Decisionmaking for European Economic and Monetary Union, Group of Thirty,* Occasional Paper 62, Washington D. C. 2000, und Szász, André: *The Road to European Monetary Union,* New York 1999. Interessant sind in diesem Zusammenhang auch diesbezügliche Passagen in den Memoiren von Nigel Lawson: *The View From No. 11,* London 1992, S. 907 ff.

[47] Karl Otto Pöhl »stand der Idee einer Europäischen Währungsunion nicht ablehnend, aber doch skeptisch gegenüber«, wie er selbst schreibt in seinem Beitrag »Der Delors-Bericht und das Statut einer Europäischen Zentralbank« in Waigel, Theo (Hrsg.): *Unsere Zukunft heißt Europa,* Düsseldorf 1996, S. 295 ff.

[48] Z. B. von Reimut Jochimsen, vgl. hierzu: Reimann, W. »Der Euro – ein ›politisch‹ Lied«, in Heilemann, Ullrich (Hrsg.): Entgrenzung als Erkenntnis- und Gestaltungsaufgabe, *Festschrift für Reimut Jochimsen,* Berlin 1998, S. 255.

[49] Hoffmeyer, Erik, a. a. O., S. 72.

[50] Lawson, Nigel, a. a. O., S. 909.

[51] Vgl. hierzu auch: Tietmeyer, Hans: »Der Bericht der Werner-Gruppe von 1970 und der Bericht der Delors-Gruppe von 1989 – ein Vergleich«, in: Hankel, Wilhelm (Hrsg.): *Der Ökonom als Politiker, Festschrift für Wilhelm Nölling,* Stuttgart 2003.

[52] Hoffmeyer, Erik, a. a. O., S. 73.

[53] Lawson, Nigel, a. a. O., S. 909.

[54] Thatcher, Margaret: *The Downing Street Years,* London 1993, S. 708.

[55] Szász, André: *The Road to European Monetary Union,* London/New York 1999, S. 126.

[56] Vgl. hierzu und zu den späteren Verhandlungen auch: Schönfelder, Wilhelm; Thiel, Elke: *Ein Markt – Eine Währung, Die Verhandlungen zur Europäischen Wirtschafts- und Währungsunion,* Baden-Baden 1994.

[57] Kohl, Helmut: *Ich wollte Deutschlands Einheit,* Berlin 1996, S. 195.

[58] Küsters, Hans Jürgen.: »Nach dem Fall der Mauer«, in: *Die Politi-*

*sche Meinung, Monatsschrift zu Fragen der Zeit,* Januar 2003, S. 41.

59 Bulletin des Presse- und Informationsamtes der Bundesregierung vom 19. Dezember 1989.

60 Pöhl, Karl Otto: »Grundzüge einer europäischen Geldordnung«, Deutsche Bundesbank, Auszüge aus Presseartikeln, Nr. 4, 1990.

61 Zum Jahreswechsel 1989/90 war ich infolge meiner Berufung in das Direktorium der Deutschen Bundesbank aus meinem Amt als Staatssekretär im Bundesministerium der Finanzen ausgeschieden. Mein unmittelbarer Nachfolger im Amt des Staatssekretärs war der heutige Bundespräsident Dr. Horst Köhler. Damit übernahm er auch mein bisheriges Mandat im EG-Währungsausschuss.

62 Meine Erinnerungen an die damaligen innerdeutschen Verhandlungen sind bereits in dem von Theo Waigel und Manfred Schell herausgegebenen Sammelband *Tage, die Deutschland und die Welt veränderten,* München 1994, S. 57 bis 117, veröffentlicht worden.

63 Detaillierte Informationen enthält auch der gemeinsame Beitrag von Horst Köhler (damals Staatssekretär im BMF) und Andreas Kees (damals Sekretär des Währungsausschusses): »Die Verhandlungen zur Europäischen Wirtschafts- und Währungsunion«, in: Waigel, Theo (Hrsg.): *Unsere Zukunft heißt Europa,* Düsseldorf 1996, S. 145 ff.

64 Die folgende Nummerierung der Artikel entspricht der Neunummerierung seit dem Vertrag von Amsterdam (1997).

65 Dyson, Kenneth; Featherstone, Kevin: *The Road to Maastricht,* a. a. O., S. 211.

66 Emminger, Otmar: *D-Mark, Dollar, Währungskrisen,* Stuttgart 1986, S. 361.

67 Im Zusammenhang mit der Festlegung der Abstimmungsmodalitäten erinnere ich mich noch gut an ein vorbereitendes Gespräch mit Karl Otto Pöhl. Ich äußerte dabei eine gewisse Sympathie für die in der US-Fed geltende Regelung für die Stimmverteilung im Open Market Committee: Alle Mitglieder des Boards in Washington sowie der Präsident der Fed in New York haben eine ständige Stimme; daneben gibt es nur vier Stimmen, die unter den elf übrigen regionalen Fed-Präsidenten jährlich rotieren. An den Beratungen selbst nehmen zwar auch die anderen sieben regionalen Fed-Präsidenten teil, jedoch ohne Stimmrecht. Eine ähnliche Lösung für das ESZB hätte bedeuten können, dass die Präsidenten der großen nationalen Zentralbanken ein ständiges Stimmrecht erhalten hätten, während für die anderen eine Rotationsregelung eingeführt worden wäre. Pöhl überzeugte mich jedoch letztlich mit dem Argument, dass zumindest zu Beginn der Währungsunion alle Mitglieder – auch die Vertreter der kleineren Zentralbanken – ebenso wie im Zentral-

bankrat der Bundesbank ein Stimmrecht haben müssten, um die Akzeptanz der supranational zu treffenden geldpolitischen Entscheidungen in allen Ländern zu sichern. Im Zusammenhang mit der EU-Erweiterung ist inzwischen jedoch deutlich geworden, dass ohne eine gewisse Rotation des Stimmrechtes die Handlungs fähigkeit des EZB-Rates dauerhaft wohl nicht gesichert werden kann.

[68] Martin Seidel betont zwar in seinen Publikationen immer wieder die formalrechtlichen Unterschiede. Vgl. Seidel, Martin: »Die Weisungs- und Herrschaftsmacht der Europäischen Zentralbank im Europäischen System der Zentralbanken«, Policy Paper B11 2003, Zentrum für Europäische Integrationsforschung, Universität Bonn. In der Praxis hat sich jedoch bereits eine weitgehende Ähnlichkeit in der Arbeitsstruktur beider Institutionen entwickelt.

[69] Alexandre Lamfalussy hatte sich schon früh in einem gesonderten Papier mit dieser Thematik näher auseinander gesetzt, das unter dem Titel »Macro-coordination in an economic and monetary union in Europe« auch als Anlage zum Bericht der Delors-Gruppe publiziert wurde.

[70] Eine solche Vertragsregelung wurde meiner Erinnerung nach erstmals vom britischen Schatzkanzler Nigel Lawson in einem Ministergespräch angeregt.

[71] Deutsche Bundesbank, Auszüge aus Presseartikeln, Mai 1990.

[72] *Börsenzeitung* vom 5. April 1990.

[73] *Die Welt* vom 25. Mai 1990.

[74] Monatsbericht der Deutschen Bundesbank, Oktober 1990.

[75] Uns war dabei durchaus bewusst, dass es neben den ausgewiesenen Schulden insbesondere infolge der Umlagefinanzierung der Sozialversicherungssysteme in einer Reihe von Ländern in zunehmendem Umfang auch verdeckte Schulden der öffentlichen Hand gab. Die Vergleichbarkeit war aber hier wegen der Unterschiedlichkeit der Systeme noch schwieriger herzustellen, weswegen auf eine Einbeziehung dieser verdeckten Schulden in das Schuldenstandskriterium letztlich verzichtet wurde.

[76] Vgl. Pressenotiz der Deutschen Bundesbank vom 28. November 1991.

[77] Helmut Schlesinger, Nachfolger von Karl Otto Pöhl und mein Vorgänger im Amt des Bundesbankpräsidenten, hat seine grundsätzliche Position zusammengefasst dargestellt in seinem Beitrag »Vom Europäischen Währungssystem zur Europäischen Währungsunion« für: Waigel, Theo (Hrsg.): *Unsere Zukunft heißt Europa,* Düsseldorf 1996, S. 235 ff.

[78] Monatsbericht vom Februar 1992, Seite 55 ff.

[79] Hoffmeyer, Erik: *Decisionmaking for European Economic and Monetary Union,* Group of Thirty, Occasional Paper 62, Washington D. C. 2000, S. 101.

[80] Vgl. auch: Ungerer, Horst: *A Concise History of European Monetary Integration,* London 1997, S. 144.

[81] Dieser Druck von John Major war umso erstaunlicher, als er in seiner Rede als britischer Schatzkanzler auf der Jahrestagung des IMF im September 1990 die besondere Stabilitätsrolle der D-Mark im EWS gelobt hatte und das EWS als einen »modern day gold standard with the Deutsche Mark as the anchor« bezeichnet hatte.

[82] Major, John: *The Autobiography,* London 1999, S. 316; Lamont, Norman: *In Office,* London 1999, S. 233 ff.

[83] Major, John: *The Autobiography,* London 1999, S. 324.

[84] Major, John: *The Autobiography,* London 1999, S. 326.

[85] Vgl. Fußnoten 68, 69, 70.

[86] House of Commons, Treasury and Civil Service Committee, *The 1992 Autumn Statement and the Conduct of Economic Policy,* 16. Dezember 1992, London.

[87] Hierbei mag auch eine Rolle gespielt haben, dass George Soros, einer der Hauptakteure an den Devisenmärkten in der September-Krise 1992 gegen das britische Pfund, in einem offenen Brief eine Schwäche der D-Mark vorausgesagt hatte. Vgl. *The Times,* 9. Juni 1993: »Down with the mark: Soros now targets the Bundesbank«, in: Deutsche Bundesbank, Auszüge aus Presseartikeln Nr. 42, S. 5. Diese Voraussage hat er allerdings schon bald öffentlich wieder korrigiert. In einer Rede am 29. September 1993 in London führte er u.a. aus: »I must now admit that I may have been wrong ... The Bundesbank itself has been remarkably consistent in the pursuit of its objectives.«

[88] *Financial Times,* 27. Juni 1993. Der Autor Martin Wolf führte zwar einige Gründe an, weswegen die D-Mark möglicherweise demnächst nicht mehr so stark bewertet werde. Aber er schloss seinen Beitrag auch ab mit dem Satz: »But a year from now, nobody in France is likely to sing the Marseillaise over the defeat of the D-Mark, even in their baths.«

[89] Minister Alphandéry hatte öffentlich angekündigt, dass in dieser Sitzung über eine weitere Zinssenkung in Deutschland beraten werden solle.

[90] Gert Haller hat seine Erfahrungen und Bewertungen der Turbulenzen 1992 und 1993 zusammengefasst dargestellt in seinem Beitrag »Die EWS-Turbulenzen 1992/1993 und die Perspektiven für die Wirtschafts- und Währungsunion«, in: Waigel, Theo (Hrsg.): *Unsere Zukunft heißt Europa,* Düsseldorf 1996, S. 77 ff.

[91] Monatsbericht der Deutschen Bundesbank, Oktober 1990, S. 43.

[92] Eine Übersicht über alternative Vorschläge zur Sicherung der Fiskaldisziplin in der Währungsunion mit Bewertung und Literaturangaben enthält das Jahresgutachten 2003/2004 des Sach-

verständigenrates zur Begutachtung der gesamtwirtschaftlichen Entwicklung, Wiesbaden/Berlin (Kasten 12). Bei der Wahl der Kriterien sieht der Sachverständigenrat keine überzeugenden Alternativen. Eine ähnliche Bewertung vertritt auch das frühere Mitglied des Sachverständigenrates Rolf Peffekoven in seinem Beitrag »Stabilitäts- und Wachstumspakt in der Bewährung« in Knöfler, Hermann; Stierle, Michael, H. (Hrsg.): Globale und monetäre Ökonomie, Festschrift für Dieter Duwendag, Heidelberg 2003, S. 117 ff.

93 Vgl. Stark, Jürgen: »Genesis of a Pact«, in: Brunila, Anne; Buti, Marco; Franco, Daniele: *The Stability and Growth Pact,* New York 2001, S. 77 ff.

94 Der Verfassungskonvent hat diesen Vorschlag im Jahre 2003 erneut aufgegriffen. Die Regierungskonferenz hat ihn jedoch im Juni 2004 – angeblich auf Initiative des deutschen Außenministers Fischer – leider wieder rückgängig gemacht.

95 Peffekoven, *Rolf: Stabilitäts- und Wachstumspakt in der Bewährung,* a. a. O., S. 120.

96 Der französische Finanzminister Dominique Strauss-Kahn drückte sich in einem Spiegel-Interview zwar recht vorsichtig aus, als er von einem notwendigen »politischen Partner« für die EZB sprach. Staatspräsident Mitterrand und Ministerpräsident Chirac waren jedoch zuvor schon viel deutlicher. In der Sendung »Europa heute« in TF1 hatte Mitterrand schon am 3. September 1992 u. a. erklärt: »Es sind also die Politiker und nicht die Technokraten, die über die Wirtschaftspolitik und damit über die Anwendung der Geldpolitik bestimmen.« Und sein Nachfolger Chirac formulierte als Ministerpräsident in einem Gespräch mit Journalisten in TF1 am 12. Dezember 1996: »Es ist notwendig, dass gegenüber der EZB eine politisch verantwortliche Institution besteht, d. h. eine politische Macht, die in der Lage ist, der monetären Macht klar die Grenzen ihres Handelns aufzuzeigen.«

97 Vgl. hierzu: Jahresgutachten 2003/2004 des Sachverständigenrates zur Begutachtung der gesamtwirtschaftlichen Entwicklung, Wiesbaden/Berlin, S. 261.

98 WWU und die Durchführung der Fiskalpolitik, EZB Monatsbericht, Januar 2004, S. 41.

99 Vgl. internes Papier der Generaldirektion II von 1965.

100 Vgl. Stellungnahme der Deutschen Bundesbank vom 6. September 1990. Ziffer IV., 1, in: Monatsbericht, Oktober 1990, S. 41 ff.

101 Stellungnahme des Zentralbankrates vom 23. Januar 1992 in: Monatsbericht, Februar 1992, S. 53 f.

102 Entschließung des Deutschen Bundestages vom 2. Dezember 1992 (Ziffer 3) und Entschließung des Bundesrates vom 18. Dezember 1992 (Ziffer 8).

103 Urteil des Bundesverfassungsgerichtes (2. Senat) vom 12. Oktober 1993.

104 EWI-Konvergenzbericht 1998, S. 16 u. 22f.

105 EWI-Konvergenzbericht 1988, S. 319.

106 Stellungnahme des Zentralbankrates zur Konvergenzlage vom 26. März 1998 in: Monatsbericht, April 1998, S. 17ff.

107 Zusatzerklärung des Rates (Wirtschaft und Finanzen) vom 1. Mai 1998 und der in diesem Rat vereinigten Minister zu der Empfehlung, betreffend die Mitgliedstaaten, die an der WWU teilnehmen.

108 *Die Zeit,* 7. November 1997.

109 Die heute gelegentlich zitierten politischen Absprachen hinsichtlich der Nationalität der späteren Berufung der Nachfolger sind mir im Detail unbekannt. In Brüssel habe ich damals nur von einer Zusage an die zunächst nicht berücksichtigten kleineren Länder gehört, wonach deren Kandidaten künftig zum Zuge kommen sollten.

110 Das erste Direktorium setzte sich wie folgt zusammen: Wim Duisenberg (Präsident), Christian Noyer (Vizepräsident), Sirkka Hämäläinen, Otmar Issing, Tommaso Padoa-Schioppa, Eugenio Domingo Solans.

111 Vgl. auch: Haas, Bruno de; Lotringen, Cees van: *Wim Duisenberg, Van Friese volksjongen tot Mr. Euro,* Amsterdam 2003, S. 223.

112 TARGET (Trans-European Automated Real-Time Gross Settlement Express Transfer System)

113 Protokoll der Pressekonferenz vom 3. Dezember 1998, in: Auszüge aus Presseartikeln, Frankfurt 7. Dezember 1998.

114 Während die EU-Kommission ursprünglich vom »Euro-Fed« sprach, hat sich der EZB-Rat für die Kurzfassung »Euro-System« ausgesprochen, um deutlicher das eigene Profil herauszustellen.

115 Papaioannou, Elias; Portes, Richard (London Business School): *The Effect of Risk on Cross-border Banking Activities (Abstract),* June 2004, p. 6ff.

116 Auch die Deutsche Bundesbank kommt in ihrer Analyse »Der Euro und die Preise: zwei Jahre danach« zu dem Ergebnis, »dass Preisempfinden und Preisstatistik zeitweise nicht mehr im Einklang standen«, Monatsbericht Januar 2004, S. 25.

117 EZB-Monatsbericht, November 2003, S. 79ff.

118 Vgl. OECD-Economic Survey: Euro area, September 2004.

119 Deutsche Bundesbank, Auszüge aus Presseartikeln, Nr. 58, 1. September 1999.

120 Stellungnahme vom 6. September 1990 in: Monatsbericht Oktober 1990, S. 41ff.

121 Pressemitteilung: Schlussfolgerungen der Präsidentschaft, EU-Rat Lissabon, 23./24. März 2000.

122 Frankfurter Allgemeine Zeitung, 1. 11. 2004 »Lissabon ist tot – es lebe Lissabon«.

[123] EZB-Monatsbericht, Dezember 2003, S. 61.
[124] Deutsche Bundesbank, Auszüge aus Presseartikeln Nr. 21, 19. Mai 2004.
[125] Erklärung zum Stabilitäts- und Wachstumspakt vom 18. Juni 2004.
[126] EZB-Monatsbericht, November 2004, S. 7.
[127] *Frankfurter Allgemeine Zeitung,* 12. 11. 2004.
[128] Stellungnahme des Zentralbankrates vom 6. September 1990 a.a.O.
[129] Entschließung des Deutschen Bundestages vom 7. Februar 1992, a.a.O.
[130] Issing, Otmar: »Staat – Markt – Währung, Elemente einer Wirtschaftsordnung in Europa«, *FAZ*-Lecture am 20. September 1999 in Frankfurt.
[131] Hallstein, Walter: *Der unvollendete Bundesstaat,* Frankfurt 1969, S. 252.
[132] *Frankfurter Allgemeine Zeitung,* 23. Juli 2004.

# LITERATUR


Attali, Jacques: *Verbatim I 1981–1986*, Paris 1993.

Bölling, Klaus: *Die letzten 30 Tage des Kanzlers Helmut Schmidt*, Hamburg 1982.

Brandt, Willy: *Erinnerungen*, Berlin 1989.

Brunila, Anne; Buti, Marco; Franco, Daniele: *The Stability and Growth Pact*, New York 2001.

Delors, Jacques: *Erinnerungen eines Europäers*, Berlin 2004.

Deutsche Bundesbank: *Währung und Wirtschaft in Deutschland 1876–1975*, Frankfurt 1976.

Dichgans-Bericht über die zukünftige Tätigkeit der Gemeinschaft auf dem Gebiet der Währungspolitik und die Gründung einer europäischen Münzunion, Europäisches Parlament, Dok. 138/1966–1967.

Dyson, Kenneth; Featherstone, Kevin: *The Road to Maastricht*, Oxford 1999.

Emminger, Otmar: *D-Mark, Dollar, Währungskrisen*, Stuttgart 1986.

Haas, Bruno de; Lotringen, Cees van: *Wim Duisenberg, Van Friese volksjongen tot Mr. Euro*, Amsterdam 2003.

Hahn, Gerhard: *Bibliographie zur Sozialen Marktwirtschaft*, Baden-Baden 1983.

Hallstein, Walter: *Der unvollendete Bundesstaat*, Frankfurt 1969.

Hankel, Wilhelm (Hrsg.): *Der Ökonom als Politiker*, Festschrift für Wilhelm Nölling, Stuttgart 2003.

Heilemann, Ullrich (Hrsg.): *Entgrenzung als Erkenntnis- und Gestaltungsaufgabe*, Festschrift für Reimut Jochimsen, Berlin 1998.

Hoffmeyer, Erik: *Decisionmaking for European Economic and Monetary Union, Group of Thirty*, Occasional Paper 62, Washington D. C. 2000.

Knöfler, Hermann; Stierle, Michael, H. (Hrsg.): *Globale und monetäre Ökonomie*, Festschrift für Dieter Duwendag, Heidelberg 2003.

Kohl, Helmut: *Ich wollte Deutschlands Einheit*, Berlin 1996.

Kohler, Beate; Schlaeger, Gert: *Ein Markt und eine Währung*, Köln 1968.

Küsters, Hans Jürgen: »Nach dem Fall der Mauer«, in: *Die Politische Meinung, Monatsschrift zu Fragen der Zeit*, Januar 2003, S. 41.

Lamont, Norman: *In Office,* London 1999.

Lawson, Nigel: *The View From No.* 11, London 1992.

Ludlow, Peter: *The Making of the European Monetary System,* London 1982.

Maes, Ivo: »On the Origins of the Franco-German EMU Controversies«, in: *European Journal of Law and Economics,* 17, S. 21 ff.

Major, John: *The Autobiography,* London 1999.

Müller-Armack, Alfred: *Auf dem Weg nach Europa, Erinnerungen und Ausblicke,* Tübingen 1971.

Mundell, Robert A.: »A Theory of Optimum Currency Area«, in: *American Economic Review,* 1961, Nr. 51, S. 657 ff.

Papaioannou, Elias; Portes, Richard (London Business School): *The Effect of Risk on Cross-border Banking Activities (Abstract),* June 2004.

Padoa-Schioppa, Tommaso et al.: *Efficiency, Stability and Equity,* Oxford 1987.

Rueff, Jacques: »L'Europe se fera par la monnaie, ou ne se fera pas«, in: *Synthèses,* 1950, S. 267.

Schmidt, Helmut: *Die Deutschen und ihre Nachbarn,* Berlin 1990.

Schönfelder, Wilhelm; Thiel, Elke: *Ein Markt – Eine Währung, Die Verhandlungen zur Europäischen Wirtschafts- und Währungsunion,* Baden-Baden 1994.

Seidel, Martin: »Die Weisungs- und Herrschaftsmacht der Europäischen Zentralbank im Europäischen System der Zentralbanken«, Policy Paper B11 2003, Zentrum für Europäische Integrationsforschung, Universität Bonn.

Stoltenberg, Gerhard: *Wendepunkte, Stationen der deutschen Politik,* Berlin 1997.

Szász, André: *The Road to European Monetary Union,* New York 1999.

Thatcher, Margaret: *The Downing Street Years,* London 1993.

Ungerer, Horst: *A Concise History of European Monetary Integration,* London 1997.

Van-Campen-Bericht über die Koordinierung der Währungspolitik im Rahmen der EWG (Dok. 17/1962–1963).

Waigel, Theo (Hrsg.): *Unsere Zukunft heißt Europa,* Düsseldorf 1996.

Waigel, Theo; Schell, Manfred: *Tage, die Deutschland und die Welt veränderten,* München 1994.

# NAMENREGISTER

# SACHREGISTER